阿德勒心理学经典文丛

UNDERSTANDING

HUMANNATURE

洞察人性

〔奥〕阿尔弗雷德·阿德勒⊙著

欧阳瑾⊙译

台海出版社

图书在版编目(CIP)数据

洞察人性 / (奥) 阿德勒著; 欧阳瑾译 . -- 北京:
台海出版社, 2018.3 (2023.1重印)
ISBN 978-7-5168-1785-8

Ⅰ . ①洞… Ⅱ . ①阿… ②欧… Ⅲ . ①人性—通俗读
物 Ⅳ . ① B038-49

中国版本图书馆CIP数据核字(2018)第041323号

洞察人性

著　　者:	〔奥〕阿德勒	译　　者:	欧阳瑾
责任编辑:	刘　峰	装帧设计:	同人阁文化传媒 · 书装设计
版式设计:	同人阁文化传媒 · 书装设计	责任印制:	蔡　旭

出版发行: 台海出版社
地　　址: 北京市东城区景山东街 20 号　　邮政编码: 100009
电　　话: 010 — 64041652 (发行,邮购)
传　　真: 010 — 84045799 (总编室)
网　　址: www.taimeng.org.cn/thcbs/default.htm
E - m a i l : thcbs@126.com

经　　销: 全国各地新华书店
印　　刷: 永清县晔盛亚胶印有限公司
本书如有破损、缺页、装订错误,请与本社联系调换

开　　本:	880mm × 1230mm	1/32	
字　　数:	218 千字	印　张:	8.5
版　　次:	2018年5月第1版	印　次:	2023年1月第4次印刷
书　　号:	ISBN 978-7-5168-1785-8		
定　　价:	59.80 元		

译 者 序

在现代西方心理学的发展史上，奥地利精神病学家阿德勒（AlfredAdler，1870—1937）无疑占有重要的位置。他既是"个体心理学"的创始人、人本主义心理学的先驱和现代"自我心理学之父"，也是"精神分析学派"内部第一个反对弗洛伊德"泛性论"的心理学家，对后世西方心理学的发展做出了重要的贡献。

1870年2月7日，阿德勒出生于奥地利首都维也纳的郊区。尽管家境富裕，从小生活舒适安逸，但由于体弱多病，并且自认为长相丑陋，因此阿德勒认为自己的童年是很不幸福的。5岁时的一场大病，加上一个弟弟的死亡，使得他从小就萌生了要当一名医生的愿望。中学毕业后，阿德勒进入维也纳医学院，系统地学习了心理学和哲学方面的知识，并且接受了良好的医学培训。在后来的实习与行医期间，阿德勒读到了弗洛伊德《梦的解析》一书，便写了一篇捍卫弗洛伊德观点的论文，产生了一定的社会反响。于是，弗洛伊德便在1902年邀请他加入了维也纳的"精神分析小组"，并让他担任这一组织的主席。但不久之后，阿德勒与弗洛伊德两人之间的分歧便日渐显露出来，因此到了1911年，阿德勒便辞去了"精神分析小组"主席一职，随后又退出该小组，另起炉灶，创立了"个体心理学协会"。

　　尽管阿德勒是在弗洛伊德的"精神分析学派"内部破茧而出，并且开创出了自己的学说，但探讨"个体心理学"与"精神分析学"这两种理论之间的差异，却属于非常专业的心理学范畴，显然并不是普通读者追求的方向。但在目前竞争压力巨大、社会发展变化迅速、新生事物层出不穷的背景下，普通读者了解"个体心理学"的一些基本原理，将它们应用于日常生活当中，并且据此而调整好自身的状态，让每个人的努力始终都保持在有益于人生（也包括有益于社会）的层面上，无疑会让自己的生活过得更加轻松，也会让整个社会变得更加和谐。

　　阿德勒认为，每个人在幼儿时期就已形成了一种"生活方式"，并且会据此而形成自己的人生目标。不过，由于每个人的生活方式都不相同，每个人的人生目标也不相同，所以，研究心理过程应当以每个人的特殊心理经历为对象。这一点，也正是阿德勒将其心理学称为"个体心理学"的原因所在。

　　阿德勒强调人格的统一，强调人们的行为各有其目的，认为未来比过去重要得多。他认为，我们都是自己生活的主角与创造者，会用独特的生活方式来表达我们的人生目标。

　　阿德勒认为，每个人长大之后都必然会面对所谓的人生三大问题，即社会问题、职业问题、爱情和婚姻问题。尽管许多的专家、学者对他的这种分类都存有异议，但不可否认的是，他的这一理论所重视的社会因素和个人经验正是其他心理学流派所欠缺的方面。比如，阿德勒认为，人天生是一种社会动物，人的行为会受社会驱力所推动，因而他更重视社会兴趣，相信社会可促进人格的发展。再如，阿德勒认为，一个人满足性本能的方式决定于他的生活方式，而并非是与此相反，即并非是一个人的生活方式决定于他满足性本能的方式。我们认为，这些方面都有别于弗洛伊德的精神分析学，也更接近于现实情况。

此外，在教育领域，阿德勒强调教师不应该放弃任何一个儿童，或者将儿童身上出现的问题归咎于遗传；在心理治疗领域，阿德勒主张医生应当与患者面对面，友好而坦诚地进行交流；在爱情和婚姻领域，阿德勒提倡人们积极改善婚姻生活的质量，而不是建议人们去结束一段姻缘。这些主张，非但符合阿德勒所处时代的社会主流思想，也很契合如今我们提倡的"和谐社会""以人为本"及"人类命运共同体"等理念，从而证明了这一心理学流派具有持久旺盛的生命力。这一点也正是我们推出阿德勒这几本心理学著作并系统地来介绍"个体心理学"的原因所在。

自然，阿德勒及其"个体心理学"对西方心理学发展的贡献，远不止于我们所提到的这些。他提出的许多概念和方法都已逐渐渗透到心理学主流体系中。比如，自卑感和自卑情结的概念已经被整个心理学体系所吸纳，而他提倡的社区治疗、家庭治疗和合作治疗等心理疗法，也已经被全社会普遍接受。

我们相信，结合自身现实与社会现实系统地了解这些方面，对如今的每一个人来说都会有所裨益。因此，我们精心选取了阿德勒的一部分作品翻译出来，以便普通读者也能够一览这位与弗洛伊德齐名的大师的作品。本书分为上下两编，从"人类的行为"与"性格研究"两个方面对人性这一问题进行了深入的剖析，在通俗地阐述了"个体心理学"基本原理的同时，指出了理解人性的重要意义。作者在书中结合临床经验与实际病例，一方面阐释了我们人类与世界、社会之间的关系，说明了这些原理如何应用到社会生活当中，一方面也指出了不正确的个体行为会破坏社会和群居生活的和谐，从而让我们在逐步理解人性本质的过程中，了解到辨别和纠正自身错误、不断完善自我并与环境和谐共处的方法和重要性，是我们一览"个体心理学"基本原理的经典之作。当然，由于译者并非心理学方面的专业人士，因此在翻译过程中出现谬误也是在所难免的，敬请读者批评指正。

定居美国4年之后，1937年5月28日，阿德勒在讲学途中因心脏病发作，病逝于英国苏格兰的亚伯丁。《纽约先驱论坛》为他发了一则讣告，如此评价道："阿德勒，自卑情结之父，拒绝成为精神分析的某个零件。他既有点像科学家弗洛伊德，又和预言家荣格相似。他就是他，一个传播福音的人。"在我们看来，阿德勒开创的"个体心理学"，他提出并践行的诸多理论与疗法，就是他传播给整个人类的福音。

前　言

　　本书旨在让普通大众了解"个体心理学"的基本原理。与此同时，本书也是把这些原理实际应用到每一个人日常关系当中的行为之上的一种示范；这种日常关系，不仅是指一个人与整个世界及其同胞的关系，而且也包括与其个人生活结构之间的关系。我曾在维也纳的"人民研究院"给数百位男男女女、年龄不一、来自各行各业的听众做了为期一年的讲座，本书就是在这些讲稿的基础上整理而成的。本书的目的，是为了指出个人的错误行为会如何影响到我们社会生活与公共生活的和谐；此外，本书也旨在引导个人认识到自身的错误，并且最终向一个人表明，可以怎样去做出一种和谐的调整，来适应人类的共同生活。商业与科学领域里的错误，都是代价高昂、结局可叹的错误；而在人生处世当中的错误，通常却会危及生命本身。本书所致力的，就是用于阐述人类朝着更好地理解人性这个方向前进所遵循的方针和原则。

阿尔弗雷德·阿德勒

引　言

> 人之命运，在于心灵。

——希罗多德[1]

倘若太过自以为是、太过自负，我们可能是无法理解人性这门科学的。相反，只有那些带着某种谦逊之心去实践的人，才能理解这门科学。人性这个问题，带给我们的是一项艰巨的任务；自远古以来，解决这一问题便始终都是人类文化的目标。这是一门科学，倘若把培养出特殊的专业人士当成唯一目标，我们是无法去从事这门科学的。这门科学的正确目标，只能是让每一个人都能够理解人性。而这一点，也正是那些自以为其研究属于某个科研小组独有财产的学术研究人员的痛点。

由于我们都过着孤僻的生活，因此没有哪一个人非常了解人性。从前，人类不可能像如今一样过着如此孤僻的生活。从儿童

---

[1]　希罗多德（Herodotus，约公元前484—约公元前425），古希腊作家兼历史学家，曾把旅行中的所闻所见和波斯第一帝国的历史记录下来，著成《历史》一书。该书是西方文学史上第一部完整流传下来的散文作品，因此希罗多德被后人尊称为西方的"史学之父"。

早期开始，我们就很少与其他人接触，家庭让我们与世隔绝了。我们的整个生活方式，妨碍到了我们与同胞进行必要的亲密接触；而这种接触，对于理解人性这门科学与艺术的发展却是不可或缺的。由于没有充分地与同胞进行接触，因而我们便成了同胞的敌人。我们对待同胞的行为经常都被误解，而我们对同胞的判断也经常都是不正确的；至于原因，则仅仅在于我们都没有充分地理解人性。人们从彼此身边匆匆而过，各说各话，并且无法交流，这种情况已属司空见惯，因为他们都视彼此为陌生人；这种现象，非但存在于社会上，而且存在于家庭这种非常狭窄的圈子里。我们经常听到的牢骚，莫过于父母抱怨说无法理解自己的子女，而子女则抱怨说父母误解了他们。我们对待同胞的整体态度，取决于我们对同胞的理解程度。因此，理解同胞的绝对必要性，便成了社会关系的一条基本原则。假如我们对人性的了解程度更加深入一点，那么人类共同生活起来就会更加容易一些。那样的话，种种令人不安的社会关系便会消除于无形，因为我们都明白，只有在彼此不理解，并且因此而有受到表面上的伪装所欺骗的危险时，我们才有可能出现令人遗憾地调整自身的做法。

如今我们的目标，则在于阐释清楚我们为什么想要从医学的角度，带着为这一广袤领域打下一种严谨科学之基础的目标，来解决这一问题；而且，我们的目标还在于确定此种人性科学的前提必须是什么，这种科学必须解决哪些问题，以及我们有望从这门科学当中获得一些什么样的结果。

首先，精神病学已是一门要求我们极其广泛地了解人性的科学。心理医生必须尽可能迅速而精确地深入洞察精神病患者的内心。在这个独特的医学领域里，只有相当肯定地了解到了患者内心的情况，一名医生才能够对患者有效地做出判断、进行治疗和开具处方。在这一点上，表面现象可没有立足之地。医生的失误，马上就会给患者带来伤害；而正确地理解疾病，则会让治疗获得成功。换言之，这是有效检验我们对人性了解程度的一种考验。在日常生活当中，就算对另一个人做出了错误的判断，也不一定会带来显著的后果，因为此种后果可能要在做出错误判断之后很久才会出现，因此二者之间的关联并不明显。我们常常会发现，误解某位同胞所带来的巨大不幸要过几十年之后才会出现；而看到这一点，也会让我们大感震惊。此种不幸事件给我们带来的教训，就是每个人都必须并且有义务去获得人性方面的可用知识。

我们对神经疾病进行的研究证明，从本质上来看，在神经疾病当中发现的各种精神异常、情结以及错误，与正常人的行为结构并无不同。我们研究的，都是同样的组成要素、同样的前提条件与同样的活动。唯一不同的，就是这些方面在精神病患者身上显得更加明显，并且更加容易辨认出来。这一发现的意义，就在于我们能够从异常情况中获得教益，并且让我们的目光更加敏锐，从而能够在正常的精神生活中发现与之相关的心理活动与性格特点。这完全是一个需要训练、热情与耐心的问题，而从事任何职业也都需要这些东西。

我们的第一大发现，就是这一点：精神生活结构当中那些最重要的决定性因素，是在童年早期产生出来的。就其本身而言，这可不是一种什么标新立异的发现，因为自古以来，许多了不起的学者都曾做出过类似的发现。而我们这一发现的新颖之处，则在于下面这个事实：我们可以在自己能够确定的范围之内，把童年时期的经历、获得的印象、形成的态度，用一种无可争议的、连续不断的方式，与日后精神生活中的各种现象结合起来。这样，我们就能对一个人童年早期的经历、观点与其长大成年之后在人生当中的经历、观点进行比较了；我们在这个方面做出的一个重大发现，就是不能把精神生活当中那些单一的表现形式看成自给自足的独立存在体。我们已经得知，只有把它们看成是一个不可分割之整体当中的组成部分，我们才能去理解这些单一的表现；而且，只有当我们能够确定它们在一连串的整体活动中、在整体行为模式当中所处的位置，只有当我们能够看出一个人的整体人生观，并且彻底搞清楚一个人在童年时期形成的人生观中那种隐秘的目标与其成年之后的人生观完全相同，我们才能去重视这些单一的表现。简而言之就是，我们已经极其清楚地证明，从精神活动的角度来看，一个人并没有发生任何改变。某些心理现象的外在形式、具体表现与语言表达可能会有变化，但其基本原则、目标、动机，即引导精神生活去实现其最终目标的每个方面，始终都是恒定不变的。一个性格上焦虑不安、心中总是充满着疑虑与不信任感、所有努力都是为了让自己远离社会的成年患者表现出来的人格特质和心理活动，会与这个患者在三四岁时的人格特质和心理活动完全一样；只不过在孩提时代，这些方面因为简单而得到了清晰的体现罢了。因此，我们定下了一条准则，把研究时的大部分精力都放在所有病人的儿童时代；于是，我们便培养出了一种技巧，即往往能够在别人说出来之前，就将我们已经了解到其童年经历的一个成年人的性格特点指出来。我们认为，在这个成年人身上看到的种种特点，就是这个人童年经历的直接体现。

倘若听到一名患者童年时代那些最令人记忆犹新的往事，并且懂得如何正确地去理解这些往事，那么我们就可以极其准确地重建这位患者目前的性格模式了。在这一过程中，我们会利用到一个事实，即一个人是很难摆脱儿童时期形成的那种行为模式的。很少有人能够改变自己在童年时代形成的行为模式，尽管到了成年之后，他们发现自己的处境已经大为不同了。一个人在成年之后改变了态度，并不一定意味着其行为模式也发生了改变。精神生活的根基是不会改变的，一个人在童年时代与成年之后都会保持相同的行为原则，从而让我们推断出，一个人的人生目标也并未改变。假如希望改变患者的行为模式，那么我们之所以将注意力集中在患者童年时代的经历上，就还有一个原因。改不改变一个人成年之后获得的种种经历与形成的种种印象，其实意义不大；我们必须做到的，就是发现患者身上那种根本性的行为模式。一旦理解了这一点，我们就可以去了解患者的本质特征，也可以去正确理解患者的疾病了。

　　因此，研究儿童的精神生活，就变成了我们这门科学的支点，而我们进行的大量研究，也都聚焦于研究一个人刚出生的那几年。在这一领域里，有许多东西都从未有人涉及过或者探究过，因此每个人都能够发现一些新的宝贵材料，它们最终都会在研究人性这一领域内发挥出巨大的作用。

　　同时，我们还开发出了一种防止儿童形成不良性格特点的办法，因为我们并非是为了研究来进行研究，而是为了人类的利益来进行研究。我们完全是不假思索，便将研究引向了教育学领域，并且已经致力于这一领域多年了。对于任何一个想要在其中进行实验，并且希望将自己在研究人性的过程中做出的那些重要发现应用到其中去的人来说，教育学都是一个名副其实的宝库，因为教育学与人性这门科学一样，不是从书本当中得来的，而必须在人生这个实实在在的学校里才能获得。

　　我们必须深入体会精神生活的每一种表现，让自己融入其中，陪伴人类度过种种欢乐与悲伤才行；这种做法，与一位优秀的画家把自己在绘画对象身上感受到的特点一一绘入一幅肖像的做法是一样的。我们必须将人性这门科学，看成是一门拥有许多工具可以利用的艺术，将它看成是一门与其他各科都密切相关，并且对其他各科大有裨益的艺术。尤其是对于文学和诗歌来说，这门科学异常重要。它的首要目标，必须是扩充人类的知识；也就是说，它必须让我们所有的人都能够获得一种更好的、更加完善的心理成长过程。

我们碰到的难题之一，就是我们经常发现，人们对理解人性这一点都异常敏感。很多人都自以为是这门科学的大师，尽管他们在获得学位之前很少做过这方面的研究；而倘若有人叫他们把自己了解到的人类知识付诸检验的话，那么其中就会有更多这样的人觉得受到了冒犯。真正想要了解人性的，只是那些感同身受地体验过人类的价值与意义的人，也就是说，只有那些通过自身也经历过心理危机，或者是能够在别人身上充分认识到此种心理危机这一事实来体验人类的价值与意义的人。

这种情况，导致了我们在应用自身掌握的知识时，必须找出一种准确的战术与策略，必须找到相应的技巧这一问题。因为没有哪种做法，会比我们把自己在探究一个人心灵的过程中发现的那些赤裸裸的事实鲁莽地呈现于其面前的做法更加可恶，也没有哪种做法，会比这种做法招来更多的批评。对于任何一个不想招人讨厌的人，我们最好是建议他在这个方面小心行事。要想获得骂名，不谨慎地利用和滥用我们通过了解人性而获得的种种事实就是一个好办法；比如说，渴望以此来炫耀一个人懂得很多，或者在吃饭时以此猜测出邻居的性格。仅仅引述这门科学的一些基本事实，把它们当成定论来开导某个并未全面理解这门科学的人，这种做法也是很危险的。即便是那些懂得这门科学的人，在这种做法面前也会觉得不快的。我们必须重申一下前面已经说过的一点：人性这门科学，让我们不得不保持一份谦逊之心。我们不能在没有必要的情况下过于仓促地宣布实验的结果。这种做法，只适合于那种急于炫耀、卖弄自己本领的小孩子。而对于成年人，我们很难说这是一种恰当的做法。

　　我们应当建议那些了解人类内心的人首先对自己进行检验。这种人，决不应该将自己在为人类服务的过程中获得的那些实验结果，直接呈现在一个不情愿接受此种检验的人面前。这样做，只是在给一门仍然处在发展当中的科学带来新的问题，并且实际上还会让自己达不到目的。那样一来，我们就不得不承担起这些盲目而热情的年轻探索者所导致的错误责任了。我们最好是保持小心、谨慎之心，来对待这样一个事实：我们必须认识到整体，才能对各个部分做出任何判断。而且，这样的判断，也只能在我们确信对某个人有益的情况下，才能得以公开。倘若认定了某种不好的方式，或者是在不恰当的时候去坚称性格方面的某种正确结论，就有可能给一个人带来极大的麻烦。

　　因此，在继续论述之前，我们此时必定会碰到某种反对意见。这种异议，其实已经在许多读者脑海里面浮现出来了。前面提及的那种论断，即一个人的人生观始终不变，许多人都无法理解，因为一个人在人生当中会经历很多的事情，使得他对待人生的态度会发生改变。但我们必须记住，任何一种经历，可能都会有多种不同的诠释。我们会发现，对于一种相似的经历，没有哪两个人会得出相同的结论来。这一点，恰好说明了阅历往往不会使我们变得聪明起来的这个事实。诚然，一个人会吸取教训来避免某些问题，并且学会用一种冷静的态度来对待他人；但是，一个人的行为模式却不会因为这一点而发生变化。在进一步的论述当中，我们将看到，一个人往往会利用自己的经历，来达到同一个目标。更深入的研究表明，一个人的所有经历，必定都适合于其人生态度，必定都适合于其人生模式的构成。众所周知，我们都会设想出自己的经历。每一个人都会限定自己的经历方式和内容。在日常生活当中，我们还会看到，一些人会从自身的经历当中得出想要的任何结论来。比如说，有人总是会犯某种错误。就算大家成功地说服他认识到这种错误，他的反应也会千奇百怪。的确，他有可能得出结论说，是时候避免再犯这种错误了。不过，这可是一种非常罕见的结论。更有可能的是，他会反驳说，自己这么久以来一直都在犯这种错误，因此如今再也无法摆脱这种习惯了。或者，他会把责任归咎给父母，或者归咎于他所受的教育；他可能会抱怨说，从来都没有人去关心他，或者说他从小就太受溺爱，或者说他受到了虐待，从而给自己的错误找一个情有可原的理由。但无论找出什么样的借口，他都暴露了一件事情，那就是他希望自己有理由去逃避进一步的责任。用这种方式，他就有了一种表面上正当的理由，避开自己受到的所有指责。他自己永远都是没有责任的。他之所以从来都没有实现自己想要的目标，始终都是别人的过错。这种人忽视了一个事实，那就是他们本身很少努力去避免犯错。他们更加希望继续保持错误，并且继续带着某种狂热，把犯错的责任归咎给自己所受的不良教育。只要他们希望如此，这就是一种有效的托词。同一种经历可能存在诸多不同的诠释，而从某一次经历当中也有可能得出诸多不同的结论，都让我们能够理解，一个人为什么不会改变自己的行为模式，而是会转化、扭曲和曲解自己的经历，直到这些经历符合此种行为模式才罢手。人类最难做到的事情，就是了解自己并且改变自己。

　　任何一个对人性这门科学的理论与技巧并不精通的人，在试图教导人们变成好人的过程中，都会遇到极大的困难。这种人的做法会完全停留在表面上，并且会陷入一种错误，会因为事物的外在表现发生了变化，而误以为自己已经获得了某种重大的成就。实际情况向我们表明，只要行为模式本身没有纠正，这样的方法就改变不了一个人，而我们看到的所有改变，也都只是表面上的改变，毫无意义。

改造一个人，并不是一个简单的过程。它需要一定程度的乐观与耐心，并且尤其需要摒弃所有的个人虚荣心，因为接受改造的人并没有义务，并非一定要成为另一个人满足虚荣心的对象。而且，改造过程必须以一种被改造者认为合理的方式来进行。我们不难理解，倘若不是用一种恰当的方式准备和提供的，那么原本在一个人看来是非常可口的一道饭菜，可能也会被这个人拒绝。

人性这门科学还有一个方面，我们不妨称之为其社会性方面。要是彼此之间能够更加理解的话，人类无疑是会相处得更好，交流也会更加密切。在这种情况下，人类就不可能再让彼此失望、相互欺骗了。在人类可能出现的这种欺骗当中，存在着针对整个社会的一种巨大危险，这种危险，我们必须向同事们说明才行。目前，我们正在让这些同事熟悉这种研究。对于他们正在将自身掌握的科学知识应用于其身上的人，同事们必须有能力让其理解在我们内心发挥作用的那些不为人知的和无意识的力量的重要性；为了帮助那些人，他们必须认识到人类行为中所有隐晦的、扭曲的、伪装的假象和骗术。要想实现这一目标，我们就必须了解人性这门科学，并且带着其社会性目的，有意识地去加以实践。

那么，哪些人最适合去收集这门科学的材料，并且去实践这门科学呢？我们已经注意到，我们不可能只是从理论上去实践这门科学，只了解所有的规则与资料是不够的。我们必须让自己的研究转变成实践，并将二者结合起来，从而让我们的眼光变得比以前更加敏锐、更加深邃。人性这门科学在理论方面的真正目标就在于此。不过，只有亲自踏入生活本身当中，并且检验和利用我们学到的理论，才能让这门科学变得充满活力。我们之所以提出这样一个问题，有一个重要的原因，那就是在接受教育的过程当中，我们获得的人性知识都太少了；并且，我们学到的许多知识都是不正确的，因为当代的教育仍然不足以让我们获得人类内心方面的正确知识。对于每一名儿童，人们完全都是让他们自行去正确理解个人的经历，并且让他们在课堂学习之外自行成长。

我们已经发现，那些并没有被我们这种复杂而混乱的教育制度把他们的社会关系割裂开来的人，最适合从事人性科学方面的这些研究。我们面对的人不管男女，归根结底要么是乐天派，要么就是正在抗争、还没有被悲观心态逼得逆来顺受的悲观主义者。但是，仅仅与人类接触还是不够的。我们还必须有所体验才行。在我们如今这种不完善的教育体制面前，只有一类人才能真正理解人性。这种人，就是那些悔过自新的罪人。他们要么是那些曾经深陷于精神生活的混乱旋涡当中，被其中的所有过失与错误纠缠过，并且从中挽救出了自己的人，要么就是那些很接近于这种状态、感受到了这种旋涡之力量的人。其他的人自然也能够学会去理解人性，尤其是在他们具有认同与同感这种天赋的时候。而最了解人类内心的，则会是那些本身就经历过殉难痛苦的人。在我们如今的这个时代，悔罪者似乎与他们处于各大宗教发展起来的那个时代一样可贵。这种人的声望，会比千万个正直善良的人加起来还要高。是怎么回事呢？这是因为，若是超越了人生当中的种种苦难，将自己从生活的泥沼当中救赎出来，迸发出了从不幸经历当中获益的力量，并且因为这些不幸经历而让自己获得升华，一个人就会理解人生当中的好坏两面了。在理解人性这个方面，无人可与这种人相匹敌，而那些正直善良的人，自然也是如此。

倘若发现一个人的行为模式使得他无法过上一种幸福的生活，那么出于对人性的了解，我们就有绝对的义务去帮助这个人，重新调整他在人生当中形成的那些错误观点。我们必须为他提供一些更好的观点，即那些适应社会且更适合于让这种人在人生中获得幸福的观点。我们必须给他提供一种新的思维体系，向他指出另一种行为模式，即社会感与共同意识在其中发挥更重要作用的模式。我们不会试图去为这种人的精神生活确立一种理想的结构。一种新的视角，本身对那些处于迷茫当中的人来说很重要，因为一个人从这种视角出发，会了解到自己是在哪里误入歧途、犯下错误的。在我们看来，那些死板地认为人类的一切行为全都是因果关系所导致的决定论者，他们的观点距谬误其实不远了。倘若自我认知和自我批评的能力依然在发挥作用，并且依然是一种具有生命力的基调，那么因果关系就会变成一种不同的因果关系，而人生经历也会获得种种全新的价值。一个人若是能够确定自己行为的源头以及自身精神的运作机制，那么了解自身的能力就会变得更强。一旦理解了这一点，他就会变成一个不同的人，就会无法再逃避自身掌握的知识所带来的必然结果了。

目　录

上编　人类的行为

附　录

上编

人类的行为

第一章　精神

第一节　精神生活的概念与前提

我们认为，只有能够运动、活着的生物才具有思想。思想与自由运动之间，存在着一种固有的关联。那些根基牢靠的生物，没有必要具有思想。如果给一株深深地扎根于地下的树木赋予情感与思维，那该是多么不可思议的一件事情啊！想一想，认为一株植物或许能够忍受某种无法逃避的痛苦，或者能够预知日后无法避免的事情，该是多么的荒诞啊！想一想，倘若认为一株植物具有思维能力、拥有自由的心智，同时又认为植物无法利用自身的意志是一种必然的定论，该是多么的荒谬啊！在这种情况下，这株植物的意志与思维能力必然都是毫无意义的。

运动与精神生活之间存在着一种严格的推论关系。这一点，构成了动物和植物之间的区别。因此，在精神生活的演变过程中，我们必须考虑到与运动有关的方方面面才行。一切与位置变换相关的问题，都要求思想能够预见到，并且要求思想能够积累经验、形成记忆，以便生物能够更好地适应生存这个问题。那样的话，我们从一开始就能够确定，精神生活的发展与运动相关，

而伴随思想而来的各个方面的发展与进步，也都受到了生物自由
运动能力的制约。这种能动性会刺激、促进和要求精神生活始终
都得到不断的强化。想象一下，倘若能够预测出一个人的每一个
动作，那么我们就可以认为这个人的精神生活是静止不动的。
"自由本身即能造就伟人，强迫只会扼杀与毁灭。"

第二节　精神器官的功能

　　假如从这种角度来看待精神器官的话，那么我们就会认识
到，我们正在考虑的是一种遗传性能力的演变，考虑的是一种具
有攻防能力的器官，而生物则是根据自己所处的情况，利用这种
器官来做出反应的。精神生活正是进攻与寻求安全感这两种活动
的结合体，而其最终目标，就是确保人类这种生物在地球上继续
生存下去，并且让人类能够安全地实现其发展。假如以此为前
提，那么就会出现其他更多需要考虑的问题。我们认为，要想对
心灵形成一种真正的概念，考虑这些问题就是必不可少的。我们
想象不出，有哪种精神生活是与世隔绝的。我们只能认为，一种
精神生活是与其所处环境紧密相关的：它会接受外界的刺激，然
后以某种方式做出反应；它会抛弃那些并不适合于确保生物免受
外部世界蹂躏的本领与能力，或者会为了确保生存，而用某种方
式将生物与这些力量结合在一起。

　　从这个方面呈现出来的关系有多种。这些关系，都与生物本
身、与人类的种种独特之处、与人类的物质本性、与人类的有利
条件与不足之处相关。这些东西，完全都属于相对概念，因为一
种力量或者一种器官究竟是该理解为一种有利条件还是一种不利
因素，完全是一个相对的问题。这些方面的意义，只能由一个人
自身所处的境遇来决定。众所周知的是，人类的脚从某种意义上

来说其实就是一只退化了的手。对于一种必须攀爬的动物来说，这会是一种明确的不利条件；但对于必须在平地上行走的人类来说，这却是一种非常有利的条件，因此没人会宁愿要一只"正常的"手而不要一只"退化了的"脚。事实上，在我们的个人生活以及所有民族的生活当中，生理缺陷都不应当被认为是所有罪恶的源头。只有一个人所处的境遇，才能决定这些缺陷究竟是有利条件还是不利因素。倘若我们还记得，有日夜之分、太阳主宰万物、原子可以运动的大千世界与人类精神生活之间的关系千变万化，那么我们就会认识到这些方面会给我们的精神生活带来多么巨大的影响了。

第三节　精神生活的目的性（目的论）

我们能够在种种精神动向当中发现的第一种现象，就是运动都会指向一个目标。因此，我们不能把人类的思想看成一个静态的整体。我们只能把人类的心灵看成是一个由各种运动力量所组成的结合体。然而，这些力量却是某个单一原因所导致的结果，并且全都在努力实现一个单一的目标。这种目的论，这种实现一个目标的追求，是"适应"这一概念当中所固有的。我们只能认为，精神生活当中存有一个目标，而存在于精神生活当中的所有活动，全都指向这一目标。

人类的精神生活，是由人类的目标所决定的。倘若没有这些已经确定下来、继续保持着、得到了修正并且指向一个始终存在之目标的所有活动，就没有人能够去思考、去感觉、去希望、去梦想了。这一点，本质上是由生物必须调整自身并对所处环境做出反应所导致的结果。人类生活当中的生理现象与心理现象，都是以我们已经阐述过的那些根本原则为基础的，除非是在一种始终存有目标的模式之内，否则我们是想不出一种心理演变过程的；而这种模式，本质上则是由生命的动力学所决定的。至于这一目标本身，我们既可以视之为不断变化的，也可以视之为静止不变的。

在此基础上，我们就可以把精神生活当中的所有现象，都看成是为未来某种处境所做的准备。在心理器官（心灵）当中，除了朝着某个目标发挥作用的一种力量，我们似乎是不可能看出什么东西来的。因此，"个体心理学"会考虑到人类精神的所有表现，仿佛它们都是指向一个目标似的。

要想了解一个人的目标，并且了解整个世界的某些方面，我们就必须理解这个人一生中种种行为与表达的意思，理解这个人为了实现其人生目标而做出的这些准备性行为与表现的意义。我们还应知道，这个人必定会实施哪种类型的行为来实现自己的目标，就像把一块石头扔到地上的时候，我们知道石头会沿着一条什么样的路线掉落那样，尽管心灵并不了解什么自然法则，因为那个始终存在的目标一直都在变化当中。然而，倘若一个人拥有一个始终存在的目标，那么这个人的每一种心理倾向都必定伴随有某种强制性的动力，仿佛是遵循着某种自然法则似的。诚然，一种主宰精神生活的法则的确存在，不过，它却是一种人为制定出来的法则。如果有人觉得，仅凭这一证据就足以证明他所说的某种精神法则，那么他肯定是受到了表象的蒙骗，因为到他认为自己已经证明环境具有那种亘古不变的性质与确定性的时候，他就已经在暗中做了手脚。如果一位画家想要绘制一幅画作，那么在他的身上，我们就会看到与一个眼前摆着此种目标的人完全相称的所有态度来。他会进行一切带有某些必然结果的必要活动，就像工作时存在某种自然法则似的。不过，他又有没有必要去绘制这样的一幅画作呢？

　　自然界中存在的活动，与人类精神生活当中的活动是有区别的。关于自由意志的所有问题，全都取决于这个重要的方面。如今，人们认为人类的意志并不是自由的。的确，一旦纠结于某个目标，或者与某个目标结合起来，人类的意志就会受到束缚。而且，由于人类与宇宙、动物以及社会的各种关系的情况往往决定了这一目标，因此在我们看来，精神生活常常显得像是处在某些不变法则的支配之下似的，这一点就不足为怪了。不过，比如说，倘若一个人否认自己与社会有关系，并且与这些关系进行对抗，或者拒绝让自己去适应人生当中的种种事实，那么他就会抛弃所有这些貌似真实的法则，而一种由新的目标所确定的新法则也会干预进来。同样，公共生活的法则也不会对一个在人生当中本已感到困惑、并且试图消除自己对同胞的感情的人具有约束力。因此，我们必须断言，只有定下了某个恰当的目标之后，精神生活当中的一种活动才会必然出现。

　　另一方面，我们很有可能根据一个人目前的行为，推断出他必然怀有一种什么样的目标。这一点更加重要，因为很少有人十分清楚自己的目标是什么。在实践当中，要想对人类有所了解，我们就必须遵循这种做法。由于一个人的活动可能具有多种意义，因此这样做起来往往并不简单。然而，我们可以选取一个人的许多活动，对它们进行比较，并且将它们生动地描述出来。这样，我们就可以通过将表达出的精神生活当中一种明确态度的两个点连接起来的方式去理解一个人。在这种方法中，上述两个点在时间上的差异，是用曲线标注出来的。我们利用这种方法，是为了对一个人完整的人生形成一种一致的印象。下面这个例子将会说明，我们可以怎样从一个成年人的身上重新发现他在童年时期形成的那种人生模式，并且两种模式之间存在惊人的相似性。

　　有一位30岁的男性，性格方面特别有上进心，并且克服了发育过程中的种种困难，获得了很大的成就和荣誉。后来他却患上了极其严重的抑郁症，因而到医生那里去，发牢骚说自己既不想工作，也不想活了。他解释说，自己就要订婚了，可他对未来却觉得疑虑重重。他被一种强烈的猜忌心理困扰着，婚约也很有可能解除。在这个案例当中，他提出来证明自己观点的那些事实，其实都不是很有说服力的。由于没有人能够去责怪与他订婚的那位年轻女士，因此他表现出来的那种明显的缺乏信心，就让他受到了大家的怀疑。他就是这样的一种人：先是接近另一个人，觉得自己被对方吸引住了，可随后马上又会采取咄咄逼人的态度，毁掉了双方刚刚建立起来的那种联系。

　　现在，我们不妨按照前面所述的方法，从这名男子的生活当中选取一件事情，并且设法将此事与他目前的态度进行结合，来描绘出这名男子的人生态度。根据经验来看，我们通常都会查问患者童年时代的最初记忆，尽管我们往往不可能去客观地检验此种记忆的确切意义。这名男子童年时期的最初记忆如下：当时，他正和母亲、弟弟逛市场，由于市场上人来人往、喧嚣拥挤，因此母亲便把他（两兄弟中的哥哥）抱在手上。注意到自己做得不对之后，母亲又把他放下来，抱起了他的弟弟，而让我们的这位患者被拥挤的人群推来挤去，不知所措。那时，他只有4岁。在述说这段记忆的过程中，我们听到了一些情况，与我们从他对目前所患疾病的描述当中推测出来的情况完全相同。他不相信自己是最受父母宠爱的孩子，而一想到父母最宠爱的是另一个孩子，他就受不了。把这种关联向他解释清楚之后，我们这位大感震惊的患者马上就明白了其中的关系。

　　每一个人的行为所指向的目标，都是由所处环境对孩子产生的影响、给孩子留下的印象所决定的。每个人的理想状态，也就是每个人的目标，很可能在刚出生的几个月内就已经形成了。即便是在这样小的时候，某些感觉也会发挥出作用，诱发孩子做出高兴或者不安的反应。此时，儿童身上便会浮现出某种人生观的最初迹象来，只不过它们都是用一种最原始的方式表达出来的。影响到精神生活的那些根本因素，在儿童还是一个婴儿的时候，就已经固定成型了。儿童会在这些基础之上形成一种上层建筑，而这种上层建筑，日后还可以进行修正、受到影响和进行转化。各种各样的影响，很快就会迫使儿童形成一种明确的人生观，并且决定了儿童对人生带来的诸多问题做出自己独特的反应。

研究人员认为，一个成年人的性格特点在其婴儿时期就可以看出端倪来，这种看法其实并没有错得离谱。这一点，恰好说明了人们经常认为性格具有遗传性的事实。不过，认为个性与人格遗传父母的观点却是普遍有害的，因为这种观点会妨碍教育工作者履行自己的使命，会打击教育工作者的信心。人们之所以认为性格是遗传得来的，真正原因其实在于其他方面。此种借口，使得任何一个肩负教育使命的人，只需简简单单地把学生的失败责任归咎于遗传性，便能够逃避自己应尽的义务。这样做，当然是与教育的目的背道而驰的。

我们的文明，对人生目标的确定发挥出了重要的作用。它确定了孩子找出办法实现自身愿望之前需要迫使自己去突破的界限。这种愿望，既可以给他带来安全感，也可以让孩子适应人生。就我们的文化现状来看，儿童需要的那种安全感，可能是在很小的时候习得的。所谓的安全，我们并非仅仅是指没有危险的那种安全；我们所指的，是那种深层的安全系数，它可以确保人类这种生物在最适宜的情况下继续生存，与我们说某台经过精心设计的机器运转时的那种"安全系数"差不多。一名儿童，会通过要求获得一种"附加"的安全要素，来获得此种安全系数；这种安全要素，会高于仅仅满足儿童的某些本能、仅仅让儿童安静地成长所必需的程度。这样，儿童的精神生活当中便会出现一种新的活动。很显然，这种新的活动就是那种获取支配地位和优越感的倾向。与成年人一样，儿童也希望强过所有的竞争对手。儿童会竭力争取一种优势，而这种优势则会给他带来一种安全感与适应性，意义与他以前给自己设定的那种目标完全相同。这样一来，儿童的精神生活当中就会萌发出某种焦虑感来，而随着时间的推移，这种焦虑感还会日益严重起来。现在，假设世界要求我们做出一种更加强烈的反应。倘若在这种需要的时候，孩子不相信自己有能力去克服遇到的种种困难，那么我们就会注意到，他会费尽心思地去找出种种借口和许多复杂难懂的托词来，而这些借口与托词，只会使得儿童内心对荣耀的渴求更加明显罢了。

在这种情况下，儿童最直接的目标，往往就会变成逃避所有较大的困难。这种儿童会在困难面前退缩，或者设法摆脱这些困难，以便暂时性地逃避人生的种种要求。我们必须明白，人类心灵做出的各种反应，都不是最终的和绝对的反应。每一种反应都属于局部反应，只是暂时有效，但我们决不能将其视为解决一个问题的最终办法。尤其是在儿童心灵的成长过程当中，难道我们没有想起，自己面对的是此种目标观念中那些暂时性的具体表现形式吗？我们可不能用衡量成年人心智的那种标准，去衡量儿童的心灵。对于儿童，我们必须看得更远，问一问儿童一生中自发出现的种种能力与活动，最终会引领他去实现一种什么样的目标。假如能够变身进入儿童的内心，那么我们就能理解，孩子能力的每一种表达，都会适合于他的理想；这种理想，是他给自己设定的，当成是他适应人生的最终形式。假如我们想要明白儿童为何会如此表现，那么我们就必须站在孩子的角度去看问题。与其见地相关的情感基调，会通过各种各样的方式来引导孩子。其中有乐观的态度，此种孩子确信自己能够轻而易举地解决面临的问题。在这种情况下，孩子培养出来的个性，会与那些认为人生诸多使命显然都在自己的能力范围之内的人相同。在这种儿童的身上，我们会看到他们都培养出了勇敢、率真、坦诚、负责任、勤奋以及诸如此类的品质。与此相对的，就是儿童培养出了悲观的态度。想一想，那些不相信自己有能力解决问题的孩子的目标是什么吧！对于这样的儿童来说，整个世界必定显得非常阴郁和令人沮丧！在这种儿童身上，我们会看到胆小、喜欢反思、不信任别人，以及懦弱者竭力用于保护自己的其他所有性格特点。这种人的目标是不可能实现的，但都远处于人生战斗前线的后方。

第二章　精神生活的社会性

要想了解一个人的思维方式，我们必须研究这个人与其同胞之间的关系。人与人之间的关系，一方面取决于宇宙的本质，因此往往会发生变化。而另一方面，人与人之间的关系也是由一些业已成型的制度习俗决定的，比如取决于一个团体或者一个民族的政治传统。如果没有同时理解这些社会关系，我们是不可能理解人类的精神活动的。

第一节　绝对真理

人类的心灵无法像一种自由媒介那样发挥作用，因为人类必须解决人生当中不断出现的各种问题，而这种必要性又决定了人类活动的范围。这些问题，与人类共同生活的逻辑性紧密相关、不可分割；这种群体生存的基本条件会影响到每一个个体，而共同生活的现实却又很少任由自身受到其中个体的影响，即便有，也只会受到一定程度的影响。然而，我们却不能以为，如今我们的共同生活当中，已存在的条件都是最终的条件；它们数量太过庞大，并且容易发生改变和转化。我们几乎无力去照亮精神生活问题当中那些幽暗的深处，因为我们无法逃避自身所处的各种关系所带来的那些陷阱。

在此种窘境当中，唯一的解救之道，就是认为我们的群体生活逻辑存在于这颗行星之上时就像是一种绝对真理，而我们则可以克服自身作为人类而存在组织不完善、能力有限的不足，一步一步地靠近这种真理。

我们所思考的东西当中，有一个重要的方面，就是马克思与恩格斯已经说明过的那种唯物主义社会分层。根据他们的学说，经济基础属于一个民族严格意义上的生存形式，它决定了属于个人思维与行为的那种"理想的、合乎逻辑的上层建筑"。我们关于"人类共同生活的逻辑性"和"绝对真理"的观念，与他们的那些观念是部分一致的。然而，历史以及我们对于个人生活的深入探究（即我们的"个体心理学"）已经证明，有的时候，个人对一种经济状况的要求做出错误的反应，却是有好处的。在试图逃避所处经济状况的过程中，一个人可能会陷入自身错误反应所形成的复杂陷阱当中无法脱身。而在通往绝对真理的道路上，我们将会越过无数个这种错误。

第二节　共同生活的必要性

共同生活的诸多法则，其实与气候规律使我们不得不采取某些措施来御寒、来修建房屋等一样，都是不言自明的。让人类朝着社会生活与共同生活发展的必要性，存在于一些制度习俗当中；这些制度习俗的形式，我们无须彻底去了解，比如宗教，其中共同规则的神圣性，起着凝聚社会各个成员之间关系的作用。即便我们的生存条件首先是由宇宙的诸多影响所决定的，它们也会进一步受人类的社会生活与共同生活制约，受共同生活中自发形成的那些规章制度制约。公共需求规范着人们之间的所有关系。人类的公共生活，优先于人类的个人生活。在人类文明的历史当中，我们找不到任何一种不是建立在公共基础之上的生存形式。一个人，只能存在于人类社会当中。这一点，是很容易解释的。整个动物界都说明了这样一条基本法则：一个物种，如果其中的成员无力面对自我保护这场斗争，就会通过群体生活而获得新的力量。

对人类来说，群居本能所起的作用是：这种本能进化出来、用于对抗艰苦环境且最值得注意的一种工具，就是心灵；心灵的本质当中，则贯穿了共同生存的必要性。很久以前，达尔文就让人们注意到了一个事实，那就是我们从来都没有看到过，有哪一种弱小动物是独自生存的；而我们也不得不认为人类正是此种弱小动物中的一种，因为人类同样不够强大，无法独自生存。人类只能勉勉强强地与大自然相对抗。人类身体羸弱，必须添加诸多的人造器械，才能在这颗行星上继续生存下去。想象一下，一个人独自处在一片原始森林里，没有任何一种文明工具可以利用时的情形吧！他会比其他任何一种生物更加无力生存下去。他既没有其他动物那样迅捷的速度，也没有其他动物那样强大的力量；他既没有食肉动物那样的獠牙利齿，没有敏感的听觉，也没有敏锐的视力。而这些方面，都是为生存而战所必需的。人类需要一种全面的手段，才能确保自己能够生存下去。人类的食物、人类的性格特点以及人类的生活方式，都需要一种全面的保护计划。

现在我们就能理解，一个人为什么只有让自己处于特别有利的条件下，才能让自己生存下去了。这些有利条件，都是社会生活提供给他的。社会生活变成了一种必要，因为通过社会与劳动分工（其中的每一个个体，全都从属于整个群体），整个物种就可以继续生存下去了。单是劳动分工（从本质上来说，这就是文明），就能够为人类提供所有的进攻与防御手段，用于获取和保护人类的所有财产。只有在学会了劳动分工之后，人类才学会了维护自己的权利。想一想分娩时的艰难，以及婴儿刚出生那几天里必须采取格外小心的防患措施，才能让婴儿活下去的情形吧！只有在出现了这样一种劳动分工之后，人类才有可能去实施这种照料、采取这种预防措施。想一想人类血肉之躯遗传下来的种种疾病与缺陷，尤其是在婴儿时期，那么大家对人类生存需要异常繁复的照料这一点就会有个概念，而对社会生活的必要性也就有所理解了。社会就是确保人类继续生存下去的最佳手段。

第三节　安全感与适应性

从前文所述中，我们得出了这样一个结论：从大自然的角度来看，人类就是一种不如其他物种的生物。这种不如其他物种的感觉与不安全感，始终都存在于人类的意识当中。它的作用，相当于一种始终存在的刺激因素，始终在激励着人类去发现一种更好的方式和更完善的手段来适应大自然。这种刺激，迫使人类去寻找那种可以让人类在生存当中的诸多不利条件得以消除和最小化的处境。这时候，人类就必须拥有一种能够实现适应与获得安全这两种过程的心理器官了。要让原始人和最初的半兽人，变成一种能够利用一些附加的组织性防御武器，比如角、爪子或者牙齿来与大自然抗争到底的生物，可能会要困难得多。而心理器官本身就能够迅速为人类提供不时之需，并且弥补人类生理缺陷所带来的不足。一种始终存在的不足感所导致的这种刺激，会让人类培养出预见与预防的本领，并且使人类的心灵进化到目前的状态，变成了一种思维、感受与行动的器官。由于社会在人类的适应过程中发挥着一种至关重要的作用，因此心理器官必须从一开始就考虑到共同生存的种种条件才是。心理器官的所有官能，都是根据一种共同的基础，即共同生存的逻辑性发展起来的。

在逻辑及其普遍适用这种内在的必要性当中，我们无疑会看到人类心灵成长过程中的下一个阶段。只有能够普遍应用的东西，才是符合逻辑的。我们还会发现共同生存的另一种工具，那就是人类的有声语言。它是一种奇迹，将人类与其他动物区分开来了。语言这种现象的形式清晰地表明了它的社会起源，因此我们不能把它与同一种通用性概念割裂开来。对于一种独自生存的个体生物而言，语言是完全没有必要的。只有在群体当中，语言才有存在的理由；它是共同生存的产物，是群体当中所有个体之间的纽带。有一些人，是在很难或者不可能与其他人进行交流的环境当中长大的；从这些人身上，我们就可以看出证明此种假设正确的证据来。这种人当中，有一些人经常会因为个人原因而逃避所有的社会联系，还有一些人则是环境的牺牲品。在这两种情况下，他们都会深受语言缺陷或者语言障碍之苦，并且永远都不会获得学习外语的本领。这就好比是，只有在人际联系非常安全的情况下，语言这种纽带才有可能形成和保持下去。

在人类心灵的成长过程当中，语言具有极其重要的作用。只有以语言为前提条件，我们才有可能形成逻辑思维，因为语言使得我们可以逐步形成概念，并且理解意义之间的差异。概念的形成并非是个人的问题，而是一个关乎整个社会的问题。只有以它们具有通用性为前提，我们的思想与情感才能被人理解；而我们身处美的事物之中时产生出来的那种喜悦之情，也是以对美的认知、理解与感受具有普遍性这一事实为基础的。由此可知，思维与概念，跟推理、理解、逻辑、道德观及审美观一样，都是起源于人类的社会生活当中。同时，它们也是所有以防止文明解体为目标的个人之间的纽带。

欲望与意愿，也可以理解成人类作为个体这种状况的两个方面。意愿只是一种服务于不足感的一种心理倾向，是获得一种令人满意的适应感的手段。而"愿意"就是指感受到此种倾向，并且参与到此种倾向的运动当中去。每一种自主性的行为，都起始于一种缺陷感，而消除这种缺陷感，就是朝着一种满意状态进行的。

第四节　社会感[1]

现在我们就可以理解，用于确保人类生存的任何准则，比如法律规范、图腾和禁忌、迷信或者教育，都必须受到社会这种概念的支配，并且适合于这种概念才行。我们已经在宗教方面审视过这种概念，并且发现，适应社会是心理器官最重要的一种功能，对个人来说是这样，对社会来说也是如此。我们所谓的公平与正义，以及我们认为人的性格当中最可贵的那些方面，从根本上来说，不过都是满足人类需求当中出现的各种条件罢了。这些条件，既让心灵得到了体现，也引导着心灵的活动。责任感、忠诚、坦率、热爱真理等等，全都属于只是通过共同生存这一普遍适用的原则确立和保持下来的美德。我们只能从社会的角度，来评判一种性格究竟是好是坏。性格，就像科学、政治或者艺术领域里的任何一种成就那样，只有在证明了它具有普遍价值的情况下，才值得我们去加以注意。我们可以用于衡量一个人的标准，是由这个人对整个人类的价值决定的。我们会将一个人与那种理

---

[1]　英译者注：原著中用的是Gemeinschaftsgefühl（团结友爱的精神，集体精神）一词，由于英语中没有合适的对应词汇，因此本书中一律改成了"社会感"（socialfeeling）。然而，Gemeinschaftsgefühl一词还含有人类团结一致、人与人之间用一种广阔的关系相互关联的意思。因此，本书中凡是用"社会感"的地方，我们都必须牢记，它还有"人类社会中的友爱感"这种更广泛的内涵。

想的同胞形象进行比较；这种理想状态的人，会用有益于整个社会的方式去克服自己面前的使命与困难，会让自己培养出很高程度的社会感来。在我们的论证过程中，下述这一点将会变得越来越明显：没有哪一个合格的人，能够在没有培养出对人类的一种深厚友谊感的情况下成长起来。

第三章　儿童与社会

　　社会要求我们承担某些义务，这些义务会给我们的生存标准与形式以及心智的成长带来影响。社会具有一种系统性的基础，个人与社会之间的契合点，可以在人类的两性现象这一事实中看出来。人类不是在男性和女性的孤立存在中，而是在由男性及其妻子结合组成的共同体当中，来满足生存的欲望、获得安全感并确保自身的幸福。观察一下儿童那种缓慢的成长过程，我们就可以确定地说，倘若不存在一个可以保护儿童的共同体，人类的生命就是不可能进化发展的。人生当中的各种义务，本身就体现出了劳动分工的必要性；而这种劳动分工，非但不会将人类隔离开来，反而会强化他们之间的联系。

　　每一个人都必须帮助自己的邻居。每一个人都必须明白自己对同胞负有义务。人与人之间那些至关重要的关系，就是这样产生出来的。现在，我们必须更加详细地来讨论一下其中的一些关系，儿童一出生之后，就会碰到这些关系。

第一节　婴儿的处境

　　由于每一名儿童都依赖于社会的帮助，因此他会发现自己面

对的是一个既会给予、又会索取，既希望他去适应、又会满足其
生存要求的世界。儿童的本能，会因一些障碍所阻而无法满足，
可克服这些障碍，却会给儿童带来痛苦。儿童会在很小的时候就
认识到，有一些其他的人，不但会更加彻底地满足他们的要求，
而且具有更加充分的生存准备。有人可能会说，儿童的心灵诞生
于儿时需要他具有一种与环境协调一致之器官的那种处境当中；
这种器官的功能，就是让儿童过上一种正常的生活。心灵是通过
判断每一种情况，引导机体进入下一种情况，同时最大限度地满
足本能的需求，并且将可能出现的冲突降到最低，来实现这一点
的。这样，儿童就会学会过分地去重视使一个人能够打开一扇门
的块头大小与身高，过分重视移动重物的能力，或者过分重视别
人发号施令、要求他人服从的权力。于是，孩子的心灵当中便会
产生出一种渴望长大的心理，产生出一种渴望变得与他人一样强
壮，或者甚至比其他任何人都要强壮的心理。支配身边的人，就
会变成儿童主要的人生目标，因为年纪大的人虽说表现得好像他
不如他们似的，却因为他非常脆弱而有义务去照料他。于是，
儿童可能就非常容易采取两种做法：一方面，是继续坚持他看到
大人采取的那些活动和做法；另一方面，就是表现出自己的脆弱
来，因为大人会把这种脆弱看成是一种不可改变的、他们必须帮
助的要求。我们将会在儿童身上不断看到这种心理倾向分化的
现象。

　　性格类型的形成，就是在这个早期阶段开始的。尽管有些孩
子会朝着获取权力、选择勇敢的方法来让自己获得认可，但其他
孩子却似乎一心想着自己的脆弱之处，并且想方设法地用最多种
多样的方式表现出这些脆弱之处来。我们只需回想起一个人儿时
的态度、表现与举止，就能看出这个人属于什么样的类型。只有
我们理解了每种类型的人与其所处环境的关系，每一种类型才具

有意义。任何一个孩子的行为当中，通常都会体现出其所处环境的情况来。

可培养性的基础，就在于儿童为了弥补自身弱点所做出的努力。无数种天赋与才能，都是在不足感的刺激之下产生的。注意，每名儿童的处境都是大相径庭的。在某种情况下，我们面对的是一种对孩子不利、使得孩子认为整个世界有如一个敌对国家的环境。儿童思维过程中各种不完善的看法，就解释了孩子会形成此种印象的原因。假如所受的教育没有预先阻止出现这种谬误，那么这样一个儿童心灵的成长过程，就会让他日后的行为总是表现得仿佛整个世界的确是一个敌对国家似的。一旦面临人生当中一些较大的困难，他形成的这种敌对印象就会变得更加明显。这种情况，经常出现在具有生理缺陷的孩子身上。与那些来到这个世界上生理上相对正常的儿童相比，这种孩子对待自身所处环境的态度会截然不同。生理缺陷可以表现为行动困难、单个器官缺陷或者整个机体的抵抗力低下，而抵抗力低下则会导致孩子经常生病。

面对世界时遇到的种种困难，并非一定只是由儿童时期的生理缺陷所导致的。荒唐处境对孩子提出的那些不合理要求（或者向孩子提出这些要求时用的是一种不幸的方式），完全比得上所处环境当中存在的种种实际困难。一个渴望适应其所处环境的孩子，会突然发现这种适应过程中存在着诸多的困难；而倘若孩子是在一种本身已经丧失了勇气、其中充满着悲观气氛的环境当中长大的，则会尤其如此，因为这种悲观心态只会迅速转移到孩子身上。

第二节　困难的影响

考虑到儿童会遇到各种各样、角度不同的障碍，因此他们并非总是能够做出恰当的反应，这一点就不足为奇了。孩子的心理习性只有很短的一段时间去形成，因此他们会发现，自己必须去适应现实当中那些不可更改的情况，而他们的适应本领却还没有成熟。不管什么时候，只要考虑到儿童对环境做出的一些错误反应，我们都会发现，我们面对的是精神方面种种始终如一、成长性的尝试，其目的都是做出正确的反应，并且终生前进，就像是进行一场始终不断的实验似的。在儿童行为模式的表达当中，我们尤其看得出的一个方面，就是一名青少年在一种明确的情况下、在自身成长的过程中做出的那种反应。儿童的反应态度，使得我们能够深入了解他们的内心。与此同时，我们必须认识到一个事实，那就是任何一个人的反应，就像整个社会的反应一样，都不能只根据一种模式来进行判断。

儿童在心理成长过程中遇到的障碍，通常都会导致儿童社会感的萎缩或者扭曲。这些障碍，可以分成由所处自然环境中各种不足所导致的障碍，比如源自于儿童所处的经济、社会、种族或者家庭环境当中一些异常关系的障碍，以及由儿童生理缺陷所导致的障碍。我们的文化，是一种以生理器官得到了充分发育、健康且能够正常发挥作用为基础的文化。因此，重要器官存在缺陷的一名儿童，在解决人生问题这个方面就会处于劣势。那些很晚才学会走路、行动有困难、很晚才学会说话、因为大脑神经活动的发育比正常儿童迟缓而在很长时间里都显得笨手笨脚的孩子，就属于这一类。我们都很清楚，这种孩子经常都是磕磕碰碰、笨手笨脚、反应迟缓，因此在生理和心理两个方面都极感苦恼。这个世界并不是为他们量身定做的，世界对他们显然也并没有温柔相待。由此种发育滞后中的某些方面所导致的问题有很多。当然，随着时间的推移，如果心理需求方面的痛苦并未让儿童在此期间形成一种在其日后人生中可以感受出来的绝望态度，那么孩子内心始终都有可能自动形成一种补偿机制，而不会留下一点儿创伤；此外，这种情况可能还会因为经济上的孤立无援而变得复杂起来。不难理解，生理上具有缺陷的儿童，都很不理解人类社会当中那些固定的法则。他们会带着怀疑和不信任的心态，来看待自己身边出现的机遇，并且往往会把自己孤立起来，逃避他们应负的使命。对于生活当中的敌意，他们的感受都出奇地敏锐，还会无意识地夸大这种敌意。他们对于人生苦痛的关注，要远大于他们对人生当中快乐一面的关注。在大多数情况下，他们都会高估这两个方面。因此，他们形成的就是一种终生视人生如战场的心态。他们要求别人给予他们异乎寻常的关注，因而他们为自己考虑的当然要比为他人考虑的多得多。对于人生当中那些必须承担的义务，他们会更多地看成困难，而不是激励。不久，他们和所处环境之间就会自然而然地形成一道鸿沟，并且由于他们对同胞怀有敌意，这道鸿沟还在不断扩大。于是，他们便会带着一种夸张的谨慎姿态去对待每一种经历，并且每一次与同胞接触，都会让他们离真实与现实越来越远，最终只是不断地给自己带来新的困难。

　　倘若父母对待孩子的正常亲情没有以适当的程度表现出来，也有可能出现类似的问题。一旦出现这种情况，随之而来的，就是会给孩子的成长带来严重的影响。儿童的态度会变得极其固执，使得他们既分辨不出爱，也无法正确地去利用这种感情，因为这种孩子从未培养出爱的本能来。一名在从未形成一种恰当亲情的家庭中长大的儿童，我们是很难去激发他，让他表达出任何一种柔情来的。这种儿童的整体人生观都会是一种逃避态度，都会是逃避所有的爱与所有的柔情。一些不动脑筋的父母、教育工作者或其他成年人，可能也会造成同样的后果，因为他们会通过灌输一些有害无益的信条，教导孩子说，爱与柔情是不正确的、可笑的或者没有男子气概。大人会教导孩子，说温柔很可笑，这种情况并不罕见。对于那种经常被人戏弄的孩子来说，他们的情况则尤其如此。这种儿童真的害怕表达出自己的情感与情绪，因为他们觉得，自己想要表达出爱别人的那种倾向，是一种可笑而没有男子气概的性格。他们会尽力抗拒正常的柔情，仿佛柔情是一种会让他们受到束缚或者丢脸的方法一样。这样一来，还在很小的时候，他们可能就会给自己的爱情生活设定了种种界限。在接受了一种严厉的教育、使得所有柔情都受到了抑制与压制之后，一名儿童就会远离身边的社交圈子，并且一点一点地与他人断绝交流，而这种交流，对儿童心灵的成长却是极其重要的。有的时候，孩子身边的某一个人，会提供一种双方融洽相处的机会；倘若如此，孩子便会让自己与这个朋友建立起一种深厚的关系。这一点，就说明了有些人长大之后社交关系只指向一个人，而其交际能力也永远无法扩展到包括多个他人的范围的原因。一个男孩子发现母亲只对弟弟温柔，觉得自己受到了忽视，因而在日后的人生当中徘徊逡巡，试图找回童年时代没有得到的那种温暖与感情。这是一个非常恰当的例子，说明了这种人在日后的人生当中可能遇到的困难。不用说，这种人只会被迫去接受教育。

　　教育方法中太过温柔，与教育过程毫不亲切一样有害。一个娇惯坏了的孩子，与那种令人讨厌的孩子一样，都会在巨大的困难之下举步维艰。开始接受教育的时候，孩子就会产生出一种对温柔的无限渴望；结果，受到宠爱的孩子便会让自己黏上一两个人，并且不允许自己与这一两个人分离开来。由于各种错误的做法不断强化温柔的重要性，因此孩子便会断定，自己的爱给身边的大人强加了某些绝对的义务。这一点，是很容易做到的。孩子会对父母这样说："因为我爱您，所以您必须做这个或做那个。"这种社交信条，经常会在家庭圈子里逐渐形成。儿童一旦看到别人身上出现这样的一种倾向，就会让自己表现得更加温柔，以便让别人更加离不开他。对家中某个特定的人突然爆发出此种柔情来的现象，我们始终都必须当心。无疑，此种培养将会给孩子的未来造成不利的影响。孩子日后的人生，将会陷入一种不择手段地去抓住别人的爱的深渊当中。为了达到这一目的，孩子敢去利用自己想得到的一切手段，他可能会试图去压倒自己的竞争对手，即压倒一个兄弟或姐妹，或者一心只想说对方的坏话。这种儿童，实际上还会煽动自己的兄弟去干坏事，以便让自己能够相对光荣与正直地去获得父母的爱。这种孩子，会对父母施加一种明确的社会性压力，目的是让父母只关注他一个人。为了达到这一点，他会想尽办法，直到自己成为所有人关注的焦点，变得比其他任何人更受重视，才会罢手。这种儿童实际上很懒惰，或者是很恶劣，因为他只有一个目的，那就是让父母围着自己团团转，让父母花在他身上的时间和精力比花在别的孩子身上的都要多。他会变成一个标准的好孩子，因为他认为别人的关注就是一种奖赏。

　　讨论了这些心理机制之后，我们就可以得出结论说，一旦心理活动的模式确定下来，那么任何东西都可以成为达到目的的手段。孩子可能会让自己朝着邪恶的方向成长，以便达到自己的目的。孩子也有可能变成一个模范儿童，而他要达到的目标其实是一样的。我们经常可以看到，在好几名儿童当中，有一名可能会通过特有的无法无天的手段来获得关注，而另一名儿童则会更加精明，会通过特殊的优良品德来实现同样的目标。

　　至于受到溺爱的孩子，我们还可以把那些已经让别人替他们消除了成长道路上的一切困难、其能力已经通过一种友好的方式而受到了贬抑的儿童归入一类。这种孩子，从来都没有机会去直接面对自己应尽的义务。这种孩子，全都没有任何机会去做好应对日后人生所必需的那些准备工作。他们没有准备好与任何一个愿意与之交往的人来进行交往，因此自然也无法与其他一些人进行交往；后面这种人，由于本身在童年时期就遇到了种种困难、犯下了种种错误，因而会在人际交往的道路上给自己设置下重重的障碍。这种孩子，完全没有准备好应对人生，因为他们从来都没有机会去克服困难。一旦走出自己家庭这个小小王国里的那种温室气氛，他们几乎会遭遇各种挫败，因为他们既找不到任何一个愿意替他们承担义务与责任的人，也找不到任何一个可以替其承担到他们已经习惯了的那种程度的人。而这些义务与责任，他们原本以为都是宠爱并教育他们的那些人造成的。

　　这种类型的所有现象当中，有一个共同点，那就是它们往往都显示出这种儿童或多或少地陷入了孤僻之中。胃肠功能不全的孩子，会对食物持有一种特殊的态度，因而使得其成长过程会与那些肠胃功能正常的孩子完全不同。生理上有缺陷的孩子，会形成一种独特的人生观，并且最终可能会让他们陷入孤僻之中。还有一些儿童则没有清楚地理解自己与所处环境之间的关系，并且实际上还在尽力逃避这种关系。他们找不到志同道合的人，不屑于与同伴一起游戏，并且或是出于对同伴的忌妒之心，或是瞧不上同龄孩子们玩的游戏，因而会一心沉迷在自己那种孤僻的个人游戏里。对于那些在一种以极其严格为特点的教育压力之下成长起来的孩子，孤僻也是一种威胁。在这种儿童看来，人生对他们似乎并非有利，因为他们对各个方面都有可能形成不好的印象。他们要么会觉得自己必须用一种低声下气的态度，忍受所有的困

难、承担所有的痛苦，要么会觉得自己像是一名斗士，随时准备
与他们始终认为充满敌意的环境开战。这种儿童认为，人生以及
人生当中的各种使命都极其艰难。因此，我们不难理解，这种孩
子大部分情况下都是在忙着保护自己，以免人格上遭受某种失
败。我们可以猜想，这种儿童时刻都会牢记着外部世界那幅不友
好的图景。在一种夸张的谨慎心态束缚下，这种儿童便会形成一
种逃避所有较大困难的性格倾向，而不会敞开胸怀，勇敢地去面
对可能受挫的风险。

　　这种娇惯坏了的孩子，还有一种共同的性格特点，表明他们
并未充分培养出社会感来，那就是他们为自己考虑得多、替他人
考虑得少这个事实。从这一特质当中，我们可以清楚地看出，他
们的整个成长过程，都是朝着一种悲观的世界观发展的。除非找
到一种解决错误行为模式的办法来，否则的话，他们就不可能获
得幸福。

第三节　人是一种社会性生物

　　我们已经比较详细地说明，只有把一个人放到他所处的环境
当中去看待，并且根据他在世间所处的具体境况来进行判断，我
们才能理解一个人的人格。这里所说的境况，是指一个人在大千
世界中的位置，以及他在面对自身所处环境与人生问题时的态
度。这些人生问题，包括职业挑战、社会交往，以及作为人类而
与生俱来地必须与同胞团结起来的问题，等等。这样，我们就能
断定，每一个人在婴儿早期被动获得的那些印象，会影响到这个
人一生的态度。在一个孩子出生数月之后，我们就可以判断出，
他会如何来应对人生。过了这几个月之后，人们便不可能再把两
个婴儿的行为混淆起来了，因为他们已经表现出了各自非常明

确的行为模式，而随着他们逐渐长大，这种行为模式还会变得越来越明显。这种模式不会发生改变。儿童的心理活动，会日益为其社会关系所渗透。那种与生俱来的社会感，会在儿童开始寻求亲切感的过程中初露端倪；而这种亲切感，将会让儿童努力去接近成年人。儿童的感情生活始终都是指向他人，而不是像弗洛伊德所说的那样指向儿童自身的。据弗洛伊德称，这种情欲方面的追求，在程度与表现上都多种多样。在两岁以上的儿童当中，这些差异可能会通过他们的语言表达出来。只有在精神病理学恶化所带来的最严重的压力之下，此时早已在每个儿童心中打下了牢固基础的社会感，才会弃之而去。这种社会感终生存在、不断变化、逐渐丰富，在某些情况下会受到抑制，而在其他情况下又会得到扩大和拓展，最终非但会触及自己的家人，还会延伸到其宗族、民族，并且最终会扩展到整个人类。这种社会感也有可能超越这些界限，对动物、植物以及无生命之物表达出来，或者最终延伸到整个宇宙。我们必须把人类当成一种社会性生物来对待；理解这一点，正是我们从研究中得出的一个基本结论。一旦理解了这一点，对于理解人类的行为，我们就有了一种重要的辅助手段。

第四章　我们生存的世界

第一节　宇宙的结构

由于每一个人都必须做出调整，去适应自己所处的环境，因此一个人的心理机制具有接受来自外部世界的影响这一功能。而且，心理机制还会根据一种对世界的明确理解，按照一种始于幼儿时期的理想行为模式，来追求一种明确的目标。尽管无法具体而精确地将这种对宇宙的理解和目标表达出来，但我们还是可以将它们描述成一种无处不在、始终都与不足感截然相反的氛围。只有在具有一种固有目标的情况下，才会产生精神活动。我们都知道，一个目标的形成，是以具有改变的能力以及一定程度的运动自由为前提的。行动自由所导致的精神充实，其意义不该低估。一个首次从地上爬起身来的孩子，会进入一个全新的世界；而就在那一刻，孩子总会感觉到一种并不友好的气氛。在孩子首次试图运动的过程中，尤其是在站立起来、学会走路的过程中，他会经历各种各样的困难；这些困难，或是会强化孩子对未来的希望，或是会毁掉他对未来的希望。成年人可能认为并不重要或者普普通通的那些印象，可能会对孩子的心灵产生重大影响，并且完全塑造了孩子对自己生存的这个世界的印象。这样，那些行动困难的儿童就会为自己构筑出一种理想，其中充满了暴力与匆匆忙忙的动作；通过询问他们最喜欢做什么游戏，或者问他们长大后想干什么，我们就可以看出此种理想来。通常来说，这种儿童都会回答说，他们想当汽车驾驶员、火车司机等，从而清楚地说明，他们都希望克服会对其行动自由构成障碍的所有困难。他们的人生目标，就是达到一种程度，使得他们的自卑感和缺陷感完全被彻底的行动自由所消除。我们不难理解，在发育迟缓或者平常老是生病的孩子心中，可能很容易产生出这样一种缺陷感来。同样，一出生就有视力缺陷的儿童，往往会把整个世界都转化成种种更加强烈的视觉概念。听力上具有缺陷的儿童，对于他们听上去似乎更加好听的某些声音会表现出强烈的兴趣来。简而言之就是，他们会变得"精通音律"。

在儿童试图用来征服世界的所有器官当中，感觉器官最为重要，因为它们决定了儿童与自己生存的这个世界之间的本质联系。正是通过感觉器官，一个人才能形成自己的宇宙观。首先，我们是用眼睛去接触环境的，压倒性地迫使每一个人去加以关注，并且把经历中的主要信息带给每一个人，这就是视觉世界。我们生存的这个世界的视觉形象具有无与伦比的重要性，因为与其他感觉器官相比，视觉处理的是诸多恒定而持续的基本要素；而其他的感觉器官，比如耳朵、鼻子、舌头和皮肤，则只对暂时性的刺激具有敏感性。然而，也有这样一些人，耳朵是他们占有优势的一种器官。于是，大量更加明确地以声音值为基础的心理信息便会产生出来。在这种情况下，心灵可以说是具有一种压倒性的听觉兴奋丛。我们还会发现，有些人身上的运动活性占优势，但这种情况较不常见。倘若主要是对嗅觉或者味觉刺激感兴趣，那就决定了另一种类型的人。而在这些人当中，第一种人，即对嗅觉更加敏感的人，在我们的文化当中却处于一种相对不利的地位。接下来，还有许多的儿童，肌肉组织在他们身上发挥着主要作用。这种儿童一出世，便以更加好动为特点，使得他们小时候总是一刻都不安生，而成年后也更加活跃。这种人，只会对功能性肌肉发挥主要作用的那些活动感兴趣。即便是在睡觉的时候，他们也会表现出自己的活跃来；看到他们躺在床上辗转反侧，我们自己就能证明这一点。我们必须把那些"太过好动"的孩子归为这一类，人们通常都把这种躁动不安当成是一种恶习。一般而言，我们可以说，几乎没有哪一个儿童，不是用对某一种器官或者某种器官群（不管它们属于儿童的感觉器官还是运动器官）高度关注的方式来面对世界的。根据自身较敏感的器官从周围世界当中收集得来的印象，每一个儿童都会对自身生存的这个世界形成一种概念。因此，只有明白了一个人是用哪种感知器官或者器官系统来面对世界的，我们才能去理解这个人，因为这个人的所有关系，都受到了这一事实的影响；他的行为与反应，都会因为我们了解到这个人的生理缺陷在儿时对其宇宙观的形成以及因此对其日后成长所产生的影响而具有了意义。

第二节　宇宙观形成过程中的基本要素

决定了我们所有活动的那种始终存在的目标，也会影响到一些特定心理官能的选择、强度与活动性。这些特定的心理官能，起着塑造宇宙观并且赋予宇宙观意义的作用。这一点，就解释了我们每一个人都会经历一段非常特殊的人生、经历某一具体的事件、实际上还会体验到我们生存的整个世界这一事实。我们当中的每一个人，都只会重视那些适合于实现自身目标的东西。倘若没有搞清楚一个人内心当中追求的那种隐秘目标，我们就不可能真正理解任何一个人的行为；也只有明白了一个人的所有行为都受到了此种目标的影响，我们才能去对一个人行为的每一个方面进行评判。

一、知觉

外部世界当中产生出来的种种影响与刺激因素，是通过感觉器官传达到大脑的，因此可以在大脑中留下某些痕迹。想象中的世界与记忆中的世界，便是在这些残留下来的痕迹之上形成的。不过，一种知觉却不能与一幅摄影图像相比拟，因为知觉与一个能够感觉的人那种独特的个人品质紧密相关，一个人并不会感知到自己看到的所有事物。对于同一幅图画，没有哪两个人的反应方式会完全相同；倘若问一问他们都感受到了些什么，他们的回答将会五花八门。一名儿童，在自身所处的环境当中，只会感受到那些适应他以前因为各种理由而确定下来的一种行为模式的东西。视觉需求发育得尤其充分的那种儿童的知觉，也会具有一种显著的视觉特性。绝大部分人，很可能都属于视觉心理型。其他一些人，则会用听觉占优势的感知，来完成他们为自身创造出来的那种世界形象。这些感知，并不需要严格地与现实相一致。每一个人，都能够对自己与外部世界的联系进行重新配置与安排，使之适合于自己的人生模式。一个人的个性与独特性，就在于他感知到的东西，以及他感知的方式。感知并非只是一种简单的生理现象，感知还是一种心理功能，利用这种功能，我们就可以得出一些与精神生活相关的、最具深远意义的结论来。

二、记忆

心灵的成长，与活动的必要性紧密相关，并且建立在感知的种种事实基础之上。心灵天生就与人类机体的运动性相关，而精神活动也是由这种运动性的目标与目的决定的。人类必须累积并整理自己获得的种种刺激，以及与其生存的这个世界之间的诸多关系，而作为一种适应性器官的心灵，也必须培养出在一个人的自我保护中发挥着某种作用，以及原本在维持其生存过程中发挥着积极作用的所有官能。

　　如今我们都很清楚，一个人对人生问题做出的心理反应，会在心灵的构造当中留下痕迹。记忆与判断两种功能，都受到了适应人生这种必要性的主宰。倘若没有记忆，人类就不可能为将来采取任何预防措施。我们可以推断出，所有往事本身当中都含有一种无意识的目的。往事并非偶然现象，而是非常清晰地表达出了某种鼓励或者警告。世间并不存在什么无关紧要或者毫无意义的回忆。只有对记忆有助于达成的目标与目的非常肯定，我们才能对一种往事进行判断。了解一个人为什么会记得某些事情却不记得其他一些事情，这一点并不重要。我们之所以记得那些回忆起来对一种特定心理习性非常重要的往事，是因为这些往事会进一步激发出一种重要的深层运动。同样，对于那些无益于实现某一计划的所有事件，我们统统都会忘掉。因此我们发现，记忆也服从于有目的地适应人生的这一目标，并且每一种记忆都受引导着整个人格的那种目标观念所控制。一种持久的记忆，即便是一种不真实的记忆，就像儿童时期经常出现的那样，其中的记忆往往充斥着一种片面的成见，也可以被转移出意识的范畴，表现为一种态度，或者表现为一种情感基调，甚至表现为一种哲学观点，要是为了实现自身追求的目标而必须这样去做的话。

三、想象

　　一个人的独特性，在其幻想与想象出来的东西当中，表现得最为明显。我们所说的想象，是指在引发某种感知的东西不在场的情况下这种感知的重现。换言之，想象就是一种重现出来的感知；而这一点，则是心灵具有创造性功能的又一种证据。想象的结果，不但是一种感知的重现（感知本身就是心灵创造力的一种产物），而且还是一种建立在感知基础之上的、全新而独特的产物，就像感知是在生理感受的基础之上产生出来的那样。

注意，有些幻想的清晰度，远远超出了我们惯常所说的想象。这种幻想分外鲜明，使得它们不但具有了想象力产物的意义，还会影响到个人的行为，仿佛事实上并不存在、引发刺激的对象真正存在似的。倘若幻想显得像是一种真实存在的刺激因素所导致的一样，那么我们就称之为幻觉。幻觉出现的条件，与决定人们做那些古怪的白日梦时的条件完全没有什么两样。每一种幻觉，都是心灵的一种艺术性创作，是根据出现幻觉的特定个人所怀有的目标与目的形成、聚集起来的。我们不妨用一个例子，来说明这一点。

有位很聪明的年轻女性，违背父母的意愿而嫁了人。父母对她这桩门不当户不对的婚事大感恼火，因此和她断绝了所有的关系。随着时间的推移，这名女性开始日益确信父母一直都没有善待她。而由于双方都很自负、很固执，因此虽说试过许多次和解，却都无果而终。由于这桩婚事，这位原本生在一个受人尊敬、家境富裕的家庭当中的年轻女性，便陷入了一种穷困潦倒的处境当中。不过，在表面上，却没人看得出她在夫妻关系上有什么不幸福的迹象来。倘若不是她的生活当中出现了一种非常古怪的现象，人们很可能都会相信，她的心态调整得非常好。

这位姑娘在成长的过程中，一直都是最受父亲宠爱的孩子。父女之间的关系一直非常亲密，从而使得他们如今的反目显得更加值得我们注意。然而，她结婚这件事，却使得父亲待她非常恶劣，而父女之间的嫌隙也变得非常深了。连她的孩子出生，父母也不为所动，既没有去看一看女儿，也没有去看一看外孙。于是，这名年轻女性对父母的无情便越发刻骨铭心，因为在一种极大志气的刺激下，在一种原本可以得到细心对待的情况下，父母的态度却深深地触痛了她。

我们必须记住，这位女性的心境完全受到了其志气的支配。正是这种性格特质，使得我们可以深入了解到，与父母决裂为什么会对她产生如此深刻的影响。她的母亲是一个严厉而正直的人，具有许多的优良品质，尽管她是用高压手段来对待女儿的。她知道如何去顺从自己的丈夫（起码从表面上来看是如此），而不用真正放弃自己的权力。实际上，她还带着某种自豪之态，让别人都注意到她的顺从，并且认为这是一种光荣。注意，这一家里还有一个儿子，大家都认为他与父亲就像是一个模子里刻出来的，认为他是家族未来的继承人。家人把儿子看得比这位姑娘更重的事实，只是激发了这位姑娘的志气。这名年轻女性原本一生都是在一种相对安逸的环境里培养起来的，婚后却经历着种种困苦与潦倒，所以此时她便不停地想起自己因为父母而受到的苛待，并且日益不满起来。

有天晚上，就在她正要入睡之前，一扇门突然打开了，圣母马利亚走到她的床边，对她说道："由于我非常非常爱你，因此我必须告诉你，你将在12月中旬去世。我不希望你毫无心理准备。"

这名年轻女性并没有被此种异象所吓坏，而是叫醒了丈夫，把一切都告诉了他。第二天，她又到医生那里去，跟医生说了这事儿。这就是一种幻象。这名年轻女性坚持说，她清清楚楚地看到了一切、听到了一切。乍一看去，这种情况似乎是不可能出现的。然而，倘若运用我们掌握的关键原理，我们就能充分理解了。情况是这样的：一名年轻的女性很有志气，并且正如研究表明的那样，她还具有一种左右其他所有人的性格倾向，与父母决裂之后，她发现自己陷入了穷困潦倒之中。一个人在努力征服自己生存的这个物质世界中的一切的过程中，会去靠近上帝并与之交谈，这种现象是完全可以理解的。倘若圣母马利亚始终只是一种虚幻的形象（就像人们祷告时那样），那么，就没有人会从这件事情中看出什么特别值得注意的东西了。不过，这名年轻女性却需要一些更加有力的证据才行。

倘若理解了心灵能够耍出一些什么样的花招，这种现象便毫无神秘之处了。每一个做梦的人，不是全都处在一种类似的状况当中吗？实际上，差别仅仅在于：这名年轻女性醒着的时候也能做梦。我们还必须加上一点，那就是她的沮丧感让她的志气陷入了更大的压力之下。现在，我们便开始明白这样一个事实了：实际上，是另一位母亲来到了她的身边。的确，普通意义上的圣母，正是所有母亲当中最伟大的一位。这两位母亲，彼此之间必定会形成一定程度的对照。上帝之母之所以出现，是因为这位年轻女性自己的母亲没有前来。这种异象，实际上就是对她的亲生母亲、对母亲没有给予其孩子充分的爱的一种谴责。

此时，这名年轻女性正在尽力找出某种方法，来证明她的父母错了。12月中旬并不是一个无关紧要的时间。正是在一年当中的这个时候，人们更倾向于去考虑自身那些更加深厚的关系。此时，绝大多数人都会带着更多的温情彼此相聚，互赠礼物，等等。也正是在这个时候，有矛盾的人和解的可能性更大。因此，我们就能理解，这个特定的时间与这名年轻女性发现自己所处的窘境之间，具有密切的联系。

这一幻觉当中唯一的奇怪之处，似乎就是这位上帝之母那么友善地来到她的身边，带来的却是这名年轻女性即将死去的噩耗。她带着一种近乎快乐的语调把这一幻觉告诉丈夫的事实，也不无意义。这一预言迅速地传到了她那个狭窄的家庭圈子之外，第二天医生就听说了这个消息。于是，就是这么简单，她的母亲真的来看她了。

几天之后，圣母马利亚第二次现身，并且对她说了同样的话。问到她与生母相会的结果如何时，这名年轻女性回答道，母亲仍然不承认自己做得不对。于是，我们便看得出，原来的那个问题又出现了。她掌控自己母亲的心愿，仍然没有达成。

此时，人们开始想让那对父母明白自己女儿真正的生活状况，便安排这名年轻女性与其父亲进行了一次令人满意的会面。一幅温馨感人的场景出现了，可这名年轻女性仍然没有满足，因为她说父亲的举止有点儿做作。她发牢骚说，父亲让她等的时间太久了！即便是获得了胜利，她也无法改掉自己的习性，要证明其他所有人都错了，要让自己显得像是一个得意扬扬的胜利者。

从前面的讨论中，我们可以得出一个结论，那就是当心理压力达到最大的时候，在一个人担心自己的目标根本不可能实现的情况下，幻觉就会出现。毫无疑问，在过去那些人口发展比较落后的地区，幻觉都曾大行其道。

在一些旅行家的作品当中，许多对于幻觉的描述都广为人知。在沙漠当中迷了路、饥渴难耐、疲惫不堪的人看到的海市蜃楼，就是极好的例子。我们可以理解，命悬一线时所产生的压力，会迫使受害者运用想象力，为自己创造出一种干净而令人振奋的处境，以便可以摆脱所处环境那种令人不快的压抑感。海市蜃楼代表着一种新的处境，它可以鼓舞疲惫之人，可以恢复犹豫不决者正在下降的体力，可以使旅行者变得更加坚强或者更加灵敏。而从另一方面来看，它也可以发挥安慰剂或者麻醉剂的作用，能够让旅行者摆脱对不幸处境的恐惧之心。

由于我们已经在感知、在记忆机制和想象当中看到过类似的现象，因此对我们而言，幻觉并不新鲜。想一想梦境，我们就会发现同样的过程。通过强化想象力，并且将那些较高级的神经中枢所做出的判断排除在外，我们就会很容易产生出幻觉这种现象来。在必要或者危险的情况下，在自身的力量在其中受到了威胁的某种处境所带来的压力下，一个人就会努力通过这种机制来消除并克服自己的软弱感。压力越大，一个人就会越不顾及自身那些至关重要的官能。在这种情况下，本着"尽力自救"的原则，任何一个人在自身每一丝心理力量的协助下，都能迫使自己的想象力以幻觉的形式表现出来。

　　错觉与幻觉密切相关，唯一的不同就在于，虽说仍然保持着相同的外部接触点，这个点却被误解了，就像歌德的《魔王》[1]这个故事当中所描述的情况一样。而其中的根本情况，即精神上的危险感觉，却是相同的。

　　还有一个例子，说明了心灵的创造力如何能够根据需要产生出错觉或者幻觉来。有一位出身名门的男性，由于所受的教育不佳，从事的是一种微不足道的办事员工作，因此始终都是一事无成。他已经完全丧失了有所成就的希望。这种绝望感沉重地压着他。而且，亲友们的责怪也增加了他的心理压力。在这种情况下，他开始酗酒，因为酒精会让他马上轻松愉快地忘掉一切，让他给自己的失败找出理由来。过了一段时间之后，他因患上了震颤性谵妄症而被送到医院里去治疗。谵妄症与幻觉密切相关，在酒精中毒所导致的谵妄症当中，还经常会出现老鼠、昆虫或者

---

　　[1]　《魔王》（Erlkönig），歌德写的一首叙事谣曲，大致情节如下：深夜里，父亲骑马在树林里飞奔，他把孩子紧紧地抱在胸前。孩子惊恐不安，因为隐形的魔王潜伏在密林深处，在诱惑着孩子的灵魂。父亲一边安慰孩子，一边策马飞奔，要赶在魔王的威力发作之前赶回家去，拯救孩子的性命。气氛越来越紧张，魔王的威胁在迫近，他施展法术勾摄孩子的魂魄；父亲则战战兢兢，抱紧孩子，最后虽说终于赶回了家中，可怀抱里的孩子却已经死去。

蛇之类的小型动物。而与患者职业相关的其他幻觉，也有可能出现。

　　给这位患者进行治疗的，是一些强烈反对喝酒的医生。他们让这位患者经历了严格的治疗过程，使得他彻底摆脱了酗酒的毛病，治愈出院，并且此后的三年里再也没有碰过酒。这一次，他又因为患上了一种新的疾病而回到了医院里。他说，自己在上班的时候，总是会看到一个男人咧开嘴、不怀好意地监视着他。此时，他正在打零工。有一次，他特别生气，因为那个男人正在嘲笑他，于是他拿过镐头，朝那个男人扔了过去，看那人究竟是一个真人呢，还是说只是一种幻影。那个幻影躲过了镐头，可随即向他发起了攻击，把他痛打了一顿。

　　在这种情况下，我们就不能再说那是一个幻影了，因为患者的幻觉里面，还有着实实在在的拳头。原因其实不难看出，这位患者经常产生幻觉，可他却是在一个真实存在的人身上来检验这种幻觉的。这就向我们清楚地说明，尽管他已经摆脱了喝酒的欲望，可自从出院之后，在现实生活当中他却更加消沉了。他丢掉了工作，被赶出了家门，如今只能靠打零工为生，而他自己和朋友们都认为，打零工是最下等的工作。他所承受的精神压力，并没有减少。尽管他已经摆脱了酗酒的恶习，尽管那种疗法给他带来了巨大的好处，可他实际上却因为这种安慰而变得更加可怜了。以前在酒精的帮助下，他还能够干好自己的第一份工作，因为在他看来，在家里被家人大声责骂一事无成的时候，他是个酒鬼这一理由，似乎还没有他无力保住一份工作那样丢人。而治好酗酒的毛病之后，他便再一次面对现实，陷入了一种压抑感与以前相比有过之而无不及的处境当中。如今要是失败了的话，他就既无理由来自我安慰，也没办法去推卸责任，连酗酒这种借口都没有了。

　　处在此种心理险境当中，幻觉便再次出现了。他确信自己的处境仍然与以前一样，仍然用酒鬼的眼光来看待世界，并且用这种姿态非常清楚地表明，他已经用酗酒毁掉了自己的整个人生，此时再也没有办法弥补了。通过生病，他其实是希望借此摆脱掉作为挖沟人这一不受人敬重、因此而令他觉得非常不舒服的工作，而无须去由他自己来做出决定。前面所说的那种幻觉持续了很长一段时间，最终使他不得不再一次去住院。此时，他便能够用这样一种想法来安慰自己了：要不是酗酒毁掉了自己的人生，他本来是大有可为的。这种心理机制，可以让他把自己的个人评价保持在一种很高的水平上。对他而言，不允许自己的个人评价降低，要比不去工作更加重要。他的所有努力，目的都是为了保持这样一种信条：倘若没有遭遇不幸，他原本是可以获得不菲的成就的。这是一种证据，非但在他的权利关系中支撑着他，而且能够让他觉得其他人并不比他优秀，只是他的前进道路上有一道不可逾越的障碍罢了。他试图从中找出情有可原之处的心态，导致出现了那个不怀好意的男人的幻影。而这个幻影，就是挽救其自尊心的象征。

第三节　幻想

　　幻想只是心灵的另一种创造性官能。在我们已经描述过的各种现象当中，都可以看出此种心理活动的痕迹来。与某些记忆会以清晰的意识焦点体现出来，或者是想象力形成种种奇异的上层建筑一样，我们也应当把幻想与白日梦看成是心灵创造性活动的一部分。预见与预断，属于任何一种可移动生物的基本官能，它们构成了幻想的一个重要因素。幻想与人体的移动性密切相关，事实上不过是一种预见与先觉的方法罢了。儿童与成年人的幻想，有时也被称为白日梦，它们的内容往往都与未来相关。"空中楼阁"就是他们这种心理活动的目标，它们都是建立在虚幻的形式之上，作为现实活动的模型。人们对儿童时期种种幻想所做的研究很清楚地表明，权力追求在其中发挥着主要的作用。在白日梦当中，儿童面对的就是他们所持的抱负这个目标。他们的绝大多数幻想，都会以"我长大以后"以及诸如此类的话语开头。有许多的成年人，在生活当中都表现得像是仍须长大似的。明确强调权力追求再次向我们表明，只有在设定了某个目标之后，精神生活才有可能成长起来。在我们的文明当中，这一目标就是获得社会认同与重要性。一个人决不会长久保持一个模糊的目标，因为人类的共同生活当中，总是伴随着不断的自我评估，它会导致我们产生出获得优越感的渴望，产生出在竞争当中获得成功的希望。儿童幻想当中表现得非常明显的那些预言形式，几乎完全都属于儿童会在其中表达出权力的各种情况。

在这一点上，我们不能进行概括，因为我们不可能给幻想的程度或者想象的范围设定规则。虽说前文所述适用于诸多种情况，但对于有些情况来说，它们却不适用。那些用好斗逞强的态度来对待人生的儿童，会更加竭力地去培养自己的幻想能力，因为他们的小心谨慎会受到他们这种态度的刺激，变成一种更大的压力。那种性格软弱、认为人生并非总是令人满意的儿童，也会培养出更大的幻想能力，并且往往会让自己尤其沉迷在此种心理活动当中。在其成长过程中的某个阶段，想象能力可能会变成一种让他们借以逃避生活现实的机制。他们可能会滥用幻想，把它当成是对现实的一种谴责。在这种情况下，幻想就会变成一个人心中的一种权力陶醉，这种人会通过想象力这种虚构的工具，让自己克服生存当中的不如意。

社会感，连同权力追求，也在幻想世界里发挥着重要的作用。在儿童时期的幻想当中，罕有权力追求似乎不会将此种权力应用于社交目的的情况。在把自己想象成一个救星或者一名善良的骑士，想象成是一个战胜邪恶力量、魔鬼等的人的那些幻想当中，我们会清楚地看出这一特质来。儿童经常都会幻想自己不是家里的孩子。许多孩子都相信，他们实际上出生在一个不同的家庭里，有朝一日他们的生父（通常都是某个重要的人物）会前来把他们带走。这种幻想，在那些因为深陷贫困之苦而怀有很深的自卑感、被迫默默无闻或者对自己在家庭环境中接受的爱与亲情感到不满的孩子当中，出现得最为常见。崇尚显赫的观念，会在那种一举一动都显得自己已经长大了的儿童的外在态度当中显露出来。有的时候，我们还可以看到此种幻想近乎病态的表现。比如，有些儿童只戴圆顶硬礼帽，或者到处捡烟头抽来装成年人；有些年轻姑娘决意装成男人，因此她们的举止和穿着打扮方式，都会更加适合于男孩子。

据说，也有一些儿童没有想象力。这种说法，无疑是错误的。要么是这种孩子没有表达出自我，要么就是有其他原因，迫使他们与不得不与产生幻想这种机制进行抗争。一名儿童，可能会通过压抑自己的想象力，来努力获得某种权力感。在一种难以理解、努力去适应现实的过程中，这种儿童会觉得幻想没有男子汉气概，或者显得幼稚，因而不愿这样去做；而且，在有些情况下，由于此种厌恶之心太过严重，因此这些儿童看上去就像是完全失去了想象力似的。

第四节　梦境：概述

除了前面所述的白日梦，我们还应该讨论一下睡觉的时候，即晚上做梦时出现的那种重要的心理活动。总的来看，我们可以说，晚上做梦的过程，就是做白日梦时那种过程的重复。以前一些经验丰富的心理学家，已经指出了这样一种事实：一个人的性格，可以轻而易举地从他所做的梦中看出来。实际上，亘古及今，做梦都在人类的思维活动当中占据了巨大的比例。在睡梦中，就像是在白日梦当中一样，我们关注的都是一种机体的活动。这种活动，是在努力筹划、计划并引导其未来的生活去实现一种安全目标。二者之间最明显的差异，就在于白日梦相对比较容易理解，而睡梦则很少有人理解。梦境无法理解，这一点不足为奇，我们可能也会很容易情不自禁地发现，这是说明梦境既多余，又无关紧要的一种象征。就目前来看，我们不妨说一个试图克服各种困难、让自己未来继续处于有利地位的人的那种权力追求，会在他所做的梦里反复体现出来。梦境给我们提供了理解精神生活诸多问题的重要手段。

第五节　移情与同感

心灵非但具有感知现实生活中真正存在之物的官能，还具有感觉和猜测未来将会发生之事的官能。这一点，对预见官能具有重要的作用。而预见这种官能，则是任何一种能够轻松移动的生物都不可或缺的，因为这种生物始终都面临着做出调整的问题。我们称这种官能为同感，或者移情。这种官能，在人类当中得到了异常充分的发展。这种发展所达到的程度极高，因而我们可以在精神生活当中的每一个角落里看到这种官能。预见的必要性，就是此种官能存在的首要条件。倘若我们不得不预见、预判并预测出在即将出现的某种情况下应当如何行动，那么我们就必须懂得，如何通过我们思维、感觉与知觉之间的相关性，来对某种尚未出现的情况做出正确的判断。我们必须形成一种观点，才可以更加努力地去应对新的情况，或者更加小心地避开这种新的情况。

一旦一个人与另一个人开始交谈，就会出现同感。假如在交谈的同时无法与他人产生同感，那么我们就不可能去理解另一个人。戏剧正是同感的艺术表达形式。其他的同感例子，还有像一个人注意到另一个人处于危险当中时，也会产生出一种奇怪的紧张感这样的情形。这种同感可能会极其强烈，从而使得一个人即便是在自身没有危险的情况下，也会不由自主地做出保护性的动作来。我们都知道，当一个人的酒杯掉到地上时，大家都会采取的那种众所周知的姿势。在保龄球馆里，我们可以看到，有些球手的身体会随着保龄球的行进做出相应的动作，仿佛他们希望用这种动作来影响到球的前进路线似的！同样，在橄榄球比赛当中，正面看台上所有各排的观众都会向自己最喜欢的那支球队的方向推挤，而当对方球队拿到了球的时候，他们又会给对方球队构成相反的阻力。有一种常见的表现，那就是不管什么时候，只要觉得自己处于危险当中，坐在汽车里的乘客都会不由自主地去踩脚下想象出来的刹车。在经过一栋有人正在擦洗某扇窗户的高楼时，很少有人能够做到不感到紧张、不做出保护性的动作来。当一名演说者走了神，因而无法继续说下去的时候，观众也会觉得压抑和惴惴不安起来。尤其是在看戏的时候，我们很难不把自己当成是演员，很难不在内心里扮演着种种最为千奇百怪的角色。我们的整个人生，在很大程度上都要依赖于此种同感官能。倘若去探究一下这种把自己当成别人一样去行动和感受的能力的起源，我们就会发现，它存在于一种天生的社会感当中。事实上，这是一种宇宙感，是存在于我们内心当中整体秩序那种连贯性的反映。因此，它是一个人必然具有的特征。它赋予了我们让自己与那些完全属于身外之物的事物产生出同感的官能。

　　正如社会感具有不同的程度一样，同感也具有多种多样的程度。即便是在儿童时期，我们也可以看出这些不同程度的同感来。有些儿童非常迷恋洋娃娃，好像洋娃娃是活生生的人似的，而其他儿童则更喜欢看洋娃娃的内部是怎么回事。通过将共有关系从人类身上投射到一些不那么重要或者没有生命的东西身上，一个人的成长可能会彻底受到遏制。倘若不是一些人几乎完全缺乏社会感，以及几乎完全缺乏与其他生物产生同感的能力，我们就不可能看到他们在儿童时期虐待动物的情况。这种缺陷的结果，会导致儿童培养出去关注那些对其成长为人类几乎毫无价值与意义的事物的性格特质。他们只会考虑自己，根本不关注别人的欢乐或者悲伤。这些表现，与同感能力的缺陷密切相关。无法与他人产生同感，可能会产生极其严重的后果，导致一个人完全拒绝与自己的同伴进行协作。

第六节　催眠与暗示

　　通过指出这种现象属于我们精神生活当中相伴相随的表现之一，个体心理学就回答了"一个人怎么可能影响到另一个人的行为呢？"这个问题。除非一个人能够对另一个人产生影响，否则我们的整个社会生活就不可能存在。在有些情况下，这种相互影响会变得特别突出，比如在师生关系当中、在父母与子女的关系当中、在夫妻关系当中。在社会感的影响之下，人类当中存在着乐意在一定程度上受到环境影响的现象。至于这种乐意受到影响的程度，则取决于施加影响者对受到影响者各种权利的顾及程度。倘若施加的是伤害，那么一个人就不可能对受害者保持持久的影响。只有在另一个人觉得自己的权利得到了确保的情况下，我们才能最为有效地去影响这个人。这正是教育学里一个非常重

要的观点。或许我们也可以设想出、甚至是去实施某种其他形式
的教育，但只有考虑到了这一点，一种教育制度才是一种恰当的
教育制度。原因就在于，这种观点与人类身上最原始的本能、与
一个人觉得自己与人类及宇宙密切相关的感受联系起来了。

　　只有面对的是一个有意远离社会影响的人，这种教育才会失
效。出现这种退缩的现象，并不是偶然的。在这种人与周围世界
的联系一点一点地瓦解断裂的过程中，必定出现过一种持续长久
的抗争，才会让这种人此时公开站到了社会感的对立面。此时对
他的行为施加任何一种影响，都变得更加困难，或者完全不可能
了。我们会看到这样一种戏剧性的场景：对于每一种试图影响到
他的努力，一个人都会以敌视来进行反击。

　　我们可以料想到，那些认为自己受到了所处环境压迫的儿
童，会显得不那么乐于去接受老师的影响。然而，也有这样的情
况，那就是由于外部压力太大，消除了所有的障碍，因而使得一
个人会接受并服从某种具有权威性的影响。我们不难证明，此种
服从对社会是没有任何益处的。有的时候，这种服从会用一种非
常怪异的方式表达出来，使得一个逆来顺受的人根本就不适合于
生存下去。由于这种卑躬屈膝的服从，若是没有别人来发出适当
的指令，这种人根本就无力做出任何行动，也无法自行思考。在
此种影响深远的顺从当中，存在着一种极大的危险，这种危险，
可以从有些儿童长大成人后会服从任何一个人的指挥，甚至是甘
心为不法之徒所利用去违法犯罪的事实当中看出来。

　　在帮派当中，我们会看到一些有意思的例子。那些实施帮派
指令的人，都属于这一类人，而帮派头子通常却会远离违法现
场。在涉及帮派犯罪的几乎每一宗重要刑事案件当中，始终都有
这样一个奴颜媚骨的人，来充当受人操纵的工具。这种影响深远
的盲从，会达到令人难以置信的程度，使得我们偶尔能够看到一

些人，他们实际上还以自己的奴性为傲，并且会找出满足其抱负的办法来。

倘若只去考虑那些相互影响的正常情况，我们就会发现，那些最易受到影响的人，就是那些最愿意服从理性与逻辑、其社会感的扭曲程度最低的人。相反，那些渴望获得优越感、渴望唯我独尊的人，则非常难以去影响。只要观察一下，我们每天都能看到这种事实。

父母因为孩子盲目顺从而发牢骚，这种情况非常罕见。父母最常见的抱怨，还是孩子不听话。研究表明，这种儿童都陷入了一种倾向当中，这种倾向会使得他们超越于所处的环境之上，他们都在努力打破那一堵堵挤压着其幼小生命的壁垒。由于在家里受到了错误的对待，因此他们已经被训练得无法接受教育方面的影响了。

权力追求的强烈程度，与一个人可接受教育的程度成反比。尽管这是事实，但我们的家庭教育所关注的，却主要是鼓励儿童拥有远大抱负，并且激发出孩子心中干一番宏伟事业的想法。出现这种现象，并不是因为考虑不周，而是因为我们的整个文化当中全都充斥着类似的浮夸错觉。在家庭当中，就像在我们这种文明当中一样，人们最为重视的，都是那种比其所处环境当中的其他任何人都更了不起、更优秀和更出色的人。在关于虚荣的那一章中，我们将会说明，这种针对抱负的教育方式多么不适应人类的共同生活，以及抱负在一路上所设置的种种困难可能会妨碍心理的成长。

每一个接受催眠术的人的处境，都与那些因为无条件地顺从，所以每当所处环境发生改变都会受到影响的个人相似。想象一下，听从任何一个人的每一种心血来潮的想法，哪怕是在很短的时间之内这样做，会是一种什么状况吧！催眠术就是以一种类

似的心理准备为基础的。任何人都可以说，或者可以认为，自己
愿意被人催眠，却有可能在心理上缺乏顺从的准备。另一个人可
能有意抗拒催眠，但生性仍然乐意顺从。在催眠过程中，受术者
的心理态度本身，就会决定他的行为。他所说的话或者他所持的
观点，并不重要。由于没有搞清这个事实，人们对于催眠术才产
生了许多的讹传。在催眠过程中，一个人通常关注的都是那些表
面上在努力抗拒催眠，实质上却渴望听从催眠者指令的人。这种
乐意在程度上可能多种多样，因此催眠对每一个人的效果都不一
样。乐意接受催眠的程度，完全不是以催眠者的意志为转移的，
它完全以受术者的心理态度为先决条件。

　　从本质上来看，催眠有点儿与睡眠相似。它之所以具有神秘
性，只是因为这种睡眠可以按照另一个人的指令来进行。这种指
令，只有下达给一个愿意服从的人才有效。照例，其中的决定性
因素，就是受术者或者催眠对象的本性与性格。只有愿意服从另
一个人的指令而不运用其判断力的人，才能够产生出一种催眠性
的睡眠。但催眠并非只是普通的睡眠，因为它完全排除了受术者
的运动官能，连受术者的运动中枢也会在催眠者的指令之下被调
动起来。在这种状态下，受术者只剩下了属于普通睡眠的那种半
麻木的状态，而受术者也只能记起催眠者允许他记住的那些事
物。催眠当中最重要的一个事实，就是我们的判断力，即人类心
灵那些最出色的产物，在催眠性的迷睡当中都完全瘫痪了。可以
说，接受催眠的受术者成了催眠者延伸出去的一只手，变成了根
据催眠者的指令而发挥功能的一种器官。

　　绝大多数有本领去影响他人行为的人，都认为这种本领是某
种神秘的、属于他们特有的能力。这导致出了大量的祸根，尤其
是通灵术士和催眠师那些有害无益的做法。这些道貌岸然的人，
会对人类犯下许多臭名昭著的罪行，因此完全能够利用任何适合

于其不法目的的手段。这并不是说，他们所引发的所有表现，全
都是建立在欺骗的基础之上的。可惜的是，人类这种动物很擅长
于此种顺从，使得自己会成为任何一个假装拥有特殊能力的人的
牺牲品。有太多的人，都形成了未加验证便承认某种权威的习
惯。公众想要受人愚弄，公众愿意不经理性验证便接受每一种虚
张声势的说法。这种做法，永远都不会给人类的共同生活带来任
何秩序，而只会一再使得那些被迫接受此种愚弄的人心生反感。
没有哪一位通灵术士或者催眠师，能够有幸去长久地进行他的这
种实验。最常见的情况是，他们会碰到某个所谓的受术者，后者
则会以牙还牙地把他们愚弄一番。

　　还有一些情形，当中则古怪地混杂着真实与虚幻：比方说，
受术者是一个受了骗的骗子，虽说会部分地愚弄催眠者，同时也
会服从催眠者的意志。在这种情况下，表面上发挥作用的那种力
量，绝不是催眠者的能力，而始终都是受术者愿意服从催眠者指
令的程度。除了催眠者虚张声势的本领，其中并没有什么能够影
响到受术者的魔力。任何一个习惯于理性地生活、自主决断、不
会不加批判地接受别人观点的人，自然都无法受到催眠，并且会
因此而永远无法表现出任何通灵能力来。催眠与通灵，不过就是
唯唯诺诺的顺从的表现罢了。

　　在这一点上，我们还须考虑到暗示。倘若把暗示归入印象与
刺激因素一类，我们就能最为充分地理解暗示。没有哪一个人只
会偶尔地受到刺激，这一点是不言自明的。我们当中的每一个
人，都在不断地受到外部世界当中出现的无数印象的影响。只感
知到一种刺激的情况，永远都不会出现。一旦感受到了某种印
象，这种印象便会继续发挥其作用。当这些印象以另一个人的
指令和请求等形式出现时，我们便会把这个人试图说服别人的说
法，或者这个人的论点，称为暗示。这种情况，要么是接受暗示

之人身上业已呈现出来的某种观点的转化形式，要么就是对这种观点的强化。每一个人对来自外部世界的种种刺激的反应都各不相同这一事实，实际上还带来了一个更加麻烦的问题。一个人能够受到影响的程度，与其独立性密切相关。我们必须牢记两种类型的人。其中，第一种人总是过分重视他人的观点，因此会轻视自己的观点，而不管自己的这些观点是对是错。他们习惯于高估别人的重要性，并且乐于让自己去顺应别人的观点。这些人特别容易受到暗示或者催眠的影响。第二种人则会把每一种刺激或暗示都看成是一种冒犯。有一些人，只觉得自己的观点是对的，实际上却并不关心自身观点真正的对与错。他们会完全无视别人说出的任何东西。在这两种人的身上，其实都带有一种软弱感。其中的第二种人，是通过无法接受他人任何观点的形式来表现出这种软弱感的。这一类人，通常都属于逞强好斗的人，尽管他们可能会得意扬扬地吹嘘，说自己乐于接受任何建议。然而，他们只是为了巩固自己那种孤僻的状态，才会说得这样虚心和理智。

第五章　　自卑感与赏识追求

第一节　儿童时期的情况

　　如今，我们自然已经做好了心理准备，来认识这样一个事实了：那些生来被当成继子继女对待的儿童，与那些在很小的时候就获得了人生种种快乐的儿童相比，对人生和同胞会形成一种截然不同的态度。我们可以说，那些带着生理缺陷来到人世的儿童，在很小的时候就卷入了一场激烈的生存斗争中，而此种斗争通常只会扼杀这些儿童的社会感，这是一条基本规律。这种儿童不会对调整自身去适应同胞感兴趣，而是会不断地想着自己，一心想着自己给别人留下的印象。适用于一种生理缺陷的那种原则，也适用于任何一种社会性或者经济性的责任，它们可能体现为一种额外的负担，并且能够导致儿童形成一种不友好的世界观。这种决定性的趋势，在很小的时候就已经确定了下来。这种儿童，通常都在早至两岁的时候，就已形成这样一种观点，那就是他们莫名其妙地不如玩伴们那样适应生存的竞争；他们觉得信不过自己，不敢去参与一般的游戏与娱乐活动。由于过去的种种欠缺，他们形成了一种被人忽视的感觉，并在一种焦躁的期待态度中表达了出来。我们必须记住，每个儿童在人生当中都是处于劣势地位，倘若不是家人具有某种程度的社会感，任何儿童都是无法独立生存的。看到每一名儿童的脆弱与无助，我们就会认识到，每一个生命在开始的时候，都会带有一种多少有点儿深刻的自卑感。每一名儿童迟早都会意识到，自己无力去独自应对生存当中的种种挑战。这种自卑感就是动力，就是每一名儿童产生幼稚追求的起点。它决定了这名儿童在人生当中获得平和与安全的方式，决定了这名儿童的生存目标，并且为他准备好了实现这一目标的前进道路。

一名儿童可塑性的基础，就在于与他生理潜能密切结合在一起的这种独特处境。可塑性可以被两个因素所削弱：其中的一个因素，就是一种夸张、强烈、没有消除的自卑感；而另一个因素，则是一种不但要求获得安全、平和、社交平衡，而且要求努力表达出权力超越其所处环境的目标，即一种凌驾于同胞之上的目标。具有此种目标的儿童，通常都很容易辨识出来。他们之所以变成"问题"儿童，是因为他们把每次经历都理解为一种失败，是因为他们觉得自己总是受到了自然与人类的忽视和排斥。只需考虑到所有这些因素，我们便可以看出，在一名儿童的人生当中，必然会出现一种畸形、不恰当而且错误不断的成长过程。每一名儿童，都有陷入成长误区的危险。每一名儿童，都会时不时地发现自己身处在危险境地。

由于每一名儿童都必须在一个成年人的环境当中长大，因此他们往往预先就认为自己脆弱、个子小、不能独自生存；他们不相信自己能够毫无差错、毫不失误或者毫不笨拙地去完成别人觉得他们能够完成的一些简单任务。我们在教育当中的失误，绝大部分正是在此时开始的。要求儿童去干力所不能及的事情，其实就是用他们的无助感去打他们的脸。有一些儿童，甚至被大人有意地逼着去感受他们的渺小与无助。一些儿童，会被大人视为玩具、视为有生命的洋娃娃；还有一些儿童，则会被大人看成是一种贵重的、必须加以细心守护的财产；还有一些儿童，却会被大人误导，觉得他们自己毫无用处，简直就是人类的负担。父母与大人的这些态度结合起来之后，常常会让儿童以为自己力所能及的只有两件事情，那就是让大人高兴，或者令大人不悦。由父母导致的那种自卑感，可能会因为我们的文明当中某些奇怪的特点而进一步加剧。不把儿童当成一回事的习惯，就属于这一类。一个儿童会获得一种印象，那就是：他是个无名小子，没有任何权利；大人只想看见他，却不会去倾听他的话语；他必须谦恭有礼、文文静静，等等。

有许许多多的儿童，都是在始终害怕被人嘲笑的心理当中长大的。嘲弄孩子，几乎可以说就是一种犯罪。这种做法，会持久地影响孩子的心灵，并且在孩子长大成人之后，还会转移到他的习惯与行为当中去。一个在儿时经常受人嘲笑的成年人，可以轻而易举地辨识出来，因为这种人无法摆脱害怕被人再次嘲弄的心理。不把孩子当回事儿这一问题的另一个方面，就是对孩子说那种感觉得出的谎话的习惯。这种做法的结果，就是会让孩子不但开始怀疑自己身边的人，而且还开始怀疑人生的严肃性与现实性。

人们已经记录过许多的案例，其中有一些在学校里经常无缘无故大笑的孩子，在被问到原因的时候，这些孩子都承认说，他们觉得上学就是家长跟他们开的一个玩笑，因此不值得去认真对待。

第二节　自卑感的补偿机制：对赏识
与优越感的追求

正是自卑感、无力感和缺乏安全感决定了一个人的生存目标。变成大家关注的焦点、迫使父母去关注的这种倾向，我们在儿童刚出生的那几天里就感觉得出来。从这一点我们就可以看出，在自卑感所带来的影响之下，儿童渴望获得赏识的心理正在觉醒的最初迹象，而这种渴望的目的，则在于实现一种让一个人表面上看来超越其所处环境的目标。

社会感的程度与质量，也有助于确定一个人的优势目标。倘若不把一个人的个人优势目标与其所持社会感的程度进行比较，我们是无法去评判任何人的，不管这个人是儿童还是成年人。一个人之所以形成此种目标，是因为实现这一目标或是可能带来一种优越感，或是可能大幅提升人格，使得人生看起来似乎值得去度过。正是这种目标，给我们的种种感觉赋予了意义，将我们的种种情感联系和整合起来，并且塑造出了我们的想象力，引导着我们的创造力，决定了我们应当记住些什么，又该忘掉些什么。我们可以看出，感觉、情感、情绪和想象力的意义具有何种程度的相对性，又是在什么时候，连这些方面也都不是绝对的量。我们心理活动当中的这些组成要素，都受到了追求一个确切目标的影响。我们的感知，则受到了追求一个确切目标的损害，并且可以说是根据人格正在追求的那个终极目标的隐秘线索选择出来的。

我们会根据一个固定的点来确定自己的成长方向，这个点是我们人为地创造出来的，在现实当中并不存在，是虚构出来的东西。这种假设很有必要，因为我们的精神生活具有缺陷。它与其他科学中所用的其他假设非常类似，比如用并不存在却极其有用的子午线来把地球分成各个区域。在所有心理假设的情况下，我们都必须像下面这样来做：我们会假设出一个固定的点，即便是在进行了更仔细的观察之后，我们不得不承认这样的点并不存在。此种假设的目的，完全是为了在纷繁喧嚣的人生当中为我们自己的成长确定方向，从而使得我们能够对相对价值获得某种程度的领悟。这样做的好处是，一旦假设出了这样一个点，我们就可以根据这个固定的点来把每一种感觉和每一种情感进行归类了。

因此，个体心理学独立创造出了一种探索性的体系和方法，即在看待和理解人类行为时，就像是在根据机体遗传得来的那些基础性本领来追求一个明确目标的影响下，最终形成了一系列关系似的。然而，我们的经验已经表明，人类在追求某个目标的这种假设，并非仅仅是一种实用的虚构。这种假设已经表明，它的基本原则在很大程度上与实际情况相符，而不管我们是在自觉还是不自觉的领域里面看到这些事实的。追求某个目标，即精神生活的目的性，不但是一种哲学上的假设，实际上还是一种基本事实。

当我们想知道自己如何才能最为有力地对抗权力追求的发展，如何最为有力地去对抗我们文明当中这种最显著的恶行之时，我们便会碰到困难，因为这种追求始于一名儿童还无法让我们轻而易举地与之进行沟通的时候。只有到了年纪很大之后，我们才能开始尝试去改正和阐明这个问题。可此时与孩子一起生活，却不会出现让孩子培养出社会感，从而使得他对个人权力的追求变成其中一种可以忽略的因素的机会。

还有一种更大的困难，就是这样一种事实：儿童不会公开表达出他们的权力追求，而是会将这种追求隐藏在善良和脆弱的伪装之下，并且在暗中去实现这一目标。他们会小心谨慎，认为自己可以不去这样公开地表达出自己的追求。一种不加约束的权力追求，能够让儿童在心理成长的过程中变得堕落，产生出一种获得安全与力量的夸张动力，可以让勇敢变成冒失，让听话变成胆小，让脆弱变成一种微妙的、主宰世界的叛逆。每一种自然的感受或者表达，最终都会伴随着一种虚伪的反省，而这种反省的最终目的，则是为了征服周围的人。

　　教育是通过有意或者无意地希望为儿童的不安全感提供补偿，通过教会孩子生存之道，通过教给儿童一种训练有素的理解力，通过让孩子培养出对同胞的一种社会感，来对儿童产生影响的。所有这些方法，不管源自何处，都是帮助成长中的儿童摆脱不安全感与自卑感的手段。对于这一过程当中儿童的心理状况，我们必须通过儿童培养出的性格特质来进行评判，因为这些性格特征，正是儿童心理活动的反映。一名儿童的实际缺陷虽说与其心理结构一样重要，但并不是衡量儿童不安全感与自卑感的标准，因为这些方面在很大程度上都取决于儿童对它们的理解。

　　我们不能指望一名儿童会在任何一种特定情况下都对自己具有一种正确的判断。即便是对于成年人，我们也不能抱有这种指望。很容易出现问题的，正是这个方面。一名儿童的成长状况会极其复杂，因此涉及其自卑感大小的各种失误都是绝对不可避免的。另一名儿童却能够更好地理解自己的处境。但从总体来看，儿童对于其自卑感的理解，却是每天都会改变的，直到这种理解最终统一起来，表达为一种明确的自我判断。于是，这种理解便会变成儿童在所有举动当中都保持着的一种"恒定的"自我评价。根据这种具体化了的标准，或者说"恒定的自我评价"，儿童为了指导自身摆脱自卑感而形成的种种补偿趋势，便会指向这个目标或者另一个目标。

心理为了抵消那种令人苦恼的自卑感而采取的补偿追求机制，在生理领域里也有类似之处。我们身体中维持生命所必需那些器官，在受到损伤、无法维持正常状态而使得它们的活动能力降低之后，会过度发育和过度发挥功能，这是一个众所周知的事实。因此，在血液循环出现障碍时，心脏可能会膨胀，就像从全身获得了新的力量一样，变得比一颗正常的心脏更有力量。同样，在自卑感带来的压力之下，或者在认为个人渺小无助的想法折磨之下，心灵也会竭尽全力，想要变成掌控这种"自卑综合征"的主人。

倘若自卑感强烈到了这样一种程度，使得儿童害怕自己永远都无力去补偿自己的脆弱，那么会出现一种危险，即在追求补偿的过程中，儿童不会满足于只是简单地恢复力量的平衡，而是会要求获得过度的补偿，会力图让力量失去平衡！

对于权力和优势的追求，可能会被夸大和加剧到极端的程度，使得我们必须称之为病态的追求。倘若出现这种情况，那么人生中各种普通的关系，就永远都不会令人满意了。在这些情况下，儿童的一举一动便很容易带有某种浮夸的姿态。它们都非常适合于各自追求的目标。面对病态的权力欲望时，我们会看到，有些人会不遗余力，会更加匆忙、更加急不可耐，会带着更强烈的冲动，力求确保自己在人生当中的地位，而不会去顾及其他任何一个人。因为他们为了实现自身那种夸张的优势目标而采取夸张的做法，所以这些儿童的行为会变得更加惹人注目。由于他们会侵害到别人的生活，因此他们必须保护自己的生活。他们与整个世界为敌，而整个世界也与他们针锋相对。

这种需要，并非一定会出现在最有此种必要性的时候。有些儿童表达权力追求的方式，并非是有意让自己与整个社会直接发生冲突，因此我们可以认为，他们的抱负并不具有什么异常的特点。不过，倘若仔细研究一下他们的行为与获得的成就，我们就会发现，整个社会并没有从他们的胜利当中获益，因为他们怀有的抱负，都是一种自私自利的抱负。他们的抱负，始终会让他们挡住别人的去路，成为其他人的绊脚石。还有其他一些特点，也会逐渐显现出来，而倘若我们考虑到所有的人际关系，这些特点还会呈现出一种日益反社会的色彩。

在这些表现当中，最突出的就是自负、虚荣，以及不惜一切代价去击败每一个人的欲望。前者可以通过相对抬高一个人、通过贬低与之交往的所有人而巧妙地得到实现。而在后一种情况下，最重要的问题就是将一个人与同胞隔离开来的那种"距离"。这种人的态度，非但会令周围的人觉得不舒服，而且也会让持有此种态度的人不自在，因为这种态度会不断地让这种人接触到人生当中阴暗冷酷的一面，会使得他无法体验到生存的任何乐趣。

一些孩子，由于希望确保自己保持超过身边之人的威望，因而会怀有一种夸张的权力欲望；这种权力欲望，很快就会迫使他们形成一种不愿去履行日常生活当中那些普通使命与义务的态度。倘若把这种渴望获得权力的人与那种理想的社会性生物对比一下，那么可以说，我们只需具有一点点经验，就能详细地说出这个人的社会性指数，也就是这种人远离同胞的程度。一种对人性的敏锐判断，虽说会让这种人看到种种生理缺陷与自卑感的意义，但也会让这种人明白，倘若不是自身心理成长过程中先遇到了种种困难，他是不可能形成这些性格特质的。

倘若我们以认识到心理的正常成长过程当中可能出现的各种困难的意义为基础，真正了解了人性，那么，只要我们全面地培养出自身的社会感，这种了解就绝不可能成为我们伤害他人的一种工具。我们只有可能利用这一点来帮助自己的同胞。我们不该因为那些具有某种生理缺陷或者具有某种令人厌恶的性格特质的人心怀愤怒而去责备他们，责任并不在于他们。实际上，我们应该承认这种人拥有极为愤怒的权利，而且必须认识到，我们对他们的状况也负有一定的共同责任。之所以说我们有责任，是因为在共同防止出现导致此种情况的社会悲剧的过程中，我们采取的预防措施不充分。倘若坚持这种观点，我们最终就可以改善这种状况。

我们在对待这种人的时候，不能将其当成一个堕落的、毫无价值的弃儿，而应视其为人类的同胞。我们应当给他营造出一种氛围，而处在此种氛围当中的时候，这种人会发现，他有可能觉得自己与周围的其他每一个人都是平等的。想一想吧，若是一个人的生理或者身体缺陷从外表就看得出来，那么在看到这样一个人出现的时候，你们会觉得多么不舒服啊！这是一种指标，它可以很好地说明，为了形成一种绝对公正的社会价值观，并且让自身与社会感的真实性彻底融为一体，你们自己需要获得何种程度的教育。那样一来，我们也可以判断出，对于这种人，我们的文明亏欠了多少东西。

那些一出世便带着生理缺陷的人，从很小的时候起就会感受到一种额外的生存负担，并且会因此而发现自己在对待整个生存问题时感到悲观，这一点是不言自明的。那些尽管生理缺陷并不是那么明显，却出于种种原因而使得内心的自卑感变得日益强烈的儿童，会发现自己处在类似的境况中。他们的自卑感可能会人为地加剧到极端的程度，而结果则会与那种一出生就有严重残疾的儿童完全一样。比如说，在关键时期对孩子的教育过于严厉，有可能导致出现这样一种不幸的后果。儿时深深地扎入了他们心中的那根刺，永远都不会拔除。而他们体会过的那种冷酷，则会阻止他们去与周围的人接触。这样，他们就会认为自己生活在一个没有爱与感情、他们与之没有共同接触点的世界里。

举个例子：有位病人很惹眼，因为他不停地告诉我们，说他具有一种了不起的责任感，说他的所作所为都很重要。他与妻子生活在一起，但夫妻关系糟糕得无以复加。这是一对衡量起任何一件事情的价值时都是当成压倒对方的一种手段、都是斤斤计较的夫妻。争吵、责备、辱骂，就是这种情况的必然结果。而在这一过程当中，夫妻二人也完全疏远了对方。这位丈夫对同胞怀有的那种少得可怜的社会感，都受到了他渴望获得优越感的心态的抑制。起码从其妻子与朋友来看，情况就是如此。

从他的人生经历当中，我们得知了下面这些情况：实际上，直到17岁之前，他在生理上都还没有发育。他的嗓音还是小男孩的嗓音，他既没有长体毛，也没有长胡须。在学校里，他也是身材最矮小的男生之一。如今，他已经36岁了。他的外貌方面，没有哪个地方明显不具有彻底的男性气质，而大自然似乎也是赶急赶忙，把几乎还没有来得及开始设计的一切，都在他17岁那一年里干完了。但在八年的时间里，他却深受此种发育迟缓的困扰。而且在那个时候，他也无法确定大自然究竟会不会对他的这种异常情况进行补偿。在这段时间里，他一直都苦恼不已，以为自己永远都会是一个"孩子"呢。

在那样小的年纪，他目前那些性格特质的发端就可以看出来了。他的所有行为，都显得自己非常重要，而其一举一动，也好像极具分量似的。他的每一个动作，目的都是让他成为别人关注的焦点。随着时间的推移，他便形成了如今我们从他身上看到的那些性格特点。结婚成家之后，他便一心要让妻子认识到一个事实，即他的个子实际上比她认为的要高大，他这个人也要比她想的更加重要。而妻子呢，却总是忙于向他表明，他对自己重要性的判断并不正确！在这样的情况下，他们之间的婚姻很难朝着有利的方向发展，因而最终以一场社交灾难而告终。其实，甚至还在订婚期间，他们之间就已经显露出了婚姻破裂的迹象。此时，这位患者前来看医生了，因为他的婚姻破裂，只是加剧了他那种业已受到重创的自尊心的彻底崩溃。要想治愈，他首先必须从医生那里学会如何去了解人性，必须学会如何去认识到自己在人生当中犯下的过错。而在他前来治疗之前，这种过错，这种对自身缺陷的错误判断，已经影响到了他的整个人生。

第三节　人生曲线图与宇宙观

　　我们在阐述这样的情形之时，根据患者的叙述、说明儿时受到的各种影响与实际病症之间的关系，通常都是很容易做到的。而做到这一点的最好办法，就是用一种类似于数学公式的曲线图来进行说明。在两点之间连一条线段，就代表了这样的一个方程式。如果能够绘制出这样的一张人生曲线图，绘制出一个人全部行为所遵循的那道心理曲线，我们便会成功地阐述清楚许多的情形。这种曲线方程，就是一个人从很小的时候起就遵循的那种行为模式。或许，有些读者会形成一种印象，觉得我们是在用过于简单化的方式，试图小看人类的命运，或者觉得我们有一种否认每个人都能主宰自己人生的倾向，觉得我们是在否认人类具有自由意志与自由判断的能力。单就自由意志而言，这种指责是正确的。事实上，我们认为这种行为模式是决定因素：虽说它的最终结构受少数变量所支配，但它的基本内容、它的活力与意义，却是从很小的时候起就没有发生改变的。即便是在有些例子当中，儿时处境所导致的、与身边成年人之间的种种关系，往往可能会对它加以修正，也是如此。在研究当中，我们必须深挖童年早期的经历，因为婴儿时期形成的印象既会显示出儿童的成长方向，也会说明儿童在日后面对生存挑战时做出反应的方向。在对生存挑战做出反应的过程中，一名儿童会利用一出世时就已经发育成形了的所有心理潜能。儿童在婴儿早期所感受到的独特压力，会影响到儿童的人生态度，并且用一种原始的方式，决定儿童的世界观与宇宙观。

人们过了婴儿时期之后就不会再改变自己的人生态度，只是此种态度在日后生活当中的表达方式与儿童早期大相径庭。了解到这一点，我们不应当感到惊讶才是。因此，让一名婴儿置身于那种使之难以形成一种错误人生观的关系当中，非常重要。在这一过程当中，儿童的体力与耐力是一个重要的因素。儿童的社会地位、教育儿童者的性格特点，差不多都具有同等的重要性。就算是起初的时候对人生的反应是自动和本能的，但在日后的人生当中，儿童的典型反应也会按照某种目的性而得到修正。一开始的时候，个人需要方面的因素决定了儿童的痛苦与欢乐，但日后儿童就会习得本领，来逃避和克服这些原始需求所带来的压力。这种现象出现在儿童进行自我探索的那一时期，差不多就是儿童开始用"我"来指代自己的那个时期。也正是在这一时期，儿童已经认识到，自己与周围的环境具有一种确定的关系。这种关系绝不是不带感情色彩的，因为它会迫使一名儿童根据他的世界观、他的幸福与完美观念所赋予的要求来持有一种不同的态度，并且调整自己的关系。

假如重申一下前文中关于人类精神生活目的论的观点，那么对于我们来说，此种行为模式的特殊标志必定是一种坚不可摧的一致性，这一点就会显得日益清楚了。而把一个人完全看成是单位人格的必要性，在我们可以看出心理倾向的表达形式都似乎形成了鲜明对比的情形当中，也会变得越来越明显。有些孩子，上学时的行为与在家里的表现截然相反，就像有些成年人的性格特质似乎完全对立，以至于骗过了我们，使得我们搞不清他们的真正性格一样。同样，两个人的行为与表现可能表面上完全相同，但若是去细究这两个人的深层行为模式，结果就会表明，这两个人是完全不同的。当两个人看似是在做同一件事情的时候，实际上每个人做的却是各自不同的事情。而当两个人似乎是在做不同事情的时候，他们实际上却有可能是在做同一件事情。

由于具有表达出多种意义的这种可能性，因此我们决不能把精神生活的所有表达当成是单一的、孤立的现象来进行判断。相反，我们必须根据它们所指向的单位目标，来对它们进行判断。只有搞清楚了一种现象在一个人的整个人生背景当中具有什么样的意义，我们才能了解到这种现象的根本意义。只有在再次确认了一个人人生当中的每一种表达都属于其单位行为模式中的一个方面这一法则之后，我们才能去理解一个人的精神生活。

倘若最终理解了人类的所有行为都是建立在一种目标追求的基础之上，并且会受到这种追求的结局与开始的制约，那么，我们也能理解那些最严重的错误可能出现在哪些方面了。这些失误的源头，就在于我们每一个人都会根据各自特定的模式来利用自己的各种胜利与精神优势这一事实，就在于强化自身人生模式的那种感觉。之所以可能出现这种情况，完全是因为我们不会去检验任何东西，而是在自身意识的控制下，或者是在内心无意识的深处，接受、转化和吸收所有的观念。只需根据科学知识，就可以说明这一过程，并且让我们理解这一过程；只需利用科学知识，我们最终也能修正这一过程。在此，我们将会用一个例子，来为我们的论述做一个总结，在这个例子当中，我们会利用自己已经学到的那些个体心理学概念，来分析和解释每一种现象。

有一名年轻的女性前来治疗，诉说她对人生抱有一种不可遏

制的不满。她认为，自己的不满源自于这样一种事实：她整天都
要履行各种各样的义务，忙得不可开交。从外表上，我们看得出
她是一个急躁易怒的人，她的眼睛不安地转来转去，抱怨的则是
不管什么时候，只要是必须履行某种简简单单的义务，她都会陷
入极大的焦虑不安当中去。我们从其家人和朋友那里得知，她对
什么都严肃认真得很，并且似乎在工作的重负之下快要崩溃了。
我们得出的总体印象就是，她是一个对什么都极其严肃认真的
人，而这也正是许多人都具有的一种性格。她的一位家人给了我
们一点提示，说："她总是什么事情都小题大做！"

　　我们不妨试着想象一下，这种行为会给一群人留下什么样的
一种印象，或是会给婚姻关系留下一种什么样的印象，来检验一
下将每件简单的任务都看得极其困难、极其重要的这种性格倾
向。我们会情不自禁地觉得，这样一种性格倾向会激发出一种诉
求，要求所处环境不再把任何工作强加于她，因为她已经无法再
去完成那些最基本的任务了。

　　但是，我们对这位女性人格的了解，还不够充分。我们必须
鼓励她，让她进一步表达出自己的想法来。在此种研究当中，我
们必须通过旁敲侧击，并且带着恰当的敏锐感来行事。我们决不
能试图去左右患者，因为这样做，只会使病人变得剑拔弩张起
来。一旦赢得了她的信任，并且可以与之进行交流之后，我们便
会得出一个结论，那就是她一心关注的只有一个目标。她的行为
表明，她正在试图向某一个人，十有八九是她的丈夫，说明她无
法再承担任何更多的义务或责任，说明她必须得到细心和温柔的
对待。我们还可以进一步猜测和想象，所有这一切必定都是在过
去某个时候明确地开始的，而且她也一定明确提出过这样的要
求。我们成功地鼓励她畅所欲言，从而证实了许多年前她的确曾
经度过了一段难熬的时光，当时她缺乏的正是丈夫的温柔相待，

而不是别的什么。现在，我们就可以更好地理解她的做法了：这种做法，就是对她获得关照的那种渴望的强化，是阻止她再次陷入一种处境的努力。不知什么缘故，在那种处境当中，她获得温暖与感情的渴望仍然没有得到满足。

我们的研究结论，因为她的进一步解释而得到了确认。她说到了一位朋友，那位朋友在许多方面都与她正好相反，也在经历着一场她渴望摆脱的不幸婚姻。有一次，她碰到了这位朋友，当时，她的朋友正站在那里，手里拿着一本书，用一种无聊的声音对丈夫说，她那天确实不知道能不能去做晚餐。这让她的丈夫很生气，因此他便用难听的话，指责她的整个人格都不行。说完这件事情之后，我们这位患者又补充说道："每次想起这件事情，我都觉得自己的办法要好得多。因为我已经从早到晚地忙个不停，所以没有人能够这样来责骂我。在我家，就算午饭没有及时做好，也没人能够说我什么，因为我总是匆匆忙忙，总是忙忙碌碌。难道我如今要放弃这种办法吗？"

对于这个人心里的想法，我们是可以理解的。她是用一种相对来说无伤大雅的方式，试图获得一定的优势，但与此同时，又通过不停地要求得到更温柔的对待而不会被任何人责怪。既然这种办法非常成功，那么要求她放弃，似乎就是不合情理了。不过，她的行为的意义，还不止于此。她要求得到温柔的对待（同时也是试图左右他人的一种做法），这种要求表达得怎么激烈都不过分。在这个方面，会出现各种各样的矛盾。比如说，倘若家里丢了什么东西，随之而来的便是"小题大做"；接下来，由于她的事情太多，所以她总是头疼，并且总是睡不安稳，因为她必须让自己的一举一动都最好地呈现出来；她可能会收到一张请柬，这本身就是一件大事，她必须做大量的准备工作，才能接受邀请。由于最无关紧要的活动在她看来都极其重要，因此拜访他人就是一件费力的事情，需要数小时、甚至数天的时间才能做到。我们可以肯定地料想到，她要么是派人去表达自己的遗憾之情，要么会迟到。这种人在人生当中的社会感，永远都不可能超越一定的局限。

在婚姻生活当中，有许多的关系，都会通过这种对温情的要求而具有了特殊的重要意义。例如，我们可以想见，一位丈夫因为出差而必须离家，或者必须自己一个人出门访客，或者必须去出席他所属的那种社交聚会。假如在这种时候他把妻子留在家里，会不会是一种不够温柔和细心的做法呢？首先我们可能会说，婚姻使得妻子有权尽可能地让丈夫待在家里，而实际情况常常也是如此。这种责任，可能在一定程度上看起来令人觉得愉快，但实际上，对于任何一位职业男性来说，它却意味着种种无法容忍的问题。在这种情况下，婚姻当中出现不和谐，似乎就是不可避免的。因此，在这个例子当中，此种不和很快便出现了。丈夫偶尔想在夜间不打扰妻子的情况下晚一点儿再上床睡觉，可结果却惊讶地发现妻子仍然没睡，并且在用责备的眼神看着他。

在这里，我们无须再来描述此种局面中所有众所周知的情形了。我们也不应当忽视这样一个事实：我们讨论的并非仅仅是女性那些细小的恶习，因为也有许多男性持有与此相似的态度。我们关心的，只是说明要求获得特殊对待的心理，偶尔也有可能采取一种不同的表达过程。在我们所举的这个例子当中，可能会出现下面这种过程：倘若在某种情况下，丈夫必须外出一个晚上，妻子就会对他说，由于参加社交聚会的次数太少，因此他不必太早回家。尽管是用一种打趣的语气说的，可她说出的意思却非常严肃。这一点，似乎否定了我们之前获得的那种印象，可更加仔细地观察一下，我们就能看出其中的联系来。这位妻子非常聪明，不会表现得太过严厉。在外表来看，她有着十足的魅力。她的性格上没有什么瑕疵，而让我们感兴趣的，也只是她的心理。她对丈夫所说话语的真正含义，就在于这实际上是妻子对丈夫下了最后的通牒。此时，既然她已经许可，丈夫便可以在外面玩到很晚；可倘若是丈夫出于自身的原因而一直待在外面，那么她就会受到严重的伤害，觉得受到了忽视。她的话语，给整个情况蒙上了一层模糊的面纱。她已经变成了夫妻之间掌握主导权的那一方。而她的丈夫呢，即便只是在履行自己的社交义务，也不得不受制于妻子的希望与意愿了。

　　现在，我们不妨把这种渴望获得特殊的温柔对待的心理，与我们刚刚获得的、关于这位女性只有在自己发号施令时才能容忍某种情况的观点联系起来。我们会恍然大悟，认识到她在整个人生当中都受到了一种动力的驱策，这种动力就是决不能屈居人后、必须始终保持优势、决不能因为任何指责而失去安全处境、始终处在其狭小生活环境的中心位置。在她的每一种处境当中，我们都会看到这种运动。比如说，在必须雇用一名新女仆的时候，她就会变得极其兴奋。很显然，她所关注的是，想知道在这名新的女仆面前，自己能不能像在原来那名仆人面前一样，继续保持同样的权威。同样，她准备离家散步的时候，实际上就是离开了她的权威无条件地安全的那种环境，进入了外部世界，来到了大街之上。出去之后，其中的一切都突如其来地不再处于她的掌控之下，她必须躲避每一辆汽车，因此她在这里扮演的，实际上是一种低下的角色了。倘若我们能够明白她在家里是多么的专横，那么她感到紧张的原因与意义，便会变得非常清晰。

　　这些性格特点，可能经常会用一种令人愉快的方式表现出来，因此乍一看去，我们决不会想到一个人正在遭受痛苦。而另一方面，这种痛苦可能会达到非常严重的程度。想象一下，这种紧张情绪夸大和加剧之后的情形吧。有些人不敢乘坐电车，因为

在电车上他们不再是自己意志的主人，而这种情况可能还会不断
恶化，使得他们最终根本就不再离家出门了。

在我们所举案例当中的情形进一步发展之后，就会变成一种
颇具启发性的典型范例，说明童年时期获得的印象会对一个人的
人生产生一些什么样的影响。我们不能否认这样一个事实，那就
是从其自身的立场来看，这位女性的做法是完全正确的。倘若一
个人的态度与整个人生都是带着一种闻所未闻的热情，朝着获得
温暖、尊重、荣耀和温情的方向发展，然后一举一动都表现得仿
佛这个人总是不堪重负、总是疲惫不堪的话，那么，她的这种做
法便是实现这一目标的一种不错的手段。没有别的什么办法，会
始终能够让她既不受到指责，同时又会迫使周围的人变得温柔起
来，并且能够避免一切有可能干扰到一种起伏不定的心理平衡状
态的事情。

倘若回顾这位患者小时候的经历，我们就会得知，即便是在
上学的时候，只要做不完家庭作业，她都会变得极其激动，从而
用这种方式迫使老师非常温和地对待她。除此之外，她还补充
说，她是家中三个孩子里的老大，后面有一个弟弟，接着还有一
个妹妹。她总是与自己的弟弟吵架，弟弟似乎总是更受父母的喜
欢。她对自己感到生气，因为人们更关注弟弟的学习成绩，而她
在学习上取得的成绩（她起初一直都是个好学生）却在一定程度
上无人关心。最后，她几乎无法再忍受这种状况，便开始不停地
抱怨，想知道自己的成绩为什么没有得到同等的重视。

因此，我们就能理解，这位年轻姑娘追求的是平等，而从很
小的时候起，她就有一种一直想要克服的自卑感。她在上学期间
进行心理补偿的方式不对，使得她变成了一名差生。她是想要通
过学习成绩差，去胜过自己的弟弟。这种做法，从道德上来看并
不高尚，可从她那种幼稚的理解来看，她的做法却是合情合理

的，因为那样的话，父母的注意力便会更加经常地放到她的身上。她的幼稚之举当中，有一些必定是有意为之，因为她曾经公然声称自己想要当一名差生！

然而，父母对于她在学业方面的落后却一点儿也不担心。于是，出现了一种很有意思的现象。她在学习上开始突飞猛进，因为此时她的小妹妹又以一种新的角色登场了！这位小妹的学习也很不好，可妈妈对小妹的学习落后，几乎却像曾经对待弟弟的成绩那样大伤脑筋，并且这样做的理由很奇怪，因为我们这位患者只是学习成绩差，可妹妹却是行为和举止都属不良。这样，妹妹就更能轻而易举地获得母亲的关注，因为与仅仅是学业成绩差相比，行为不良具有完全不同的社会后果。它们总是与一些特定的突发事件紧密联系在一起，从而使得父母不得不把更多的时间花在这种孩子的身上。

在这场争取平等的战争中，我们的患者暂时失败了。注意，在争取平等的斗争当中失败，决不会带来一种持久的平和心态。没有哪个人能够忍受此种处境。因此，我们便会不断看到一些新的性格倾向与行为，它们都在她的性格形成过程中发挥了作用。现在，我们就能更好地理解她那种大惊小怪、总是匆匆忙忙、渴望表明自己压力很大的心态的意义了。起初，这种做法是针对母亲的，目的是迫使父母既关注她的弟弟妹妹，又去关注她。与此同时，这也是对父母的一种谴责，责怪他们对她差、对其他孩子好。她在当时形成的那种基本态度，一直保留到了现在。

我们甚至还可以回想一下她更小时的情况。她还能清晰地记得儿时发生的一件事情，当时她想用一块木头去打刚出生的弟弟，好在母亲细心，才没有让她对弟弟造成严重的伤害。当时她只有3岁（即便是在那时），这个小姑娘就已发现，自己受到父母忽视与较少重视的原因，就在于她只是一个女孩。她还非常清楚地记得，自己曾经无数次地表达过想要变成男孩的愿望。弟弟的出生，非但把她赶出了温暖的安乐窝，而且使得她受到了伤害，因为弟弟是个男孩，受到的待遇比她以前的待遇要好得多。就在努力补偿此种弱点的过程当中，她无意中发现了这个总是让自己显得事情太多而不堪重负的方法。

现在，我们不妨来解释一下她的一个梦，来说明此种行为模式在心灵中是如何变得根深蒂固的。这位女性曾经梦到自己正在家里与丈夫交谈，可丈夫的模样却不像一个男人，而是像一个女人。这个细节，就是她应对自己的所有经历与所有关系时所用模式的象征。这个梦，意味着她已经与丈夫达到了平等。丈夫不再像她弟弟以前那样，不再是一个拥有优势的男性，而是已经像一名女性了。夫妻之间，已经不存在地位方面的差异。在梦中，她已经实现了自己从儿时起就怀有的那种心愿。

这样，我们就成功地把一个人精神生活当中的两个点连接起来了。我们已经发现了她的人生态度、她的人生曲线和她的行为模式。据此，我们就可以获得一个一致的形象，不妨总结如下：我们在这里面对的，是一个努力利用友善手段来扮演统治角色的人。

第六章　人生准备

个体心理学有一条基本原理，认为所有的心理现象都可以看作是为实现某一明确目标所做的准备。在前文所述的那种精神生活结构当中，我们可以看到一个人不断地为将来所做的一种准备。在这个将来，这个人的心愿似乎会得到满足。这是人类的一种普遍经验，而我们所有人也必定都会经历这一过程。所有描述某种理想的未来状态的神话、传说和传奇故事，都与这个方面相关。在所有的宗教当中，我们都可以看到，各民族都确信世间曾经有过一个天堂，而这一过程在进一步发展之后，就变成了人类渴望一种所有困难都已克服的未来的心态。灵魂不朽或者转世再生的信条，就是一种确切的证据，证明心灵可以形成一种新的结构。每一个童话故事，都见证了这样一种事实：人类心中获得幸福未来的希望，从未破灭。

第一节　玩耍

儿童的生活当中有一个重要的现象，非常清楚地表现出了人类为未来做准备的过程。这种现象，就是玩耍。我们不能把游戏看成是家长或教育工作者随便想出来的东西，而应当把它们看成是教育的辅助工具，看成是激发儿童勇气、想象力和生存本领的手段。在每一种游戏当中，我们都可以看到儿童为将来所做的准备。一名儿童玩游戏时采用的方式、对游戏的选择和重视程度，都表明了他的态度及他与所处环境之间的关系，而他与同胞之间的关联方式，他对同胞究竟是心怀敌意还是非常友好，尤其是他是不是有想要当统治者的心理倾向，也会在游戏当中表露无遗。因此，在观察儿童玩耍的过程中，我们就能看出儿童的整个人生态度来。玩耍，对于每个儿童来说都极其重要。能够发现这些教导我们说应当把儿童的玩耍看成是为将来做准备的事实，要归功于教育学教授葛乐斯，他在动物的玩耍当中，也发现了同样的倾向。

不过，认为玩耍的本质就是为将来做准备的观点还有很多，我们并未一一列举出来。首要的是，游戏是一种集体训练，可以让儿童满足并实现其自身的社会感。我们常常可以猜测出，那些逃避游戏与玩耍的儿童都不太适应人生。这些儿童会乐于不参加所有的游戏，而要是强迫他们去跟其他孩子一起玩耍的话，他们往往也会破坏其他孩子的兴致。自负，缺乏自信，以及因此而导致的那种害怕自己表现糟糕的心态，就是儿童出现此种行为的主要原因。一般来说，通过观察一名儿童玩耍的情况，我们就能够非常肯定地判断出这名儿童身上的社会感程度来。

优势目标也是玩耍中另一个非常明显的因素，它会在儿童想当发号施令者和统治者的倾向中表达出来。通过观察一名儿童如何突出自己，看一名儿童喜不喜欢那些使他有机会去满足自身扮演领先角色的愿望的游戏，我们就可以看出此种性格倾向来。几乎所有的游戏都至少含有下列因素之一：为人生做准备、社会感或者追求优势等。

然而，玩耍当中还有另一个因素。这个因素，就是儿童可以在游戏当中表现出自我。儿童或多或少都是自主地去玩耍的，而在游戏当中的表现，则是由他与其他儿童之间的关系激发出来的。有许多的游戏，都特别重视这种创造性的本领。在为将来的职业做准备的过程中，那些本身就可以让儿童锻炼自身创造精神的游戏尤为重要。许多人的人生经历当中，都曾有过这样的情况：儿时给玩具娃娃做衣服，长大以后从事的职业，则是为成年人做服装。

　　玩耍与儿童的心灵紧密相关。可以说，玩耍也是一种职业，而我们也必须把玩耍看成是一种职业才行。因此，干扰儿童的玩耍并不是一个无关紧要的问题。我们决不能把玩耍看成是一种打发时间的手段，就为将来做准备的这个目标来看，每一个儿童的内心，其实都是带有日后将会变成的那种成年人的某种特点的。因此，在评价一个人的时候，若是了解了这个人的童年，我们就能更加容易地做出自己的判断了。

第二节　注意力与注意力不集中

　　注意力是人类取得的成就当中最重要的心理特点之一。在运用自身的感觉器官去考虑外部世界或者我们内心的某种特定事件时，我们都会产生一种特殊的紧张感。这种紧张感并不会蔓延到全身，而是会局限在某种单一的感觉器官上，比如说，局限在眼睛这种感官上。我们会有一种感觉，觉得自己正在做着某种准备。在局限于眼睛的情况下，双目注视的方向，就会给我们带来这种特定的紧张感。

　　倘若注意力会在我们心灵当中的任何一个部位或者在我们的运动器官中引发出一种特定的紧张感，那么与此同时，其他的紧张感就会受到排斥。因此，一旦我们希望将注意力集中在任何单一的事物上，我们就会想要排斥掉其他所有的干扰。就心理而言，注意力指的就是一种愿意在我们自身与某个确定事实之间建立起一道特殊桥梁的态度，就是一种进攻的准备。此种进击，是源于我们的需要，或者源自于某种要求我们将全部力量指向一个特定目标的异常情况。

虽说除了病人和智力低下者，每一个人都具有集中注意力的本领，可我们却经常会看到注意力不集中的人。之所以如此，有诸多的原因。首先，疲劳或疾病是影响我们集中注意力这种能力的两个因素。此外，还有一些人之所以注意力不集中，是因为原本应当去加以关注的东西并不适合于他们的行为模式，因此他们不想集中注意力；而另一方面，倘若考虑的是某个与他们的人生态度密切相关的问题，他们的注意力马上就会调动起来。注意力不集中还有一个原因，可以从喜欢抗拒这种性格倾向中看出来。儿童很容易产生叛逆心理，对于别人给出的每一种激励，这种儿童常常都会说"不"。他们必须将自己的反抗公开表达出来。教育工作者和教育方法的义务，就是通过把这种儿童必须获得的学习与他们的行为模式联系起来，并且使这种学习与他们的人生观紧密联系起来，从而让他们变得顺从听话。

有些人看得到、听得到，也感觉得到每一种变化；有些人完全是用自己的眼睛来面对人生；其他一些人则完全利用自己的听觉器官来面对生活；有些人什么也看不到，什么也注意不到，并且对可见事物毫无兴趣。我们可能会发现，一个人处在一种本来应当让他极感兴趣的情况下也会心不在焉，这是因为他并没有调动起那些更加敏锐的感受器官。

激发注意力时最重要的一个因素，就是对世界有一种真正根深蒂固的兴趣。兴趣是一种比注意力深刻得多的心理范畴。只要有兴趣，我们就会去关注，这是不言自明的问题；只要有兴趣，教育工作者就不用去担心注意力的问题。兴趣会变成一种简单的工具，我们可以为了某个具体的目标而利用它去攻克某个知识领域。在这一过程中，没有一个人会永不犯错地成长起来。由此可以断定，这种错误态度在一个人的内心固定下来之时，同样也涉及了注意力。这样的话，注意力指向的，便是为人生做准备的过程中一些并不重要的方面。倘若兴趣指向的是一个人自己的身体，或者指向一个人自身的力量，那么不管是哪个方面，只要涉及了这些兴趣，只要有什么东西可以赢取，或者只要是自己的权力受到了威胁，一个人就会集中注意力。只要对权力的兴趣没有被某种新的兴趣所取代，那么一个人的注意力就绝不可能与无关之物挂起钩来。我们可以看到，只要是谈到了别人对他们的赏识，说他们很重要，孩子们马上就会变得专注起来。另一方面，倘若觉得"其中没有什么东西"与他们有关，那么儿童的注意力也很容易消散。

　　注意力不集中，实际上不过就是指一个人面对一种原本应当去关注的情况时，更加愿意避开这种情况罢了。因此，说某个人没法集中自己的注意力，这种说法是不正确的。我们不难证明，这个人完全能够集中起注意力，只不过他关注的往往是别的东西罢了。缺乏毅力和精力不足，与无法集中注意力的情况相似。我们常常都会看到，在这种情况下，一个人会朝着不同的方向表现出顽强的意志和百折不挠的精力。治疗这种症状，并不简单。我们只能努力去改变一个人的整个人生观。我们可以肯定地说，在每一种病例当中，我们应对的都是一种缺陷，而这种缺陷，完全是因为患者在追求另一个目标所导致的。

　　注意力不集中会变成一种恒久的性格特点，这样的情形并不少见。我们经常碰到这样的人，他们接受了原本不愿意去干的某种明确任务，却只完成了一部分，或者完全逃避这种任务，结果使得他们总是别人的一种负担。他们经常出现的这种注意力不集中，是一种固定的性格特质。一旦必须去做某种要求他们做的事情，这种性格特质就会显露出来。

第三节　过失犯罪与健忘

我们通常所说的过失犯罪，是指一个人因为疏于采取必要的预防措施，而危及另一个人的安全或者健康。过失犯罪这种现象，就是注意力不集中的程度达到最严重时的情形。这种注意力不集中，是建立在一种对同胞兴趣不足的基础之上的。观察一下儿童在游戏时粗心大意的性格特质，我们就能判断出，他们是不是只想着自己，或者是不是不顾及别人的权利。这些现象，就是衡量一个人的集体意识和社会感的明确标准。倘若社会感没有得到充分的培养，一个人充分培养出对同胞的兴趣就会极其困难，即便是可能受到惩罚的危险，也会如此。而倘若集体意识得到了充分的培养，一个人培养出这种兴趣，就是不言自明的了。

因此，过失犯罪实际上就是说一个人的社会感不足。不过，我们不能太过心胸褊狭，以免忘记去探究一番为什么个体对其伙伴不具有我们所期望的兴趣。

通过对自己的注意力加以约束，我们就会出现健忘，就像我们可以预先安排好遗失某些贵重物品似的。尽管有可能出现更加紧张的情形——兴趣，但这种兴趣也会因为不喜而受到抑制，从而引发走神或者出现记忆差错，或者说，起码也会使得走神与记忆差错更容易出现。比如、儿童把课本弄丢的时候，情况就是如此。我们往往不难证明，这种儿童还没有习惯于自己的学习环境。那些经常丢失钥匙或者把钥匙放错地方的家庭主妇，往往都是一些从未习惯于家庭主妇这一职业角色的女性。健忘的人通常都宁愿不进行公开的反抗，可他们的健忘，却会暴露出他们对自己承担的任务缺乏一定程度的兴趣。

第四节　潜意识

我们的描述经常表明，有些人并未认识到其精神生活中各种现象的意义。很少有细心之人能够给大家解释清楚，为什么他会迅速明白一切。某些心理官能，在意识领域里是看不到的。尽管我们能够有意识地强迫自己的注意力集中到一定的程度，可激发此种注意力的因素，却并非存在于意识当中，而在于我们的各种兴趣。这些兴趣，绝大部分又存在于潜意识领域里。从最广义的范畴来看，我们马上就可以看出，这属于精神生活中的一个方面，也是其中的一个重要因素。我们可以从潜意识当中，寻找并发现一个人的行为模式。而在一个人有意识的生活里，我们面对的则是这个人行为模式的一种反映和一种底板。一个爱慕虚荣的女性，在绝大多数表现出了虚荣心的场合中，通常都并不知道自己显得虚荣浮夸。恰恰相反，她会表现得好像别人看到的都只是她的谦逊一样。并不是非得知道自己爱慕虚荣，一个人才会去爱慕虚荣。事实上，对于这位女性的目的而言，明白自己爱慕虚荣完全不会有什么作用，因为如果知道自己爱慕虚荣，她就不可能继续去爱慕虚荣了。我们只应将自己的注意力转向某种外部的或者无关的东西，就能因为看不到自己身上的虚荣心，而获得一种显著的安全感。整个过程，都是秘密地发生的。倘若试图去跟一个爱慕虚荣的人谈论其虚荣心，那么大家就会发现，双方就这个话题来进行交谈是非常困难的。他可能会表现出一种逃避这个问题的倾向，顾左右而言他，以免自己烦扰。而这样做，只会让我们对自己的观点更有把握。这种人想要自己的小把戏，而倘若有人无意中试图去揭开他蒙在这种小把戏之上的面纱，他就会立即采取一种防范的态度。

　　人类可以分成两种类型：一种是比普通人更加了解自己潜意识生命的人，另一种则是不那么了解这一点的人。也就是说，这是根据他们意识范围的大小来进行分类的。在许许多多的情况下，我们都会毫无例外地发现，第二种类型的人会把注意力集中在一种很小的活动范围内，而第一种类型的人则会接触到各方各面，并且对人类、东西、事件和观点有着巨大的兴趣。那些觉得自己被逼到了墙角、已经走投无路的人，自然会用人生中的一小部分来满足自己，因为他们对人生感到陌生，无法像一些按照规矩来生活的人那样清晰地看到人生当中的各种问题。他们都会变成差劲的队友。他们都没有太大的本领，无法去理解人生当中那些更加美好的东西。由于对生存的兴趣非常有限，所以他们只会认知到微不足道的一部分人生问题，原因则在于，他们担心持有一种更广阔的视野会相当于失去个人权力。至于人生当中出现的个别事件，我们经常可以发现，一个人对自己的生存本领会一无所知，因为这种人会低估自己。我们还会发现，这种人没有得到充分的引导去关注自身的缺点，他会觉得自己是个好人，可在现实当中，他做任何事情却都是出于私心；反之亦然，有些人在某些情况下会认为自己是个自私自利的人，可在仔细地分析之后，却表明他实际上是一个非常好的人。事实上，你怎么看待自己，或者别人怎么看待你，都不重要。重要的是你对待人类社会的总体态度，因为这一点决定了每个人的每一个愿望、每一种兴趣和每一种行为。

　　此时我们面对的，又是两种类型的人。第一类人，就是那些过着比较自觉的生活，没有戴着眼罩，而是用一种客观的态度来面对人生各种问题的人。第二类人，则是带着一种偏颇的态度来

面对人生，并且只看到了整个人生的一小部分。这一类人的行为
与言语，往往都是由一种无意识的态度所引导。彼此共同生活在
一起的两个人，可能会因为其中一个人总是唱反调而在生活当中
遇到许多的困难。这是一种并不罕见的现象。或许，双方互唱反
调的情况还更为常见。每一方都对自己的抗拒心态一无所知，都
觉得自己是对的，并且会给出理由，来证明自己才是两人关系和
睦与和谐的捍卫者。尽管如此，事实却会证明这种人说得不对。

　　在现实中，这种人说任何一句话的时候，不可能不用反对之
语去旁敲侧击地攻击自己的伴侣，虽然从表面上来看，别人是注
意不到他的这种攻击的。更加仔细地探究之后，我们便会发现，
这种人其实已经陷入了一种终生都心怀敌意、争强好斗的心态
当中。

　　人类会开发出自己身上那些不断地发挥着作用的能力，尽管
他们对这些能力一无所知。这些官能隐藏于潜意识当中，可能会
影响到人们的生活，有时还会导致令人痛苦的后果。陀思妥耶夫
斯基在其小说《白痴》当中，曾经极其美妙地描述过一种情形，
使得自那以后，它就成了令所有心理学家都感到惊奇的范例：在
一次社交聚会上，有位女士用一种嘲弄的口吻，提醒那位是小说
主角的公爵说，不要打翻了身边立着的一件价格昂贵的中国花
瓶。公爵请她放心，说自己会小心的。可几分钟之后，那只花瓶
便倒在了地上，摔成了碎片。参与聚会的人，全都觉得这件事并
非纯属意外。大家都认为，这是一种顺理成章的行为，完全符合
这位公爵的整个性格，因为他觉得那位女士的话冒犯了自己。

　　在评判一个人的时候，我们不能完全被一个人有意识的行为
和表达牵着鼻子走。通常来说，一个人思维和行为当中一些无意
识的细节，会给我们提供一种更好的线索，去了解这个人的真正
本性。

　　例如，一些有咬指甲或挖鼻孔等令人讨厌的行为的人都不知道，这样做实际上暴露出他们都是一些执拗之人，因为他们并不理解导致自己形成了这些性格特质的种种关联性。不过，我们却相当清楚，一名儿童必定会因为有这些毛病而不断地受到了大人的责骂。所以，要是他受到了责骂，却还是没有改掉这些毛病的话，那么他一定就是一个执拗不化的人。倘若观察的时候更加内行一点儿的话，那么我们就可以通过注意这些无关紧要的细节，得出关于任何一个人的一些意义非常深远的结论来。因为这些细节，反映出了一个人的整个本质。

　　下面两个例子将会说明，潜意识当中一些事情一直留在潜意识之中，这对于心理系统有多重要。人类的精神具有引导意识的能力，也就是说，能够让那些从某种心理活动的角度来看属于必需的东西变成有意识的，并且反之亦然，能够让某些东西一起停留在潜意识当中，或者使之变成无意识的，只要这样做似乎对保持个人的行为模式来说可取就行了。第一个例子是关于一位小伙子的，他是家里的长子，与妹妹一起长大。10岁的时候，他的母亲就去世了，而从此时起，他那个非常聪明、用心良苦且品德高尚的父亲，便不得不承担起教育孩子的责任了。父亲把自己的绝大部分精力都放在培养儿子的远大抱负和激励儿子去干大事这个方面。

　　这个男孩非常努力，在班里当上了班长，成长得异常优良，而从道德品质与科学素养方面来看，他也总是名列前茅，让父亲非常高兴，因为父亲正是希望他从一开始就在人生当中扮演一种重要的角色。

　　随着时间的推移，这个小伙子形成了一些让父亲觉得懊悔的性格，而他自己也想努力改掉这些性格特点。妹妹长大之后，成了他一个挥之不去的对手。妹妹成长得也很不错，但她乐于利用柔弱这种武器来打败别人，同时以打压哥哥为代价，让自己变得日益出众了。在家务方面，她非常擅长于讨价还价，使得哥哥很难与她展开竞争。作为一个男孩子，他发现自己在家庭生活当中，很难获得他在其他领域里通过努力就轻而易举地获得了的那种赏识和出众。父亲很快便注意到，儿子养成了一种古怪的社交生活，而随着他进入青春期，这种情况也变得越发明显了。事实上，他根本就没有社交生活。他对所有新结交的人都很不友好，而且，如果结识的人里面有姑娘的话，他干脆就会跑开。起初的时候，父亲并没有觉得这种做法不正常，可天长日久之后，这个男孩子的社交反应达到了极端的程度，使得他几乎从不出门，甚至除了在黄昏，连时间不久的散步都会让他觉得很不舒服。他变得极为自闭，以至于最终竟然不愿和以前认识的人打招呼，尽管他在学习上的态度、对待父亲的态度仍然无可指摘。

待情况越来越严重，使得任何人都无法带他去任何地方之后，父亲便带这个男孩去看医生。只需几次诊断，就足以找出这个问题的原因来。这个男孩子觉得自己的两只耳朵都很小，因此大家都认为他长得非常难看。可实际上，情况却并非如此。当他的这一理由受到驳斥，医生告诉他说他的耳朵长得与其他男孩子毫无二致，并且向他说明他是把这一点当成是不愿与别人为伴的借口之后，他又说自己的牙齿和头发也很难看。这也不是事实。

而另一方面，医生也很快看出，他有着极大的抱负。他相当清楚自己的志向，并且认为是自己的父亲让他形成了这种性格，因为父亲不断地激励他去干大事，以便让他在日后的生活当中能够身居高位。他对于未来的规划，在他想要扮演科学英雄的这种愿望当中达到了极致。倘若没有与一种想要逃避人性与友谊所需义务的倾向结合在一起，这一点也不会那么引人注目。这个男孩子，为什么会给出如此幼稚的理由来呢？假如这些理由是对的，那么他带着一种谨慎与焦虑心态来面对人生就是正当的，因为在我们的文明当中，一个长相丑陋的人无疑会遇到诸多的困难。

进一步的研究表明，这个男孩子是抱着极大的雄心来追求一个特定目标的。以前，他在班上总是第一，因此想要继续保持第一。为了实现这样一个目标，我们可以利用像专心、勤奋以及诸如此类的办法。可光有这些，对他来说还不够。他试图把一切似乎不必要的东西全都排除在自己的生活之外。他可能会有点儿像这样来表达自己的想法："既然打算出名，既然打算全心全意地投身于科学领域，那么我就必须把所有的社会关系都当成不必要的东西排除掉。"

可是，他既没有这样说，也没有这样想过。相反，他却采用了自己所谓的丑陋这样一种并不重要的因素，利用这一点来实现自己的目标。抬高这样一种无关紧要的事实，在其情况的发展过程当中具有了意义，因为这给了他去做现实当中想做的那些事情的正当理由。如今他要做的，只是有勇气去诡辩、去夸大自己的丑陋，以便实现内心那种隐秘的目标罢了。倘若他明说自己想要活得像个禁欲的隐士一样来实现位居第一的目标，那么他的理由对大家来说就全都昭然若揭了。尽管他是不自觉地怀着致力于去扮演英雄角色的这种想法，可他却是自觉地没有觉察到自己的目的。

他希望用人生当中的其他一切当赌注来实现这一个目标，这一点他从来就没有想过。假如他意识到了这一点，并且公开决定赌上人生当中的一切，来变成一个科学英雄的话，那么他就不可能非常自信，不可能像他说出自己长相丑陋、不敢进入社会去实现其目标那样了。而且，倘若公然说出自己想要永远都当第一、永远都当最了不起的人，并且愿意为了实现自己的目标而牺牲所有的人际关系，那么任何人都会让自己在同胞的眼里显得荒唐可笑。这是一种太过令人害怕的想法，是一种令人不敢去想的想法。有些想法，我们是不可能太过公开地说出来的。这样做，既是为了他人好，也是为了自己好。正是由于这个原因，这个男孩子人生当中的主导思想，就只能继续停留在自己的潜意识里。

　　假如此时我们向这样一个人表明其人生的主要动机，向他说明他不敢正视自己内心、以免丧失其行为模式的那些性格倾向，那么我们自然就会干扰到他的整个心理机制。这个人一直都在不惜任何代价地要阻止出现的事情，现在却出现了。他潜意识里的种种思维过程，都变得清清楚楚，毫无遮拦了。那些原本不该去想的想法，一个人不敢留在心中的那些念头，那些倘若意识到了就会干扰我们所有行为的性格倾向，全都暴露出来了。每一个人，都会抓住那些能够为自己的态度提供正当理由的想法，并且会排斥每一种可能会妨碍到他继续前进的观点，这是一种普遍的、属于人类特有的现象。在他们对世界的理解中，人类只敢正视那些对他们有用的事物。凡是有用的东西，我们都会察觉到。凡是有可能干扰到我们所持观点的东西，我们都会将其打入潜意识当中。第二个例子，就是一位非常能干的小伙子的经历。他的父亲是个老师，总是激励儿子在班上争当第一。在这种情况下，孩子小时候也经历了一系列的胜利。不管是在哪个方面，他总是胜利者。他是伙伴们当中最有魅力的一员，并且结交了几个关系密切的朋友。

　　18岁那一年，发生了一场重大的变故，他的生活失去了所有的乐趣。他心情沮丧、心烦意乱，并且极端地厌世自闭起来。刚刚交上一个朋友，他马上又会与对方断绝关系。大家都看得出，他的行为当中有一块绊脚石。然而，他的父亲却希望，这种自闭的生活能够让他更加一心一意地专心学习。

　　在治疗这个男孩的过程中，他不断地抱怨，说父亲剥夺了他人生当中的所有欢乐，说他既无自信、也无勇气继续生活下去，说自己除了孤独而痛苦地度过余生之外，就没什么可干的了。他在学业上的进步速度已经慢了下来，并且在大学里考试时还出现了不及格。他解释说，自己人生的变化始于一次社交聚会。在那次聚会上，他对现代文学的无知，使得他成了朋友们的笑柄。类似的经历一再出现，使得他开始远离他人，并且有了远离社交的想法。他一门心思地认为，自己的不幸是父亲造成的，因此父子之间的关系也日益恶化起来。

这两个例子，在很多方面都有类似之处。在第一个例子当中，我们的患者是毁在妹妹的阻力之下，而在第二个例子当中，毁掉病人的则是对一位负有责任的父亲采取了一种逞强好斗的态度。这两位患者，都受到了我们习惯于称之为"英雄主义理想"的这种思想的引导。两人都沉迷于各自的英雄主义理想，从而与生活完全失去了联系，变得灰心丧气，除了完全远离这种抗争，什么也不喜欢了。不过，我们可不能认为，第二个例子当中的男孩会对自己这样说："既然我无法继续这样英勇地生存下去，那么我就应当避世隐居起来，让我的余生都生活在痛苦当中！"

诚然，他的父亲做得并不对，而他受到的教育也很糟糕。很明显，他关注的只是自己受到了不好的教育，并且不停地埋怨这一点，因为他想要证明自己远离社会是正当的，因为他受到的教育太糟糕，所以独身一人、远离社会依然是解决其问题的一种办法。这样一来，他就找到了一种不会令自己再去遭受失败的状况，并且能够将自己生活不幸的全部责任，都归咎给父亲了。只有这样，他才能给自己留下一点点儿自尊，才能满足他追求出众的心愿。他有着辉煌的过去，而他在未来的胜利，也只是因为有了这样一种致命的事实才受到了阻碍：他的父亲，由于教育方法不对，非但已经阻碍到了他的成长，还使得他无法去取得更多、更辉煌的成就了。

在某种程度上，我们可以说，某种像下面这种思路的东西，仍然下意识地存在于他的脑海中："既然如今我的位置离人生的前线更近了，既然我已经认识到日后保持第一不会再有那么容易了，那么我就应当竭尽全力，完全远离人生才是。"不过，这样一种想法，显然是不可想象的。虽然没有人能够说出这样的话来，可一个人的行为，却有可能显得他的心中仿佛是牢牢地记住了这种想法似的。这种人会通过利用一些更加深层的理由，来做到这一点；通过时刻揪住父亲在教育方面的错误做法不放，他便成功地逃避了社交，避开了生活当中所有必须去做的决定。倘若已经意识到了这种想法，那么他的隐秘做法就会必然地受到干扰。因此，这种想法依然会停留在潜意识当中。既然有过如此辉煌的过去，别人又怎么能说他是一个没有天赋的人呢？的确，倘若他没有成功地获得新的胜利，如今就没有人可以去指责他了。父亲在教育方面那种有害无益的影响，人们是无法置之不理的。这位儿子，既是法官、原告，又是被告，集多重身份于一身。如今，他该不该放弃这样一种有利的位置呢？他很清楚，只要他这个儿子想那样做，只要他不停地利用自己掌握着的这种手段，人们就只会去指责他的父亲。

第五节　梦境

人们一直认为，从一个人的梦境，我们可以判断出一个人的整体人格来。号称"当代歌德"的利希滕贝格曾经说过，根据一个人的所做的梦，与根据一个人的言行相比，我们能够更好地判断出这个人的性格与本质来。这种说法，有点儿言过其实了。我们的观点是，必须极其谨慎地利用精神生活当中的单一现象，并且只能把这种单一现象与其他现象结合起来加以应用。因此，只有能够在一个人的其他性格特点当中找到更多具有支持作用的证据，来证实我们对梦境的理解，我们才能根据这个人所做的梦，得出关于这个人性格的结论。

释梦这一做法，可以追溯到史前时期。研究文化发展史上的不同时期，尤其是体现在神话与传奇故事中的不同时期，让我们得出了这样一个结论：在过去时代，人们要比如今的我们更加关注梦境的阐释。我们还发现，当时的普通人对梦境的了解，要比如今的普通人更加全面。只需回想一下梦境在古希腊人生活当中所起的巨大作用，或者回想一下西塞罗[1]曾经写过一本论述梦境的著作，或者回忆一下《圣经》当中所述的诸多梦境，我们就可以证明这一观点。而且，还有更多的证据。《圣经》当中所述的梦境，要么是阐释得非常巧妙，要么就是记述得仿佛它们都是不言而喻的，仿佛当时的每一个人都会正确理解和阐释它们一样。比如，约瑟对哥哥们说起的那个关于禾稼捆的梦[2]就是这样。此外，在起源于一种完全不同的文化的尼伯龙根[3]传奇当中，我们也能得出梦境被人们用作征兆的结论。

假如我们一心想要把梦境当成是一种接近和了解人类精神某个方面的手段，那么，我们应当不像那些试图在梦境当中、在释梦过程中找到种种不可思议与超自然影响力的研究人员那样，不

---

[1]　西塞罗（MarcusTulliusCicero，公元前106—公元前43），古罗马时期著名的政治家、演说家、雄辩家、法学家和哲学家。

[2]　参见《旧约圣经·创世纪》第37节：约瑟做了一梦，告诉他的哥哥们，他们就越发恨他。约瑟对他们说："请听我所做的梦：我们在田里捆禾稼，我的捆起来站着，你们的捆来围着我的捆下拜。"

[3]　尼伯龙根（Nibelungen），源自古代北欧的Nilfheim（Nibelheim），它在北欧神话中意指"死人之国"或"雾之国"，到中世纪时，德语里称住在此地的人为"Nibelung"（Nibelungen是其复数形式），即生活在"雾之国"里的人。

应根据他们的观点去看待这个问题。只有通过其他更为深入的观察，能够证实和巩固自身的主张，我们才可以依赖于梦境这种证据。

人们相信梦境对未来具有一种特殊的意义，这种倾向甚至一直延续到了今天。有一些唯心主义者走得更远，甚至允许自己受到梦境的左右。我们的一位病人正是这样欺骗自己的，因而不去从事任何一种可敬的职业，而是一心买卖股票去了。他总是根据自己所做的梦来进行投机。他还收集了以前的种种证据，来证明不管什么时候，只要没有照着自己的某个梦去做，他就总会倒霉。的确，除了清醒时总是关注的那些方面，他是梦不到其他任何东西的。这样，他就可以说是在梦中给自己打气，并且能够在很长的时间里都说，他在梦境的影响之下获得了许多好处。过了一段时间之后，他又会解释说，他一点儿都没有重视自己所做的梦。此时，他似乎已经亏损得一干二净了。由于即便是不做梦，这种情况对于股市操盘者来说也是经常出现的，因此，我们在此并未看到什么奇迹。一个对于某种特定任务极其关注的人，即便是在晚上睡觉的时候，也会被必须解决这个问题的心态纠缠着。有些人根本就睡不着，醒着时也总是在想着自己的问题。其他一些人虽说睡着了，却仍在梦中忙着自己的计划。

这种我们在睡梦中大脑也一刻不闲的奇特现象，不过就像是沟通过去与未来的一座桥梁罢了。假如我们知道一个人对人生的整体态度，明白他如何沟通"此时"与"彼时"，那么通常来说，我们也就能够理解他在梦境当中那种沟通结构的独特之处，并且能够据此得出合理的结论来了。换言之，所有梦境的基础，就是一个人对待人生的整体态度。

一位年轻女性做了这样的一个梦：她梦见丈夫忘记了他们的结婚周年纪念日，因此责备了他。这个梦，可能含有好几种意思。假如真的出现了这样的问题，那么我们马上就能看出，这说明他们的这桩婚姻当中出现了某些问题，妻子觉得自己受到了丈夫的忽视。然而，她又解释说，自己其实也不记得结婚周年纪念日了，只是她最后还是记起来了，而丈夫却必须经她提醒才记得起来。她就是夫妻双方当中"更好的一半"。进一步询问之后，她又说，实际上这种事情从来都没有发生过，丈夫始终都记着他们的结婚纪念日。因此，在这个梦里，我们便看出了她对未来感到焦虑的那种性格倾向。她很担心，将来可能出现这样的事情。我们还可以进一步断定，她喜欢指责别人，喜欢利用一些令人费解的理由，喜欢因为一些可能发生的事情来对丈夫唠叨。

假如没有掌握其他一些可以巩固这些结论的证据，那么我们仍然无法对自己的阐释具有十足的把握。在问到儿时的最初记忆时，这位女性说出了始终都留在其脑海当中的一件事情。3岁的时候，她的姑姑给了她一把刻花的木勺做礼物，这使她引以为荣。可有一次她正在玩这把勺子的时候，勺子却掉进了一条小溪里，顺流漂走了。许多天里，她都因为这件事情而伤心不已，以至于周围的人都很替她担心。

这个梦，可能会让我们去设想，如今她是又在想，自己的婚姻可能也会像那把木勺一样离她而去。要是丈夫真的忘记了结婚纪念日，她又该怎么办呢？

还有一次，她梦到丈夫领着自己走进了一栋高楼，可里面的楼梯却越来越陡峭。由于觉得自己可能已经爬得太高，她开始头晕目眩，焦虑不安，并且全身无力起来。我们在白天醒着的时候，可能也有过类似的感受，尤其是一个人站在高处时的那种眩晕感。此时，一个人对高度要比对深度更加害怕。把第二个梦与第一个梦联系并结合起来，两个梦里的想法、感受和内容便给我们留下了一种清晰的印象：这是一位担心自己会掉落、害怕遭遇伤害或者灾难的女性。我们可以猜想，丈夫的对她的感情变淡或者类似的情况，就是这样的一种灾难。如果丈夫在某个方面与她合不来，结果会怎样呢？假如他们的婚姻生活受到了干扰，又会怎么样呢？可能会当众出丑，可能会打打闹闹。而这一切，可能都会以妻子晕过去、好像死了一般而告终。实际上，他们在家里进行的一场争吵中，这种事情曾经就发生过一次。

　　现在，我们更加接近于这个梦的含意了。在梦境里，思维与情感内容是用哪种题材呈现出来的，或者是用什么手段呈现出来的，其实是一个无关紧要的问题，只要这种题材在某种程度上有用，并且能够确保进行某种表达就行。在梦里，一个人的人生问题是用比喻的方法表达出来的。这就好比她在说："不要爬得太高，好让你日后不至于摔得太重！"我们不妨回忆一下歌德在其《婚姻之歌》当中重现出来的一个梦。一位骑士从乡下回到家里，发现自家的城堡里冷冷清清的。由于疲惫不堪，他便躺到床上睡着了。在梦里，他看到一些小矮人从床下走了出来，并且看到了这些小矮人举办的一场婚礼。这个梦，让他觉得非常愉快。这个梦，仿佛是他想要印证自己心中的一个想法，即他需要找一个女人似的。他在梦中看到的这场小矮人的婚礼，后来在现实中便变成了他自己的婚礼。

　　在这个梦里，我们发现了许多众所周知的组成要素。首先，其中隐含着诗人对自己婚姻状况的关注。我们还可以进一步看到，做梦者在迫切需要的情况下，是如何形成一种针对自己当时人生处境的态度的。这种处境，需要他结婚成家。于是，他便在梦中一心想着结婚的问题，并且在第二天下定了决心，觉得最好也去结婚成家。

　　现在，让我们来看看一位28岁的小伙子所做的一个梦。这个梦的情节发展大起大落，就像发烧时体温的变化情况一样，非常清楚地说明了这个人一生当中充斥着的那些心理活动。其中，导致形成种种性格倾向及权力与优势追求的那种自卑感，很容易就能看出来。他述说道："我正在与一大群人进行短途旅行。我们必须在途中的一个小站下船，因为我们坐着去旅行的那条船太小，因此我们必须在这个小镇里过夜。到了晚上，有消息说船正在下沉，所有参加这次旅行的人都被叫起来去水泵那里抽水，好让船不沉下去。我记起自己的行李里有几件贵重物品，便赶紧向那条船跑过去，而别人都已经在船上给水泵排水了。我设法避开了这项工作，寻找行李舱。我从窗户爬进去，找到了自己的背包。就在此时，我还看到背包旁边放着一把我非常喜欢的削笔刀，我把削笔刀放进了背包。就在船只越沉越深的时候，我和一个熟人跳下了小船。我们跳进海里，逃回了陆地上。由于码头太高，我们便沿着码头走了很远，来到了一道险峻的悬崖边上，必须爬下去才行。我顺着悬崖滑了下去。从跳下船之后，我一直都没有看到我的那个同伴。我滑得越来越快，害怕自己会因此而送了性命。最后，我滑到了崖底，正好掉在一个熟人面前。那是一个我原本并不认识的年轻人，他曾经参加过一场罢工，并且在罢工工人当中文文静静地干活，很对我的胃口。他跟我打了招呼，然后责备了我，好像知道我把其他人都留在船上，让其他人全都身处险境似的。'您在这里干什么？'他问道。我想要逃出这个深渊，它的四周都是险峻的悬崖，但上面垂着一根根绳子。我可不敢去拽这些绳索，因为它们都太细了。我用尽了各种方法，想要爬出这道深渊，可每一次都滑了回来。最后，我终于爬到了悬崖顶上，可并不知道自己是怎么上来的。在我看来，好像是我有意不想梦到梦里的这个部分，好像想要急不可耐地略过这一部分似的。在深渊边缘的悬崖顶上，有一条路，而靠深渊的那一侧还有一道围栏保护着。人们正从那里经过，并且态度友好地跟我打招呼。"

　　如果去追溯做梦者的人生经历，那么我们听到的第一件事情，就是他在5岁之前一直都身患重疾，而此后他也经常生病。由于体弱，因此他一直都被父母细心而忧心忡忡地呵护着。他很少与其他儿童交往。而在他想要与大人交流的时候，父母却总是对他说，小孩子应该做到让大人视而不闻，并且小孩子不能与大人平起平坐。因此，他在年纪很小的时候就没能找到社交生活所必需的那些切合点，一直都只与父母有联系。这种情况进一步发展，结果使得他总是大大落后于自己的同龄伙伴，总是赶不上他们。他还被认为是同龄伙伴当中最笨的一个，并且很快就成了大家的笑柄。听到这一点，我们不该感到震惊才是。这种环境，再一次妨碍到了他去结交朋友。

　　这些情况，让他心中一种异乎寻常的自卑感恶化到了极点。他的教育，完全由那位愿望虽好却非常暴躁易怒、身为军人的父亲，以及他那位身体虚弱、不解人意、非常专横的母亲掌控着。尽管父母不停地重申他们是用心良苦，但他接受的家教，一定属于非常严厉的那一种。在这一过程中，他的沮丧感发挥出了巨大的作用。他儿时的最初记忆中，保留着一件非常值得我们注意的事情，那就是他刚刚3岁的时候，母亲就罚他在豆子上跪了半个小时。罚跪的理由是他不听话，母亲非常清楚他不听话的原因，因为孩子曾经告诉过她。他很害怕一个骑马的人，因此不愿替母亲跑一次腿。实际上，他很少挨打，可一旦挨打，父母总会用一根多尾狗鞭抽他，并且每次挨打之后，他还必须恳求父母原谅，并且说出自己挨打的原因来。"孩子应当明白，"父亲总是这样说，"他错在哪里。"有一次，他非但被父母错怪而挨了一顿打，而且因为过后说不出自己挨打的原因而又挨了一顿揍，实际上还被打到承认了某种不良行为才完事儿呢。

在很小的时候，他身上就表现出了一种在父母面前争强好斗的情绪。他的自卑感达到了极其严重的程度，以至于他从来就想不出自己有什么优越感。他在学校和家里的生活，就是一连串几乎从未间断，或大或少的失败。在他看来，自己连最微不足道的胜利也没有获得过。在学校里，直到8岁那一年之前，他一直都是大家嘲弄的对象。有一次，连老师都嘲笑了他。老师把他写得很糟糕的一篇短文在班上朗读出来，并且还说了许多嘲笑的话。

这些事情当中的每一桩，都逼得他变得越来越孤僻。因此，他迟早都会自发地开始远离整个世界。在与父母抗争的过程中，他偶然发现了一种尽管代价巨大却非常有效的进攻方法。他拒绝说话，并且用这种姿态放弃了让一个人与外部世界联系起来的那种最重要的工具。由于他无法与任何人交谈，所以他陷入了彻底的孤独当中。由于所有的人都不理解他，因此他不跟任何人交谈，尤其是不跟父母说话。最终，就没有一个人去跟他说话了。每一种想让他融入社会的尝试，都以失败告终，而他在日后人生当中想让自己与别人确立恋爱关系的每一次尝试也都失败了，这令他痛苦不堪。这就是他到28岁之前的人生历程。结果，充斥着他整个心灵的那种深刻的自卑情结，便让他产生出了一种毫无道理的野心，一种毫无约束地追求出众与优势的心态，它们都在不断地扭曲着他对于人类友谊的感受。话说得越少，他的精神生活当中就越是日夜不停地充斥着要获取每一种成功和胜利的梦想。

于是，有一天晚上，他便做了我们前面所述的那个梦。在这个梦当中，我们可以清晰地看出他的精神生活成长时所遵循的那种运动与模式。最后，我们不妨回想一下西塞罗曾经叙述过的一个梦。这个梦，可是文学领域里最著名的、具有预言性的梦境之一。

诗人西摩尼得斯[1]曾经看到大街上躺着一具无名尸体，便给这具无名尸体举行了一场体面的葬礼。后来，西摩尼得斯打算去航海，可这位老年死者的鬼魂却警告他说，如果去航海的话，他就会遭遇沉船事故。于是，西摩尼得斯便没有去。而所有参加了那次航海的人全都丢了性命。

据记载，这件与梦境有关的事情，在数百年的时间里都给所有的人留下了一种异常深刻的印象呢。

如果想要解释这一事件，我们就必须坚持这样的一种观点：当时的船只经常失事，也正是由于这个原因，许多人都会在航海的前一夜里梦到沉船事故；在众多的这种梦境当中，上面那个梦表明梦境与现实之间出现了一种特定的巧合，而且，由于这种巧合太过不同寻常，因此才会被子孙后代记住。我们完全可以猜想，那些喜欢深究各种神秘关联的人尤其嗜好这样的故事，而我们却会非常冷静而沉着地对这个梦做出如下解释：由于相当在意自己的身体安康，所以我们的这位诗人很可能从未表现出极其渴望去参加此次航海的心态。随着做出决定的时刻日益临近，他便陷入了困境，要为自己那种犹豫不决的态度找出一个正当的理由来。出于这个原因，他便允许那个因为得到了体面安葬而必须证明自己有恩必报的死者以一个先知的角色现身了。于是，他没有去航海就是不言自明的一件事情了。假如那艘船没有沉没，那么十有八九，世人便永远不可能得知这个梦，也不会听到这个故事了。因为我们只会感受到那些让我们的大脑不得安宁的东西，只会感受到那些向我们说明天地之间隐藏着的智慧比我们自身所向往的更多的事物。既然我们明白，梦境与现实当中包含着一个人表现出来的同一种人生态度，那么我们就可以理解梦境具有的那

---

[1]　西摩尼得斯（Simonides，约公元前556—约公元前468），古希腊抒情诗人，又作SimonidesofCeos。

种预言性了。

我们还须考虑的一个方面，就是并非所有的梦都能如此轻易地进行理解这个事实。实际上，只有极少数的梦能够轻易为我们所理解。在一个梦给我们留下其特有的影响之后，我们马上就会忘掉这个梦。并且，除非精通释梦，否则我们就不会理解梦境背后隐含着的意思。不过，这些梦也只是一个人活动与行为模式的一种象征性和隐喻性的反映罢了。明喻或者比喻的意义，就在于它让我们能够进入我们渴望自己身处的一种情境当中。倘若一心想要解决某个问题，倘若我们的人格指出了解决这个问题的明确方向，那么我们只需找到一种具有鼓舞性的动力，驱策着我们朝这个方向前进就行了。梦境尤其适合于强化某种情感，或者使人产生出解决某个特定问题所必需的那种气魄。做梦者并不理解其中的联系，但这一事实不会改变任何东西。做梦者找出梦境所用的题材和某种形式的推动因素，就足够了。梦境本身会给出证据，证明做梦者的思维过程是用一种什么样的方式表达出来的，因为梦境会显示出做梦者的行为模式来。梦就像是一股浓烟，说明某个地方着火了。经验丰富的樵夫，能够通过观察这股浓烟，说出着火的是哪种木材，就像心理医生能够通过解释一个人的梦境而得出关于这个人性格方面的种种结论一样。

总而言之，我们可以说，一个梦不但说明做梦者正一心想着解决其人生当中的某个问题，而且表明了做梦者解决这些问题的方式。特别是，会影响到做梦者与世界及现实之间关系的两大因素，即社会感与权力追求，会在梦中自行呈现出来。

第六节　天赋

在那些能够让我们对一个人进行评判的心理现象当中，我们并没有考虑到与一个人智力相关的那种现象。我们并不怎么重视一个人所说的话，或者一个人对自己的评价。我们确信，每个人都有可能因为某种原因而误入歧途，每个人都会觉得自己必须通过各种各样复杂的利己主义、道义或其他花招来改正自己对于同胞的心理形象。然而，我们还是可以做一件事情，那就是根据特定的思维过程及其在语言上的表达来得出某些结论，尽管这样做的程度可能有限。要想对一个人做出正确的判断，就不能把思维与语言排除在我们的研究之外。

我们都喜欢称之为天赋的那种东西，就是判断这种特殊的能力，它一直都是诸多观察、分析和检验所围绕的主题，而其中对儿童与成年人进行的智力测试，则是家喻户晓的一种。这些测试，就是所谓的能力选拔。到目前为止，这些测试一直都没有获得成功。无论何时，只要是测试众多学生，结果通常都会表明，老师原本不用测试就可以轻而易举地判断出这些方面。开始的时候，实验心理学家对这种测试都感到非常自豪。但与此同时，这些测试在某种程度上来说并不必要，这一点也一定是非常明显的。还有一种反对智力测试的观点，那就是儿童的思维与判断过程以及能力并不会有规律地发展。因此，许多在测试中得分不佳的儿童，会在数年之后突如其来地呈现出异常良好的发展与天赋。还有一个必须考虑的因素，那就是大城市里的孩子，以及出身于某些社会阶层的儿童，会因为生活范围更广泛而更加适合于参加这种测试。他们看似聪明，其实却是一种假象，会让那些没有此种充分准备的儿童相对处于不利的地位。众所周知，那些出身富裕家庭中的8岁至10岁的孩子，脑子的反应要比出身贫寒的同龄儿童迅速得多。但这并不是说，富裕家庭中的孩子更有天赋。而出现此种差异的原因，完全在于他们之前的生活环境不同。

迄今为止，我们在才能选拔方面并没有取得很大的成就。看

一看柏林与汉堡两地种种令人遗憾的结果，这一点就是显而易见
的：在这两个地方，那些在测试中显得最有天赋的孩子当中，有
许多人在日后的教育过程中却都表现不佳。这个现象，似乎证明
了一点：根据智力测验的结果，我们并不能完全确保孩子未来会
健康成长。与此相反，个体心理学进行的实验却更好地经受住了
考验，因为它们的目标并不是测定某种具体的成长水平，而是去
促进对这种发展潜在的积极因素的理解。必要的时候，这些相同
的观测结果就会强行让孩子掌握各种恰当的纠正手段。不是把一
名儿童的思维与判断能力排除在其精神生活结构之外，而是认为
它们只与这名儿童其他的心理过程相关联，这一直都是个体心理
学的基本原则。

第七章　性别

第一节　两性现象与劳动分工

　　从前述讨论中我们已经得知，有两大性格倾向在支配着所有的心理现象。这两种倾向就是社会感与个人对权力与优势的追求，它们会影响到人类的每一种活动，并且会影响每一个人在追求安全感、完成人生当中的三大重任（爱情、工作和社会）这一过程中的态度。要想理解人类的心灵，在对心理现象进行判断时，我们就必须习惯于去研究这两大因素之间在定量和定性方面的关系。这两大因素之间的关系，决定了任何一个人能够理解集体生活逻辑的程度，因此也决定了一个人服从源自于集体生活必要性当中的劳动分工的程度。

　　劳动分工是维持人类社会存在的一个不可忽视的因素。每一个人，在某个时候或者某个地方，都必须做出自己应有的贡献。那种没有做出应有的贡献、否定集体生活意义的人，会变成一个反社会的人，并且不再把自己看成是人类当中的一员。在属于这一类的简单情况下，我们会说一个人自私自利、调皮捣蛋、以自我为中心和令人讨厌。而在更加复杂的情况下，我们则可看到一个人会变成偏执狂、无业游民和犯罪分子。公众对这些性格特质和特点的非难，出于充分认识到了它们的起源，并且深刻地洞察到了它们与社会生活的要求相矛盾。因此，任何一个人的价值，都是由他对同胞的态度、由他参与集体生活所要求的那种劳动分工的程度决定的。对这种集体生活的肯定，会让一个人对别人具有重要性，会让他变成联结整个社会的那根巨大链条中的一环。而这根链条一旦受到干扰，也必然会干扰到整个人类社会。一个人的能力，决定了他在人类社会所有生产活动当中的位置。这个简简单单的真理，却蒙上了许多令人困惑的东西，因为对权力的追求和对优势的渴望，已经让许多错误的价值观进入了正常的劳动分工领域。这种优势追求，已经干扰和妨碍到了人类社会的整个生产活动，并且给我们带来了评判价值观所依据的一种错误的基础。

有些人拒绝调整自身去适应他们在生产活动中应当所在的位置，已经干扰到了这种劳动分工。此外，一些人持有的错误抱负与权力欲望，也已导致了诸多的问题。为了获得种种以自我为中心的利益，他们已经妨碍到了人类的集体生活和集体劳动。同样，我们社会当中存在的阶级差异，也已导致了诸多错综复杂的情况。个人权力或经济利益，通过把所有的较佳位置全都预留给某些阶层当中的人，已经对劳动领域里的分工产生了影响。也就是说，所有较好的位置都留给了权力较大的阶层，而其他阶层的人则被排除在这些职位之外。认识到社会结构中这些众多的因素，可以让我们明白劳动分工从未顺利向前发展的原因。不断地干扰着此种劳动分工的那些力量，已经给一个阶层创造出了特权，而让另一个阶层受到奴役了。

人类的两性现象，决定了另一种劳动分工。出于生理体格的原因，女性被排除在某些活动之外。而另一方面，某些劳动又没有赋予男性，因为男性可以更好地去从事其他的工作。这种劳动分工，原本应当按照一种完全不带任何成见的标准确立下来的，而所有解放妇女的运动，只要是在激烈的冲突当中没有超越那些合乎逻辑的观点，就全都采纳了此种观点当中的逻辑。劳动分工绝对不是去夺走妇女的女性气质，也绝不会干扰到男女之间的自然关系。每一个人，都会获得机会去从事最适合于自身的劳动。在人类的发展过程中，这种劳动分工的形成方式已经使得女性承担了世界上的一部分工作（这些工作，原本可能也要由男性来承担），而作为回报，男性则能够利用自己的力量去发挥出更大的作用。只要此种工作能力没有被滥用，只要人类的体力和精神力量没有偏向某种邪恶的目标，那么我们就不能说这种劳动分工是没有意义的。

第二节　男性在如今的文化当中处于优势地位

由于文化一直朝着获取个人权力的方向发展，尤其是通过某些希望确保自己拥有特权的个人与社会阶层的努力，这种劳动分工已经分化成了具有特色的不同系统，影响到了我们的整个文明。结果，如今人们极其强调男性在文化当中的重要性。劳动分工的情形如此，以至于那些特权群体和个人牢牢地掌握了某些优势，而这一点，又是他们在劳动分工当中比女性有优势的结果。这样，处于统治地位的男性既获得了优势，又引导着女性的活动，目的就是使男性始终都能享有那些更舒适的生活形式，同时又把自己不去做更有利的那些事情交由女性去做。

在目前这种情形下，男性始终都想要掌控女性，而女性则对男性占优势的现状也始终都存在一种相应的不满情绪。由于两性之间联系紧密，因此我们不难猜想，这种始终存在的紧张状态会导致心理上的不和谐，会导致影响深远的生理干扰，因此必然会令两性都感到极为痛苦。

　　我们所有的制度、传统观念、法律、道德规范、风俗习惯，全都证明了一个事实，即它们都是那些享有特权的男性为了男性统治的荣耀而决定和维护着的。这些制度无所不入，甚至深入到了幼儿园当中，会对儿童的心灵产生极大的影响。虽然一名儿童无须去深入理解这些关系，但我们必须承认，儿童的情感生活会受到这些关系的巨大影响。比如说，看到一个小男孩被大人要求穿上女装时会大发脾气这种反应时，我们不妨去研究一下这些观念。一旦任由一个男孩子对权力的渴望发展到某种程度，大家肯定就会看到，他会表现出很喜欢自己身为男性所具的那些特权，因为他会认识到，这些特权会确保他到哪儿都具有优势。我们已经在上一章中提到，如今我们的家庭教育都经过精心设计，太过注重于个人权力的追求了。随之而来的，自然就是因此而产生的那种维护和夸大男性特权的倾向，因为父亲往往都是家庭中权力的象征。父亲总是神秘地来来去去，与永远都在家里和他们身边的母亲相比，父亲更能激起孩子的兴趣。孩子很快便会认识到父亲发挥的重要作用，并且注意到是父亲事事领头、做出所有安排，并且似乎在哪个方面都是领导者。孩子会看到，所有的家人全都服从父亲的指挥，而母亲也会去寻求父亲的建议。从任何一个角度来看，父亲似乎都是一个强大有力的人。在有些儿童的眼里，父亲完全就是一种标准，因此他们认为父亲的每一句话一定都是圣旨。他们会简简单单地说自己的父亲曾经这样说过，以此来证实自己所持的观点是正确的。即便是在父亲的影响似乎并没有那么明显的例子当中，孩子也会获得父亲占有支配地位的观念，因为整个家庭的负担似乎全都落在父亲身上。可实际上，这种情况仅仅是因为劳动分工使得家中的父亲能够利用自己的权力去获得更大的优势罢了。

　　就男性主导现象的起源来看，我们必须注意到，实际上这一点并非自然现象。我们必须制定无数的法律法规来保障男性的这种主导地位，就说明了这一点。而这一点也表明，在实施法律来确保男性的主导地位之前，必定有过其他一些时代，其间男性的特权地位并没有这么稳固。历史已经证明，母系氏族时期的确有过这样的时代。当时，在生活当中扮演着重要角色，尤其是在涉及孩子的事情上发挥着主导作用的，正是母亲，即女性。那时，族群里面的每一个男性都有义务去尊重母亲的可敬地位。有些风俗和习惯，如今仍然带有这种古老制度的色彩，比如用"叔叔"或者"亲戚"这种称呼来向孩子介绍所有的陌生人。由母系社会转变成男性占主导地位的局面之前，必定发生过一场可怕的斗争。那些喜欢认为他们享有的种种特权全都是天生得来的男性，得知男性并不是一开始就拥有这些特权，而是不得不经过斗争才获得了这些特权之后，都会大吃一惊的[1]。男性获得胜利，意味着与此同时女性得到了征服。而这一点，尤其是法律形成过程当中的一种证据，因为法律见证了这一漫长的征服过程。

　　男性占主导地位并不是一种自然现象。我们有证据，来证明这一现象主要是原始民族之间不断争战的结果。在这一过程当中，男性作为战士而获得了更加突出的地位，而最终又利用了这种刚刚赢得的优势，来确保自己的主导地位并达到自己的目的。与这种发展齐头并进的，就是财产权与继承权的形成。后来它们又演变成了男性占主导地位的基础，因为男性通常都是财产的获得者与所有者。

　　然而，正在成长中的儿童却没有必要去看论述这一主题的书籍。尽管孩子对这些考古资料一无所知，但他们会感受到，男性事实上就是具有特权的家庭成员。即便是在父母双方见识不凡、

---

　　[1]　英译者注：从奥古斯特·倍倍尔的《女性与社会主义》及马蒂亚斯与玛蒂尔德·韦尔廷的《主导性别》等著作中，可以看到对这一发展过程的详尽描述。

往往无视我们从远古时代传承得来的这些特权并且支持男女之间更加平等的情况下，也会出现此种情况。我们很难向一名儿童说明，忙于家务活动的母亲与父亲其实一样重要。

　　想一想，倘若一个小男孩从小时候起就天天目睹男性普遍享有特权的现象，这种情况对他来说意味着什么吧。打一出生，他听到的掌声就要比女孩子多。父母都更喜欢生男孩，这既是众所周知的事情，也是我们经常看到的一种现象。一个男孩子，由于酷似父亲，因此每走一步都会感觉到自己具有某些特权，也具有更大的社会价值。对孩子随意而说的几句话，或者是他偶尔听到了这些话，往往都会让孩子注意到男性角色更重要的这个事实。

　　在男孩子看来，男性占主导地位的现象，也体现在家里一般都是让女性用人来干那些卑微工作的这种制度当中。最终，孩子心中的种种观念，便会因为身边的女性根本没有意识到自己与男性平等的这个事实而得到强化。所有女性在结婚之前，都应当向未来的丈夫提出一个最为重要的问题："你对男性主导现象持有何种态度，尤其是对家庭生活当中男性占主导的现象持有什么样的观点？"可这个问题，她们却从来没有问过。在某种情况下，我们会看到女性有追求男女平等的表现，可在另一种情况下，我们又会看到她们表现出了各种各样、程度不同的顺从。相比之下我们会看到，父亲从小时候起就已经意识到，身为男性的他在日后将会发挥出更加重要的作用。他会把这种信条理解成一种天生的责任，并且关心的只是应对人生与社会当中有利于男性保持特权的各种挑战。

　　由这种关系所导致的每一种情形，孩子都会体验到。儿童从这些情形当中获得的，是诸多涉及女性本质的印象，可其中的绝大部分女性都扮演着一种令人遗憾的角色。这样一来，男孩子的成长过程便会带有一种明显的男性化色彩。在追求权力的过程当中，男孩子认为值得去追求的种种目标，无非就是男性化的特质与具有阳刚之气的态度。从这些权力关系当中，会产生出一种典型的男子气质来，而这种气质还会非常明显地向我们表明其来源。有些性格特质算是男性化的，其他一些被认为是女性化的，尽管这样的判断其实并没有什么正当的理由和根据。就算我们对比一下男孩子与女孩子的心理状态，并且似乎找到了支持此种分类的证据，我们应对的也不是一种自然现象，而是在描述个人的表现。这些个人，都是被人引导着朝一种非常明确的方向发展，他们的人生态度与行为模式，也一直都受到了某些明确的权力观念的限制。这些权力观念，已经带着强大的力量向他们表明，他们必须努力发展到一个什么样的位置才行。把性格特质分成"男性化"和"女性化"两种类型，其实是没有任何道理的。我们会看到，这两种性格特质都可以用来实现对权力的追求。换言之就是，我们也可以通过那些所谓的"女性化"特质，比如听话和顺从，来表达出自己的力量。一个乖孩子所享有的优势，有的时候会让这种孩子比一个不听话的孩子更能得到他人的关注，尽管两种孩子的情况中都含有对于权力的追求。我们对精神生活的深入了解，常常都会因为权力追求会用最复杂的方式呈现出来这一事实而变得更加困难。

随着男孩子逐渐长大，其男子气概就变成了一种重要的义务，而其抱负、权力欲与优势追求，也毫无疑问地与变得具有阳刚之气这种义务相关联、相一致了。对于许多渴望获得权力的儿童来说，仅仅意识到自身的阳刚之气还不够，他们必须拿出证据来证明自己已经是男人，证明自己因此而必须获得特权。一方面，他们会通过努力胜过别人来实现这一点，并且据此来衡量自己的男性气质；而另一方面，他们也有可能通过用尽一切可能的手段去欺压身边的女性，来成功地实现这一点。这些男孩子会根据他们所遇阻力的大小，要么利用倔强和野蛮的反抗，要么利用手段和狡猾，来达到自己的目的。

由于人们是根据男性拥有特权这一标准来对每个人进行衡量的，因此我们总是在男孩子面前坚持这种标准，也就不足为怪了。最终，男孩子就会根据这种标准去衡量自己，观察并且问自己的行为是否足够具有"阳刚之气"，问自己是否"彻底变成了男人"。如今，我们认为属于"阳刚之气"的这种东西，已经变成一种常识了。最重要的，它是一种纯粹的自我主义，是一种满足自恋、带来一种优于和掌控他人的感觉的手段，并且全都是借助于那些看似"积极主动的"性格特点来实现的，比如勇敢、力量、义务、赢得各种各样的胜利，尤其是那些盖过女性的胜利，获得地位、荣誉、称号，让自己坚强起来、摒弃那些所谓的"女性化"倾向的渴望，以及诸如此类的东西。这是一场获得个人优势的持久斗争，因为人们都认为，掌握主导地位是一种"具有阳光之气"的优点。

这样，每个男孩子都会形成他在成年男性身上，尤其是在自己父亲身上看到的那些性格特点。我们在这个社会里那些最具多样性的表现当中，可以发现许多由这种人为养成的出众错觉所衍生出来的现象。还在很小的时候，男孩子便会受到大人敦促，以确保自己将来可以拥有权力和特权，这就是所谓的"男子汉气概"。在糟糕的情况下，这种男子气概会堕落成众所周知的一种表达形式，即粗暴和野蛮。

在这样的情况下，身为男性的好处是非常有吸引力的。因此，看到许多姑娘都心怀一种男性化的理想，或是把它当成是一种无法实现的愿望，或是把它当成一种评判自身行为的标准，我们都不该感到惊讶才是。这种理想，可能会呈现为女性的一种行为与外貌模式。在我们的文化里，似乎每一位女性都想要变成男儿之身。在这一类人里面，我们尤其可以看到这样一些姑娘：她们都心怀一种无法控制的欲望，想要凭借自身不同的体格，在那些原本更适于男孩子的游戏和活动中脱颖而出。她们会什么树都爬，会宁愿跟男孩子玩也不愿跟女孩子玩，并且逃避每一种"女性化的"活动，把参与这些活动当成一件丢人的事情。只有在男性化的活动当中，她们才会获得满足感。倘若我们明白，相比于人生当中的各种活动，一个人的优势追求更关注的是事物的象征，那么，她们对于男子气概的偏爱，就使得这些现象全都是可以理解的了。

第三节　所谓的女性劣势

男性一直都喜欢通过坚称自己的地位是天生的，以及坚称男性占主导地位是女性不如男性的结果，来证明自己占主导地位是有道理的。此种认为女性不如男性的观念广为传播，以至于如今似乎是所有民族的一种普遍观念了。与此种偏见相关联的，就是男性心中存有一种不安感。这种不安感，很可能源自男性与母权制社会斗争的那个时代，因为当时女性是让男性感到焦虑的现实原因。在文学和历史领域，我们经常会碰到这种情况的迹象。有位拉丁语作家曾经如此写道："Mulieresthominisconfusio." 即"女人是让男人感到困惑的原因"。在神学辩论当中，人们经常讨论女人是否具有灵魂这个问题，而且还写下了许多关于女性是否真正算得上一个人这一问题的学术论文。迫害女巫、烧死女巫的那段时期曾经长达一个世纪，令人遗憾地见证了那个被人们欣然遗忘的时代中，人类在这个问题上犯下的错误、心中怀有的高度不确定性与困惑。

女人常常被人们认为是所有罪恶的源头，比如《圣经》中的原罪观念，或者在荷马所著的《伊利亚特》中都可看到。海伦的故事说明，一个女人能够让所有民族都陷入不幸之中。各个时代的传说与神话故事当中，都有女性道德低下、本性邪恶、虚伪、不忠和水性杨花的内容。"女人的愚蠢"甚至还曾在法律案件中被用来当作证据。与这些偏见相一致的，就是人们常常贬低女性的本领、勤劳与才能。所有的文学作品与各个民族所用的修辞手法、奇闻逸事、格言和笑话当中，全都充斥着贬低女性的言论。人们都指责女性恶毒、小气、愚蠢，以及诸如此类的东西。

　　有的时候，人们甚至还走极端，目的就是证明女性不如男性。支持这一论点的男性数量本已众多，比如斯特林堡、莫比乌斯、叔本华与魏宁格。而不少女性自甘顺从，认同女性不如男性，也使得持这一观点的人更多了。他们都是女性处于顺从地位这一观点的捍卫者。女性获得的报酬低于男性，而不管男女两性从事的工作是不是具有同等的价值这一事实，则进一步说明了人们贬低女性及女性劳动的态度。

　　在对智力测验和能力选拔的结果进行比较时，人们的确发现，对于某些特定的科目，比如数学，男孩子显得更具天赋，而女孩子则在其他一些科目上显得更具才能，比如语言。在一些能够让他们为日后从事男性化职业打好基础的学习方面，男孩子的确表现得比女孩子更具天赋，但这只是一种表面上的更具天赋罢了。倘若更加仔细地研究一下女孩子的情况，我们就会得知，女性不如男性有本领的这种说法，其实是一种明显的无稽之谈。

　　一个女孩子，每天都会听到女孩不如男孩有本领、女孩只适合干不重要工作的说法。那样一来，一个女孩子会坚定地相信女性命运不可更改，相信女性必然会悲惨地度过一生，并且会因为儿时缺乏培养而迟早切实相信自己没有本领，这一点就不奇怪了。由此而感到气馁之后，倘有机会，一个女孩子便会去接触那些"男性化的"职业，并且带着一种预先形成的判断，认为自己实际上并不一定要对这些职业感兴趣。就算具有此种兴趣，她很快也会失去这种兴趣，于是，其外部与内心两方面的心理准备就全都没有了。

在这种情况下，女性无能的证据似乎是站得住脚的。之所以如此，有两个原因。首先，我们常常是从纯粹的事业角度，或者是根据片面而纯粹的利己主义理由，来评判一个人的价值，因而这一事实让这种错误显得更加突出了。带着这样的偏见，就很难指望我们能够去理解一个人的行为与能力，究竟在多大程度上与其心理的成长相一致了。而这一点，又把我们引向了第二个主要的因素。正是由于有了这个因素，才出现了女性能力比男性低下的这种谬论。我们经常会忽视这样一种事实，那就是一个女孩子刚一出生就听得到一种偏见，这种偏见，完全旨在迫使她不再相信自身的价值，旨在破坏她的自信心，并且粉碎她去做任何有意义之事的希望。假如这种偏见不停地得到强化，假如一个女孩子一再看到女性被迫扮演卑微的角色，那么我们就不难理解，她为何会逐渐失去勇气，为何会无力再去面对自己应尽的义务，并且在解决自身人生问题时为何会退缩了。这样一来，她就真的是既无用又无能了。不过，假如我们接近一个人，逐渐破坏他在自身与社会之间那种关系上的自尊心，使他放弃日后有所成就的全部希望，削弱他的勇气，然后发现这个人真的再也成就不了任何事情，那么我们就不敢再坚称自己做得正确了，因为我们必须承认，这个人的所有痛苦，都是我们造成的。

在我们的文化当中，一个女孩子是非常容易丧失勇气与自信心的。不过事实上，有些智力测验却证明了这样一个很有意思的事实：一些14岁到18岁之间的女孩子，显得比其他所有人（包括男孩子在内）都更有天赋、更有能力。进一步的研究表明，这些女孩子全都出身于一类家庭。在这类家庭当中，母亲要么是唯一挣钱养家的人，要么起码也在养家糊口方面发挥着主要的作用。这就意味着，这些女孩子所处的家庭环境当中，并不存在女性能力较低的这种偏见，就算存在的话，程度也很轻。她们可以亲眼看到母亲的勤劳是如何获得回报的，结果，她们的成长就自由得多、独立得多，完全没有受到与女性能力低这种观念必然相随的种种约束的影响。

还有一种反驳这一偏见的观点，那就是有不少女性在不同的领域内，尤其是在文学、艺术、工艺和医药领域，都获得了诸多的成就。这些成就都价值斐然，足以与男性在这些领域内取得的成就相媲美。而且，也有许多的男性，他们非但没有获得任何成就，而且显得更加无能，因此我们可以轻而易举地找到同样多的证据（当然，这些证据也是错误的），来说明男性不如女性。

女性不如男性这种偏见导致的不幸结果之一，就是有些观念根据某种体系形成了尖锐的分化与归类，即"男性化"意味着有价值、强大有力、胜利、能干，而"女性化"则等同于顺从、卑微和低下。这种思维，已经在人类的思维过程当中变得根深蒂固，以至于在我们的文化里面，所有值得称颂的东西全都带上了"男性化"的色彩，而所有不那么重要，或者实际上还是受人轻视的东西，则全都被认为是"女性化的"。我们都知道，男人受到的最大侮辱，就是说他们娘娘腔，可要是我们说一个姑娘像男人，却不一定是在侮辱她。凡是谈到让人能够联想起女性的东西，我们的语调都会一沉，仿佛这些东西全都很低劣似的。

倘若仔细观察，那些似乎可以证明女性不如男性这一谬误观点的性格特质，就会证明它们自身其实不过都是心理成长受到了抑制的一种表现罢了。虽然并不认为自己可以把每一名儿童都培养成所谓的"天才"，但我们常常能够让每一名儿童都变成一个

"没有才干的"成年人。幸运的是，我们从来没有这样做过。然而，我们也明白，其他有一些人非常擅长于干这种事情。在我们这个年代，此种命运降临到女孩子身上的概率，会比降临到男孩子身上的概率大得多，这一点是很容易理解的。我们经常可以看到，这些"没有天赋的"儿童会在突然之间变得极具天赋，以至于可以称之为一种奇迹。

第四节　不做女人

　　身为男性所具有的明显优势，已经对女性的心理成长过程产生了严重的干扰，而其结果就是，女性几乎普遍都对自己的这种身份感到不满。女性精神生活的发展方式、所遵循的准则，与任何一个发现自己由于在形势发展过程当中处于劣势而带有强烈自卑感的人都差不多。由于身为女性而被认为低人一等的这种偏见，还导致了另一种更加恼人的复杂局面。假如许多女孩子都找到了某种心理补偿机制，那么她们就会把这一点归功于她们的性格形成，归功于她们的才智，有的时候还会归功于她们获得的某些特权。这种情况，完全说明了一种错误会导致出现其他错误的原因。这些特权，就是一些特殊的天命，就是不用去履行某些义务，就是种种奢华的条件。它们会带来一种表面上的优势，因为它们会激发出那种旨在让人们高度尊敬女性的东西。这种观点当中，可能带有某种程度的理想主义。但这种理想主义，最终往往都会变成男性为了男性的利益而想出来的一种理想。乔治·桑[1]曾

---

　　[1]　乔治·桑（GeorgeSand，1804—1876），法国著名小说家，是巴尔扎克时代最具风情、最另类的小说家，著有《安蒂亚娜》（1832）、《木工小史》（1840）、《魔沼》（1846）和《金色树林的美男子》（1858）等，提倡女性解放，被雨果称为"伟大的女性"和"民族的骄傲"。

经非常明确而中肯地描述过这一点，如此说道："女性之美德，完全是男性精心虚构出来的。"

一般来说，在与女性身份进行抗争的过程中，我们可以看出两种类型的女性来。第一种我们已经指出过，就是那种朝着一种积极主动、"男性化"的方向成长的女孩子。这种女孩子会变得异常精力充沛和野心勃勃，并且在不停地为争取人生奖励而奋斗着。这种女孩子会尽力去盖过自己的兄弟和男性同伴，会选择去做那些通常被认为首先属于男性特权的事情，会对体育及诸如此类的活动感兴趣。这种女孩子常常都会逃避一切爱情与婚姻关系。就算进入了这样一种关系当中，她也有可能因为努力超越自己的丈夫而破坏这种关系的和谐。她可能会极其讨厌做任何家务。她既有可能直截了当地公开表明自己的厌恶感，也有可能通过否认自己有做家务的本领而间接地表明这一点，并且会不停地给出证据，试图证明自己从未培养出做家务的才能来。

这就是试图利用一种"男性化的"反应来补偿持有男性化态度所导致的弊端的那一类女性。对女性身份持有抵触态度，就是这种女性整个身心的基础。这种女孩，已经被人们认定是"假小子""女强人""女汉子"，等等。然而，这种认定，却是建立在一种错误观念的基础之上。许多人都认为，这种女孩子身上有一种先天性的因素，即某种"男性化"的东西或分泌物，使得她们形成了这种"男性化"的态度。然而，人类的整个文明史却向我们表明，女性身上承受的压力，以及她们如今必须顺从的种种限制，却不是任何人应当去承担的。它们往往让人产生出反抗心理。就算如今这种反抗在我们所谓的"男性化"方向显示出来，其原因也完全在于人类只有两种性别角色。一个人必须按照两种原型之一，即要么是一种理想的女性原型，要么就是一种理想的男性原型，来为自己确定成长方向。因此，逃避女性这种身份之

后，就只能显得"男性化"了，并且反之亦然。这种情况，并不是
由某种神秘的分泌物导致的，而是因为在给定的时间和地点，不可
能出现其他的情况。我们决不能对一个女孩子在心理成长过程当
中所经历的种种困难视而不见。只要是无法保证每一名女性都与
男性绝对平等，那么我们就不能要求女性去完全顺应人生、去顺
应人类文明的种种事实，并且去顺应人类社会生活的各种形式。

　　用逆来顺受的态度度过人生，并且表现出一种几乎令人难以
置信的适应能力、顺从和谦卑心态的女性，则属于第二种类型。
从表面上来看，这种女性什么地方都能适应，不管在哪个地方都
能站稳脚跟。可实际上，这种女性却会极其愚笨、无能为力，因
此完全会一事无成。这种女性可能出现神经方面的症状，这些症
状会助长她的软弱感，说明她需要别人的关照。并且，她会因此
而清楚地表明，自己接受的培养、受到的人生虐待经常是如何伴
随着神经疾病，从而使得她完全不适应社会生活的。她原本属于
世界上最好的人，可惜的是，她却生病了，从而无力令人满意地
去应对生存的挑战。任何时候，周围的人都无法让她感到满意。
她的顺从、她的谦卑和她的自我压抑，其实都是建立在与第一类
女性相同的那种反抗心理之上，那种反抗非常清楚地表明："这
绝不是一种幸福的人生！"

　　并不反感自己的女性身份，而是认同这一身份，并且痛苦地
认识到自己注定会低人一等、注定要在人生当中扮演一种顺从角
色的女性，则属于第三种类型。这种女性完全相信女人不如男
人，并且确信只有男人才被要求去干那些人生大事。因此，这种
女性会认可男性的特权地位。这样一来，这种女性会人云亦云，
附和那些颂扬男人都是实干家和成功者的说法，并且要求给予男
人特殊的地位。这种女性会清楚地显示出自己的软弱感来，就好
像她希望这种软弱感获得别人认可，并且因为这种软弱感而要求

获得额外的扶持一样；不过，这种态度，其实却是一场准备已久的反抗的开始。通过报复性的行为，这种女性会把婚姻关系当中的种种责任都转嫁到丈夫身上，并且用一种轻轻松松的口头禅，相当于是在说："只有男人才能干这些事情。"

虽说人们认为女性不如男性，可教育孩子的事情，却大部分都落到了女人的身上。现在，我们不妨想象一下三类女性在履行这一最重要、最艰难的使命时的情况。在这种关键时刻，我们甚至可以把这三类人分得更加清楚。第一类女性，即持有"男性化"态度的女性，会专制得很，会喜欢惩罚，因而会给孩子带来巨大的压力，而她们的孩子自然也会尽力去逃避此种压力的。如果这种教育有效果，那么可能出现的最佳结果，也是一种毫无意义的军事化训练。儿童通常都认为，这种类型的母亲教育方法都很糟糕。大声嚷嚷和一点事情就大惊小怪，往往都会产生不好的作用，并且还会出现一种危险，使得女孩子会受到教唆，去模仿母亲，而男孩子则会对日后的人生感到害怕。我们会发现，在这种母亲的左右之下成长起来的那些男性当中，有许多人都会尽可能地避开女性，仿佛他们的心中都充满了怨恨，对女性无法产生出任何信任感似的。由此而来的后果，便是两性之间的疏远与隔离。我们完全能够理解这种异常状况，尽管事实上仍有一些研究人员在谈论"阴阳失调"的问题。

其他两类女性，在教育方面也没有多大的用处。她们可能会疑虑重重，从而使得孩子们很快就会发现她们没有自信心，并且逐渐压制住她们。在此种情形下，母亲会重新做出努力，会唠叨和责骂，并且威胁说要告诉父亲。可她需要一名男性来承担教育义务这一事实，却再次暴露了她的弱点，并且表明她不相信自己能够在教育孩子这方面获得成功。她逃离了教育问题的前线，仿佛自己有义务去证明自己的那种观点，即只有男人才有能耐，并且因此而在教育孩子方面责无旁贷似的。这种女性可能还会全然逃避所有的教育义务，把所有的责任全都转嫁给自己的丈夫和家庭教师，并且还会毫无内疚之心，因为她们觉得自己无力获得任何成功。

在一些因为某些所谓"更高尚的"理由而逃避人生的姑娘身上，这种对自身女性身份不满的现象甚至表现得更加明显。修女，或者其他从事某种必须独身的职业的女性，就是恰当的例子。她们不愿甘为女性的心理，在这种姿态当中表现得非常明显。同样，许多姑娘很小的时候就开始去上班，原因就在于，她们觉得与就业结合在一起的独立自主，似乎就是保护她们不会受到必须结婚成家这一威胁的手段。在这一点上，她们的动力，也是厌恶自己身为女性的心态。

而在那些已经结婚成家，人们觉得其中的女性都是自愿承担起女性应有作用的那些例子当中，情形又是如何呢？我们都知道，结婚并不一定意味着一位姑娘已经甘心身为女性。一名时年36岁的女性，就是这种情况的一个典型例子。她来看医生，诉说自己患有多种神经疾病。她曾是家中的长女，父亲年纪大了，而母亲则非常专横跋扈。她的母亲原本是一位非常漂亮的年轻姑娘，却嫁给了一个年纪很大的男人，这个事实就会让我们禁不住去怀疑，在她父母的婚姻当中，母亲厌恶自己身为女性这一点可能产生了一定的影响。最终表明，她父母之间的婚姻并不幸福。母亲在家里说了算，整天叫叫嚷嚷，并且坚持不惜一切代价来实现自己的意志，完全不管其他家人高不高兴。一有机会，年纪很大的丈夫就会被逼得走投无路。这位女儿还说，母亲甚至不允许父亲躺在沙发上休息。母亲的所有做法，全都在于维护她自己认为值得去实施的某些"家庭经济原则"。这些东西对于整个家庭来说，就是一种绝对的规矩。

　　我们的这位患者，在成长过程中一直都是一个非常能干的孩子，很受父亲的宠爱。而另一方面，母亲却从来都没有对她满意过，并且总是与她作对。后来，等到母亲喜欢得多的一个弟弟出生之后，母女之间的关系便变得令人难以忍受了。这个小姑娘认识到，自己可以得到父亲的支持，不管在其他事情上如何谦卑和不管不问，只要是女儿的利益受到了威胁，父亲就会奋起捍卫。于是，她便开始真真切切地恨起自己的母亲来了。

　　在这场旷日持久的冲突当中，母亲的洁癖便成了女儿最喜欢拿来攻击她的事情。母亲在洁净方面一丝不苟，甚至不允许女仆拧过门把手后不去擦拭。女儿便尽可能地全身脏兮兮、衣衫不整地到处跑，并且一有机会就把家里弄脏，把这当成了一种特别快乐的事情。

　　她形成的性格特点，全都与母亲所希望的正好相反。这一事实，非常明显地与任何遗传的性格相反。假如一名儿童形成的性格特质全都属于必定会让母亲气得要命的性格，那么，其中要么存在着一种有意的计划，要么就是存在着一种无意识的计划。这对母女之间的厌恶一直持续到目前，成了一种更加激烈的交战，令人无法想象。

　　这个小姑娘长到8岁时，仍然存在着下面这种情况。父亲永远都站在女儿一边，母亲则整天耷拉着脸，说着尖刻的话语，实行着自己的"规矩"，并且责骂这个小姑娘。这个小姑娘呢，由于既愤恨，又好斗，因此便利用了一种不正常的冷嘲热讽，来打击母亲的做法。还有一个复杂的因素，那就是她的弟弟患有瓣膜性心脏病，而弟弟又是母亲最喜欢并且溺爱无比的孩子，他用自己的疾病独占了母亲的关注，甚至达到了更加严重的程度。我们可以看出，父母对待孩子的做法总是不起作用。这个小姑娘，正是在这种处境之下长大的。

　　接下来，小姑娘生病了，患上了一种谁也说不清的神经疾病。她的病，在于事实上她一直都被自己针对母亲的种种邪恶想法折磨着。而之所以如此，是因为她觉得自己的所有行为全都受到了牵制。最后，她便深深地、突如其来地沉迷上了宗教，只是后来并没有完全沉迷进去。过了一段时间之后，这些邪恶的想法便消失了。之所以消失，是某种药物或者别的东西起了作用，尽管十有八九是因为她的母亲被迫采取了守势。可她极其害怕打雷、闪电，却说明她的心中仍然留着此种邪恶想法的残余。

　　小姑娘相信，打雷与闪电完全是她良心不好的结果，并且终有一日，还会因为她有这样邪恶的想法而把她劈死。我们可以看出，小姑娘此时正在努力摆脱对母亲的憎恨。随着孩子的进一步成长，一种光明的前景似乎正在诱惑着她。有位老师曾经这样评价她说："这个小姑娘只要想做，什么都做得到！"这对她产生了很大的影响。这句话本身并不重要，可对于这个小姑娘来说，它却意味着："只要愿意，我就能有所成就。"因此，随着这种领悟而来的，就成了与她的母亲进行更加激烈的抗争。

　　进入青春期之后，她长成了一位非常漂亮的年轻女子，到了适婚年龄，并且有许多的追求者。可是，所有可能确立恋爱关系的机会，全都因为她说起话来尤其尖刻而告吹了。她觉得自己只受到了一个人的吸引，那是一个住在她家附近的、年龄很大的男人，因此大家全都担心她有朝一日真的会嫁给那个人。可过了一段时间之后，那个人搬走了，而这位姑娘却直到26岁仍然没有人来求婚。后来她搬了家，在她所处的那个社交圈子里，她的这种情况非常值得注意，可没有人说得清为什么，因为没人了解她的过去。在儿时起就与母亲进行的那场痛苦的抗争当中，她已经变得非常喜欢与人争吵，简直令人受不了。挑起战争，就是她的胜利。母亲的做法不断地激怒这个孩子，使得她不停地去寻求新的胜利。挑起激烈的言语争吵，就是最令她觉得快乐的事情。用这种方式，她表现出了自己的虚荣之心。她那种"男性化"的态度也表达了出来，因为只有在能够吵过对方的时候，她才会想去挑起这样的言语争斗。

26岁那一年，她结交了一名非常可敬的男子。他没有任由自己被她那种咄咄逼人的性格所拒绝，而是非常真诚地向她求爱。在这样做的时候，他显得非常谦逊和温柔。亲戚朋友为了让她嫁给这个男人而不断地向她施压，使得她一遍又一遍地解释说，他很令她不喜欢，因此无法想象出嫁给他后会是个什么样子。了解到她的性格之后，我们就不难理解这一点了。可坚持了两年之后，她最终还是接受了他，并且深信自己已经让他变成了一个奴隶，可以对他为所欲为。她曾经抱有一种希望，以为在他身上能够找到自己父亲的影子，以为不管她想要什么，他都会由着她来。

很快，她便认识到自己犯了一个错误。结婚刚没几天，有一次丈夫坐在房间里抽烟，同时惬意地看着报纸。每天早上，他都会离家去办公室上班，然后准时回家吃饭，要是饭菜没有准备好的话，他就会咕哝几句。他要求家里整洁干净，要求妻子温柔贤惠，要求准时。而这一切，却全都是她并未做好心理准备去履行、因而显得不公平的要求。夫妻二人之间的关系，其实与她曾经经历过的、与父亲之间的那种关系并非全然没有相似之处。她从所有的梦想当中清醒过来了。她要求得越多，丈夫任由她为所欲为的可能性就越小，而丈夫越向她表明她在家里的身份，看到她去做家务的情况也就越少。她每天都不失时机地提醒说，他实际上没有权力要求她去做这些，因为她已经明确地告诉过他，说自己不喜欢他。可这一点完全没有对他产生影响。他继续无动于衷地提出要求，使得她觉得自己未来的前景是不会幸福的。这个正直、本分的男人是在一种陶醉于谦逊的心态中向她求的婚，可一旦追到手，他的这种心态就没有了。

　　他们夫妻之间不和谐的局面并未改变，她却当上了母亲。她不得不承担起了许多新的义务。与此同时，她与自己母亲之间的关系继续每况愈下，因为母亲竭力替女婿辩解。她家里争吵不断，火药味十足，难怪她的丈夫偶尔也会粗暴、冒失，难怪这位女性偶尔也会抱怨。丈夫的行为，是她这个人难以相处的直接结果，而她的难以相处，又是她不甘愿身为女性的结果。她起初曾经以为自己能够永远扮演女皇的角色，以为自己能够在身边总有一个按照她的所有心愿去做的奴隶的情况下度过一生。只有在这种情况下，她才有可能生活下去。

　　如今她该怎么办呢？她该与丈夫离婚、回到娘家并宣布自己被人打败了吗？她无法独立生活，因为她从未做好独立生活的心理准备。离婚，对她的傲气与虚荣心来说，将是一种耻辱。人生对她来说是痛苦的：一方面，丈夫指责她；而另一方面，母亲又在一边虎视眈眈，唠唠叨叨地要求整洁与秩序。

　　可在突然之间，她也变得爱好干净、爱好秩序了。她整天都在刷洗、擦拭和整理。看上去，她仿佛是已经恍然大悟，并且听从了母亲这么多年灌输给她的那些说教似的。一开始的时候，看到这位年轻女士清空和整理衣柜、橱柜和壁橱，她的母亲一定非常欣慰，而她的丈夫对这种突然转变的形势也一定高兴得很。不过，一个人是有可能把这种事情做得过头的。她长时间洗刷和擦拭，以至于家里没有一件衣物未经洗涤，而她的热情如此明显，因此家里的每个人都会打扰到她正在做的事情。假如她洗了一件衣物，然后别人摸了一下这件衣物，那么她就不得不再洗一遍。并且，只有她才能去洗第二遍。

　　在她不停地洗刷和整理当中表现出来的这种疾病，在一些女性当中极其常见。这些女性都逞强好胜，不甘心为女性，并且试图用这种方式，通过她们在干净整洁方面的完美德行，来让自己胜过那些洗刷得不那么经常的女性。所有这些努力，目的都是无意识地把整个家里弄得乱七八糟。其他家庭当中，少有几家会比这位女士的家里更加杂乱无序。她的目的不是整洁，而是让整个家里变得混乱不堪！

我们能够举出很多的例子，来说明其中的女性都只是表面上认同自己的女性身份。我们的这位患者没有女性朋友、无法与他人相处并且不知道顾及别人感受的事实，非常符合我们可以料想到的、她在人生当中的那种行为模式。

在将来，我们必须设计出更好的方法来教育女孩子，以便她们做好更充分的心理准备去顺应人生。即便是在最有利的情况下，偶尔也存在不可能达到此种顺应生活的情况，比如说这个例子中的情形就是这样。尽管任何一个具有真正的心理洞察力的人都会否认，但在我们这个时代，法律和传统事实上却仍然坚持着那种所谓女性低人一等的观念。因此，我们必须小心警惕，辨认出并对全社会在这种错误做法方面使用的所有手段进行反击。我们之所以必须开始这场战争，并不是因为我们对女性具有某种病态性地夸大了的尊重之心，而是因为这种荒谬的态度否定了我们整个社会生活的逻辑性。

我们不妨趁着这个机会，来讨论一下人们经常用来贬低女性的另一种关系，就是所谓的"危险年龄"，即50岁左右的那个时期，女性的某些性格特点在此期间会得到强化。生理变化会向一名处在更年期的女性表明，一个痛苦的时期已经到来。在这一时期，她必须永远失去自己在人生过程当中费尽辛苦才积累起来的那种微不足道、表面上的重要性了。在这种情况下，她会加倍努力地去寻找有助于维护自身地位的任何手段，因为她的地位如今变得比以前更加岌岌可危了。人类文明由一种原则支配着，在这种原则当中，人们只会根据当前的成就去评价一个人的价值。每一个衰老的人，尤其是一名正在变老的女性，都会在此时经历种种困难。通过彻底削弱一名正在衰老的女性的价值而对她造成的那种伤害，会影响到每一个人，因为我们没法在壮年时期就一天一天地把各自的价值算出来。在一个人的能力与事业必然受到削弱的老年时期，我们也必须考虑到他在事业处于巅峰时获得的那些成就。只是因为一个人老了，就把这个人完全排除在全社会的精神与物质关系之外，这样做是不公平的。倘若身为女性，这种做法实际上等同于贬低与奴役。想象一下，一位正处在青春期的姑娘想到自己将来人生当中的这个时期，会是什么样的一番情景吧。女性身份并不会在50岁那一年结束。一个人的荣誉与价值不会改变，会持续到这个年纪之后。而这一点，必须得到确保才行。

第五节　两性之间的紧张关系

　　所有这些不幸的表现形式，全都建立在人类文明当中种种错误的基础之上。倘若人类的文明是以持有一种偏见为特点，那么这种偏见就会延伸和触及那种文明的每一个方面，并且在其每一种表现形式当中都看得出来。女性低人一等这种谬论及其必然的结论，即男性高人一等的观点，始终都会干扰到两性之间的和谐关系。结果，所有性爱关系当中便产生出了一种异常紧张的状态，从而会威胁到、并且常常会彻底毁掉两性之间每一次获得幸福的机会。我们的整个爱情生活，都会遭到这种紧张状态的破坏、扭曲和腐蚀。这就解释了一个人为什么很少看到和谐的婚姻，以及许多孩子在成长的过程当中都觉得婚姻是一件极其困难和危险之事的原因。

我们在前文中所述的那些成见，会在很大程度上妨碍儿童去充分理解人生。想一想，有许多的年轻姑娘都认为，婚姻只是一种逃离生活的紧急出口，并且想一想，有些男人和女人把婚姻看成是一件不愿却又无法避免的事情。最初由两性之间这种紧张关系所导致的种种问题，如今已经占据了人生问题的极大比例。它们变得越来越困难了。一位姑娘养成了逃避社会强迫她去承担的那种性别角色的性格倾向越明显，那么对于男性来说，尽管这样做不合逻辑，他们渴望扮演特权角色的心理就会越强烈。

志同道合是真正认同性别角色和两性之间达到真正平衡的一种特征指标。在两性关系当中，倘若一个人屈从于另一个人，这种情况就像是国与国之间的关系一样，是无法令人忍受的。每个人都应当非常用心地来考虑一下这个问题，因为由双方错误态度所导致的问题，将会相当严重。这是我们人生当中一个非常广泛和重要的方面，涉及我们当中的每一个人。在我们这个时代，由于儿童被迫形成了一种贬低和忽视异性的行为模式，因此这种情况还变得越来越复杂了。

一种平和的教育，自然是能够克服这些难题的。不过，我们这个时代的生活节奏匆忙，缺乏经过了真正证明和检验的教育方法，尤其是我们整个人生的竞争性质甚至触及了幼儿园，这些方面全都太过仓促地决定了我们在日后人生当中的那些性格倾向。那种使得许多人都不敢去接受任何一种爱情关系的害怕心理，在很大程度上都是一种无益的压力导致的。这种压力，会迫使每一名男性在任何情况下都证明自己具有男子汉气概，哪怕是他必须通过不忠、恶毒或者武力手段去加以证明。

这种情况，会破坏爱情关系当中所有的坦率与信任，这一点是不言而喻的。唐·璜（西班牙家喻户晓的传说人物，以英俊潇洒风流著称，一生中周旋在无数贵族妇女之间，在文学作品中多被用作"情圣"的代名词）就是一个对自己是否具有男子汉气概心存疑虑的人，因此他在征服的过程中，一直都在不停地寻找更多的证据来证明这一点。两性之间普遍存在的不信任感，妨碍到了双方的坦诚，结果就会危及整个人类。那种夸张的男性化理想，意味着永远都有挑战，永远都有刺激，永远都不得安宁，而它们导致的结果，自然也只是虚荣与自我充实，以及维护自身那种"特权"的态度。所有这些方面，自然也是与一种健康的共同生活背道而驰的。我们并没有理由，去反对妇女解放运动以前想要实现的那些目标。我们的责任，就是支持女性努力去获得自由与平等，因为最终来看，整个人类的幸福，取决于达到一名女性能够认同自己的女性身份这个条件，就像一名男性恰当地解决他与女性之间的关系这一问题的可能性，同样也取决于这个条件一样。

第六节　改革尝试

在人类为了改善两性关系而形成的所有制度当中，男女同校是最重要的一种办法。然而，这种制度却还没有得到人们的普遍认可。有人反对，也有人支持。支持者最为有力的观点就是，通过男女同校，两性就有早日相互熟悉的机会。而通过这种熟悉，我们就可以在一定程度上防止人们形成种种错误的偏见，防止这些偏见导致灾难性的后果。反对者通常都会反驳说，到上学的时候，男孩子与女孩子之间的差异已经非常巨大，而男女同校只会强化这些差异，因为男孩子们会觉得自己承受着种种压力。之所以如此，是因为在上学期间，女孩子的智力发育要比男孩子更快。这些男孩子由于必须实行自己的特权，并且必须证明自己更

能干，所以必定会在突然之间认识到，他们具有的特权只是一个
肥皂泡，在现实当中会轻而易举地破裂。还有一些研究人员则认
为，实施男女同校，男孩子便会在女孩子面前感到紧张，从而失
去自尊心。

　　无疑，这些观点当中都存在某种程度的正确性。不过，只有
我们是从两性之间为了争夺更有天赋、更能干这种奖赏而存在竞
争的意义上来看待男女同校制度时，这些观点才站得住脚。假如
老师和学生都是这样来看待男女同校教育的话，那么，这就是一
种有害无益的信条。倘若找不到对男女同校教育制度持有一种更
好见解的老师，即认为同校教育是为日后两性在共同使命当中进
行合作而进行的一种训练与准备的老师，那么，我们在男女同校
教育制度方面的每一种尝试，必然都会失败。而反对者在这种失
败当中看到的，则只会是证实他们的观点全都正确的东西。

　　我们需要诗人那样的创造力，才能充分地描述出这种情况的
全貌。我们只需指出其中的主要之处，必定就会感到满足了。一
个处于青春期的姑娘，一举一动都会显得自己好像不如男性似
的，而我们在前面所述的那种生理缺陷补偿机制，同样也适用于
这种姑娘。二者之间的区别就在于：这种认为自己不如男性的观
念，是一个姑娘所处的环境强加给她的。她受到环境的引导，无
可挽回地形成了这样一种行为模式，以至于一些极具心理洞察力
的研究人员，都会时不时地误认为这种女孩子真的低人一等。此
种谬误所导致的普遍结果就是，男女两性最终都会陷入通往获得
政治威望的那条泥泞道路中，并且每个人都想尽办法，去扮演一
个并不适合于自己的角色。结果会怎样呢？男女两性的人生都会
变得非常复杂，他们的关系当中不会再有一点儿坦诚，他们的心
中会充斥着错误的观点与偏见，并且眼睁睁地看着所有的幸福和
希望在他们的面前消失得无影无踪。

第八章　家庭系统排列[1]

　　我们通常都会注意到一个事实，那就是在评判一个人之前，我们必须先了解这个人的成长处境。其中有一个重要的因素，就是一名儿童在其家庭系统排列当中所处的位置。获得了充分的专业知识之后，我们往往能够根据这种观点来对人类进行分类，并且能够看出一个人究竟是家中的长子长女、独生子女还是最小的孩子，等等。

　　人们似乎早已了解到，家中最小的孩子通常都属于一种特殊类型的人。无数的神话故事、传奇和《圣经》故事都证明了这一点。这些故事当中，对家中幼子的描述往往都是一模一样的。事实上，这种孩子的成长处境与其他所有人都大不相同，因为对于父母来说，幼子都很独特，而作为幼子，父母对待他时也会尤其关切。这种孩子非但年纪最小，个子往往也是最小的，因此最需要父母的照顾。在这种孩子还柔弱不堪的时候，哥哥姐姐们都已经获得了一定的独立性与发育程度。正是这个原因，幼子往往都是在一种更加温馨的环境当中长大的，而其他孩子经历过的成长

―――――――――

　　[1]　家庭系统排列（thefamilyconstellation），心理咨询与治疗领域里的一种治疗方法和术语，由德国心理治疗大师伯特·海灵格（BertHellinger）研究发展起来的，主要是通过现象学探究问题的引发根源，呈现隐藏在现实背后的影响因素。

氛围，则没有这么温馨。

因此，这种儿童会形成许多的性格特点，它们会用一种与众不同的方式，影响到这种孩子的人生观，并且使得这种孩子形成一种与众不同的人格。我们必须注意，有一种情况似乎与我们的理论相矛盾。没有哪一名儿童，甘愿去当个子最小、别人总是不信任、总是没自信的孩子。此种认知，会刺激一名儿童去证明自己什么都能干。这种儿童的权力追求会变得异常显著，而我们也发现，幼子日后往往都会变成一个渴望着去征服其他所有人，并且只有自己做到出类拔萃才会感到满足的人。

这种类型的人并不罕见。有一群由这类幼子所组成的人，他们会盖过家庭当中其他所有的成员，变成家庭当中最有能力的人。不过，也是在这种幼子当中，还有一群没有那么幸运的人。这些人虽然也渴望着出类拔萃，却没有主动性与自信心，而这种情况，又是他们与哥哥姐姐之间的关系造成的。假如无法超过哥哥姐姐们，这种幼子往往便会厌恶和逃避自己应当承担的任务，变得胆小起来，变成一个长期牢骚不断的人，永远都在寻找借口来逃避自己的义务。这种人并不是变得没那么野心勃勃了，而是形成了这样的一种抱负：这种抱负会迫使他找出借口来摆脱种种处境，到超出必需的人生问题范畴之外的活动中去实现自己的抱负，从而让他最终可以尽可能地逃避实际检验其能力所带来的危险。

无疑，许多读者可能都已想到，家中幼子会表现得好像受到了忽视，并且内心好像怀有一种自卑感似的。在研究当中，我们始终都可以看到这种自卑感，也能够根据此种令人苦恼的情感，推断出一个人心理成长的特点与方式来。从这种意义来说，幼子就像是一名出生时生理器官就不健全的儿童。一名儿童感受到的，不一定是实际情况。现实情况如何，一个人是不是真的不如别人，这一点并不重要。重要的是孩子对自身所处境况的诠释。我们都很清楚，儿童时期非常容易犯下错误。在那个时期，一名儿童会面临着诸多的问题，面临着诸多的可能性，也面临着诸多的后果。

那么，我们又该怎样来教育这种孩子呢？承担教育责任的人，该不该通过鼓励孩子的虚荣心而把其他的刺激因素强加给这种孩子呢？我们该不该不断地把这种儿童推到聚光灯下，使得他总当第一呢？这样做，其实就是对人生的挑战做出了一种软弱无力的回应。经验已经告诉我们，一个人究竟是不是第一，其实不太重要。我们最好还是往相反的方向夸张一点儿，说当不当第一或者当不当最优秀的人，根本就不重要。其实，我们已经厌烦了只有第一和最优秀者的这种状况。历史和经验都已表明，幸福并不在于位居第一或者是当最优秀的人。把永争第一或争当最优秀的人这种原则教给孩子，会让孩子变得思想褊狭。而最主要的，则会让儿童丧失了成为一个善良同胞的可能性。

此种信条的第一个后果，就是一名儿童只会想着自己，并且一门心思想知道，是不是有人会超过他。这种儿童的心中，会产生出对同伴的忌妒与厌恶感，以及对自身所处地位的焦虑感来。幼子在人生当中所处的位置，会让他变成一个快速行动的人，试图去打败其他所有的人。他的所有行为，尤其是一些小动作，都会暴露出其内心深处像是有一个速度比赛选手，像是有一个马拉松选手似的。在那些还没有学会在这种人所有的关系当中判断出其精神生活的人看来，这些小动作都并不明显。比如，有些儿童总是走在队伍的最前头，不能容忍有人走在自己的前面。持有这样一种赛跑的态度，正是许多儿童的特点。

人们偶尔也会发现，这种身为幼子的儿童是一种轮廓鲜明的典型，尽管这种类型普遍具有各种各样的变化形式。在身为幼子的人当中，我们会看到许多积极进取和能力非凡的人，他们获得了巨大的成功，从而成了挽救整个家族的人。想一想《圣经》故事当中的约瑟吧。这个故事，精彩地说明了幼子的情况。这就仿佛是过去已经全部掌握了所有证据，有意而又非常清楚地告诉过我们这一点似的。而如今我们去获得这种证据，却会费力得很。数个世纪以来，许多珍贵的资料都已遗失，而我们如今则必须努力再去找出这些资料才行。

我们常常还会看到紧随着第一类儿童而来的另一种类型。想象一下，那位"马拉松选手"在半路上突然碰到了障碍，而他又不相信自己能够越过这道障碍时的情形吧。他会绕道而行，试图避开这个障碍。这种类型的幼子失去了勇气之后，就会变成一个最彻底的胆小鬼，我们完全想象得出他的样子。我们会发现，这种类型的儿童完全不会一马当先，任何工作似乎都力所不及，会变成一个货真价实的"借口大师"。他不会去尝试任何有益的事情，而是把所有精力都放在浪费时间之上。碰到任何一种现实的冲突之后，这种人总是会失败。我们通常都会看到，这种人会精心寻找一种活动领域，其中不可能出现任何的竞争。他总会为自己的失败找出理由来。他可能会说，自己太过弱小或者曾经受到了溺爱，或者说自己的哥哥姐姐不准他成长。倘若确实患有生理缺陷，那么这种人的命运就会更加不幸。在这种情况下，他们自然就更加会利用自己的弱点来证明其逃避是正当的了。

这两种类型的人，可以说都不是优秀的人类同胞。第一类人，在一个重视竞争本身的世界里会过更好一点。这种类型的人，只有以牺牲他人为代价，才会维持好自己的心理平衡。而第二类人，却会终生陷入自己低人一等这种压抑感之中，并且深受无法适应人生之苦。

家庭中的长子长女，也具有明确的特点。一方面，这种儿童具有优势，因为他们拥有一种适合于其精神生活成长的优越地位。历史已经表明，长子长女都具有一种特别有利的处境。但在许多的民族当中，在许多的阶层当中，这种有利地位都遇到了诸多严重的问题。

比如说，在欧洲的农民当中，家里的长子无疑在很小的时候就明白了自己的地位，并且认识到有朝一日自己将接管农场，所以会发现自己的处境要比家中其他的孩子有利得多，因为其他的孩子都明白，自己将来是必须离开父亲的农场的。而在其他的社会阶层当中，人们也经常认为，家里的长子有朝一日定会成为全家的顶梁柱。就算是在此种传统实际上并未成型的地方，比如说在那些初级资产阶级或者无产阶级家庭里，长子往往也是获得了权力和常识来帮助父母、当父母帮手的人。我们可以猜想，对于一名儿童来说，能够始终受到所处环境的信任去承担种种义务，这种情况是多么的重要。我们想象得出，这种儿童的思维过程有点儿像是这样的："你是个子更大、力气更强和年龄更大的孩子，因此必定也会比其他孩子更加聪明。"

假如此种儿童朝着这个方向的成长过程没有受到干扰的话，那么我们就会看到，他们身上会具有维护法律与秩序的性格特质。这种人尤其重视权力。这一点，非但延伸到了他们的个人力量上，还会影响到他们对广义的权力概念的评价。对于家中的长子来说，权力完全是一种不言自明的东西，是一种很有分量、必须得到尊重的东西。这种人都属于明显地谨慎守旧的人，这一点就不令人惊讶了。

家中第二个孩子对权力的追求，也具有其特别的微妙之处。次子始终都在全力以赴，始终都在压力之下追求优势。决定了他们人生活力的那种赛跑式态度，在他们的一举一动当中都非常明显。有人走在他们前面，并且已经获得了权力，这一事实对于家中的次子来说，就是一种强大有力的刺激因素。假如能够让这种儿童逐渐获得权力，并且开始与家里的长子进行抗争，那么他们通常都会带着满腔的热情勇往直前。而长子由于已经具有了权力，因此会觉得自己相对比较安全，直到次子有可能超过他们，威胁到了这种安全感。

这种情况，在《圣经》里关于以扫与雅各的传奇当中，也用一种非常生动、形象的方式描述出来了。在这个故事当中，兄弟间的争斗毫不留情地进行着，但他们争夺的并不是实实在在的权力，而是表面上的权力。在这种情形下，争斗始终都会带着某种强迫性的冲动进行下去，直到次子实现目标、打败长子，或者是次子输了、开始退避，而这种退避，常常又是用患上神经疾病的形式表现出来的。家中次子的态度，与贫困阶层的忌妒之心相类似。其中的主要基调，就是他们受到了冷落与忽视。次子可能会为自己定下一个极高的目标，从而非但终生都受其所累，还会因为遵循的并非真正的人生现实、却是一种昙花一现的谎言和事物毫无价值的表象，而彻底破坏自己内心的和谐。

家中的独子，自然会发现自己的处境非常特殊。独子完全由身边之人对他的教育方式所掌控。可以说，此种儿童的父母在这个问题上根本就没有选择。他们会把自己全部的教育热情，都集中到独子身上。独子则会变得极其具有依赖性，总是等着有人来给他指路，并且时时刻刻都在寻求别人的支持。独生子女一生都深受父母溺爱，已经过惯了没有任何困难的生活，因为总是有人替他们解决成长道路上的种种问题。由于一直都是家人关注的焦点，因此独生子女会非常容易形成这样一种感觉，那就是他们真的很重要。由于所处位置如此不利，因此在这种情况下，独子形成种种错误的态度，几乎就是不可避免的一件事情了。假如父母理解独生子女处境的危险性，那么诚然是可以防止子女出现诸多错误态度的。可即便是在最乐观的情况下，这也仍然是一个难题。

　　"独生"子女的父母通常都异常谨慎，通常都是一些认为自己以前的人生就是一种极大的危险，因而在对待孩子时都过度担心的人。反过来，孩子则会把他们的这种关注与劝诫，理解成一种额外的压力来源。父母对孩子身心健康的时时关注，最终会使得孩子认为，整个世界就是一个非常不友好的地方。孩子心中会产生出一种持久的、对困难的畏惧心理，还会用一种不熟练的、笨拙的方式去应对这些困难，因为他们以前都只体验过人生当中那些令人愉快的东西。这种儿童难以去进行每一种独立的活动，因此迟早会变得无益于人生。他们会在人生当中遭遇种种失败，这是完全可以料想得到的。他们在人生当中就像是一种寄生虫，虽然无所事事，却在享受着人生，而由全世界其他的人来满足他们的需求。

　　可能也会出多种不同的组合性情况，即是同一性别的几个兄弟或者姐妹之间相互进行竞争。因此，判定任何一种情形都会变得极其困难。家里只有一个男孩，其余都是女孩的情况，就是一个恰当的例子。在这样的家庭当中，女性的影响占主导地位，而唯一的男孩子则被推到了不显著的地位。倘若唯一的男孩子还属于幼子的话，则会尤其如此，他会认为自己受到了一群排斥他的女性的对抗。他那种获得大家认可的追求，会遇到极大的困难。由于四面八方都是威胁，因此这种人从来都不会确切地感受到我们这种发展迟缓的文明赋予每个男性的那种优势。于是，一种持久的不安全感、一种无法判断自己作为一个人具有何种价值的无能感，就是这种人最典型的性格特质。这种人可能会因为受到了身边女性的恐吓，从而认为身为男性就等于占有了一种不那么可敬的地位。一方面，他的勇气与自信心可能很容易消失，而另一方面，这种刺激可能会极其剧烈，从而使得这个小男孩迫使自己去获得巨大的成就。这两种情况，全都起源于同一种处境。这种男孩子的最终结局，取决于其他一些伴随性的和密切相关的现象。

因此，我们便可以看出，儿童在家庭当中所处的位置，可以给儿童一出生就带到人世间来的所有直觉、性格取向和官能等赋予形式与色彩。这一论断，使得那些认为某些特殊性格或者天赋具有遗传性的理论没有了任何价值。这些理论，对我们在教育方面的所有努力都是极其有害的。无疑，在有些情形中可能看得出遗传性影响的作用，比如说，一名儿童虽说是完全脱离父母长大的，却也会形成某些类似的"家族性"特质。倘若我们还记得，某些类型的错误成长与儿童身体具有某些遗传性的生理缺陷密切相关，那么这一点就要容易理解得多了。假定有这样一名儿童，他一出生就身体虚弱，而这一点，反过来又会导致他在面对人生与其所处环境提出的种种要求时更加感到紧张。如果他的父亲出生时也带有类似的生理缺陷，并且用一种类似的紧张心态来面对世界，那么，这名儿童成长过程中出现类似的错误、形成类似的性格特质，就是不足为怪的了。从这个角度来看，我们就会看出，认为习得性的性格特点具有遗传性的这种理论，是建立在非常脆弱的证据基础之上的。

根据前文所述，我们可以假定，不论一名儿童在成长过程中容易受到何种错误的影响，那些最严重的后果，其实都源自于他渴望把自己抬高得盖过所有同伴、寻求更多会让他获得优势来超越同伴的个人权力的那种心态。在我们的文化当中，这种儿童实际上是被迫按照一种固定的模式成长起来的。假如希望不再出现这样一种有害无益的成长，我们就必须了解这种儿童必然会碰到的那些困难，并且彻底理解这些困难。有一种根本性的观点，会帮助我们去克服这些困难，这种观点，就是培养社会感的观点。假如这种培养获得了成功，那么碰到障碍就无关紧要了。不过，由于在我们的文化当中这种培养的机会相对罕见，因此一名儿童遇到的困难就会产生重要的影响。一旦认识到了这一点，那么看到许多人终其一生都在为了生存而抗争，还有许多人认为人生就是无尽的不幸，我们就不该感到惊讶了。我们必须明白，他们都是一种错误成长的受害者，而这种错误成长的不幸后果，就是他们的人生观也是错误的。

那么，在评价同伴的时候，我们就应当适可而止，并且首要的是，我们不应当进行任何的道德评判，即不应进行与一个人道德价值相关的任何评判。相反，我们必须让自己在这些事实方面的知识变得对社会有价值才是。我们必须设身处地、富有同情心地去面对这样一个持有错误人生观、受到了误导的人，因为我们比这个人本身更能看出其内心深处的状况。这样做，会给教育问题带来许多重要而新颖的观点。正是认识到了错误的源头，才让我们掌握了大量有影响力的改良手段。通过分析任何一个人的心理结构和成长过程，我们不但可以了解到这个人的过去，而且可以进一步推断出这个人的未来很可能会是个什么样子。这样一来，我们的科学研究就给我们带来了关于一个人本质的某种概念。在我们看来，这个人变成了一个活生生的人，而并非只是一种单调的轮廓了。因此，与如今常见的情形相比，对于这个人作为人类一员的价值，我们就能获得一种更加丰富、更加隽永的理解了。

下　编

性格研究

第一章　总论

第一节　性格的本质与起源

　　我们所称的性格特质，是指一个正在试图让自身去适应其生存世界的人所呈现出来的某种特殊的表达方式。性格是一个社会性的概念。我们只有在考虑一个人与其所处环境之间的关系时，才能说他具有某种性格特质。鲁滨孙·克鲁索[1]具有一种什么样的性格，几乎没有什么关系。性格是一种心理态度，就是一个人朝着某种环境前进时所用方法的特性与本质。性格是一个人赖以在社会感当中表达出自身价值追求的那种行为模式。

　　我们已经明白，追求优势、权力及征服他人的目标，就是引导绝大多数人行为的那种目标。这种目标会改造我们的世界观和行为模式，并且会把一个人不同的心理表达引导到特定的系统中去。性格特质只是任何一个人的人生观和行为模式的外部表现罢了。就其本身而论，它们能让我们明白一个人对待环境的态度、

---

　　[1]　鲁滨孙·克鲁索（RobinsonCrusoe），英国小说家笛福（DanielDefoe）在1719年出版的小说《鲁滨孙漂流记》中的主人公。他出海时遭遇海难并被海盗攻击，后来漂流到一个无人小岛上，并坚持在岛上生活了很多年，最后回到了原来生活的社会。

对待同胞的态度、对待自身所处社会的态度，以及对待广义上的生存挑战的态度。性格特质是一种工具，是整个人格在获得赏识与出众的过程中所用的手段。它们在人格当中的构造，相当于生存的一种"技巧"。

性格特质并不像许多人所认为的那样是遗传得来的，也不是先天具有的。我们应当把它们看成是一种类似于生存模式的东西，它们让每一个人在任何情况下都能够度过人生，并且表达出自己的个性，而不必有意识地去考虑这一点。性格特质并非是人类遗传机能或者天性的表达，而是为了维持某种特定生活习惯这一目的而习得的。比如说，一名儿童并不是生来就懒惰，而他之所以懒惰，是因为在这名儿童看来，懒惰是最适合于让人生变得更加容易的手段，同时懒惰还可以让他维持自己的那种价值感。在懒惰这种行为模式当中，可能会在一定程度上表达出一种追求权力的态度来。一个人可能会让别人注意到自己的某种先天性缺陷，从而在失败之前保全自己的面子。这种内省的最终结果，往往都会像是这样："要是没有这种缺陷的话，我的本领就会发展得非常出色。可惜的是，我却有这种缺陷！"另一个因为毫无节制地追求权力而与自身所处环境陷入了一场旷日持久的战争当中的人，则会形成任何一种适合于此种斗争的权力表达形式，比如野心、忌妒、猜疑，等等。我们认为，虽说这些性格特质无法与人格区分开来，但它们既非遗传所得，也不是无法改变的。进一步的研究向我们表明，这些性格特质对一个人的行为模式来说是非常必要、非常适合的，也正是为此而习得的，有的时候一个人还在很小的时候就已习得。它们并非首要因素，而是次要因素，是由人格当中那种隐秘的目标强制形成的。我们必须从目的论的角度去评判这些因素。

我们不妨回忆一下前文中的解释，当时我们已经说明，一个人的生活方式、举止、行为、世界观全都与他的目标密切相关。倘若心中没有某种明确的目的，那么我们就会既无法思考，也无法把任何东西付诸行动。在儿童的心灵深处，这种目标早已存在，并且从很小的时候起就一直引导着他的心理成长。这种目标既给儿童的人生赋予了形式与特色，也是下述事实得以成立的原因：每一个人，都是一个独特而孤立的统一体，其人格都有别于其他所有的人，因为他的所有行为和所有的人生表达，全都指向了一个共同而独特的目标。要认识到这一点，我们就要明白，一旦了解到一个人的行为模式，那么无论是在其行为过程中的什么时候看到他，我们始终都能看清这个人的本质。

就心理现象和性格特质而言，遗传性发挥的是一种相对并不重要的作用。在现实当中，并不存在可以支持一种认为习得性的性格具有遗传性的理论的切合点。研究一下一个人精神生活当中的任何一种特定现象，我们就可以追溯到这个人刚出生的那一天，因此看上去一切似乎的确是遗传得来的。整个家族、民族或者种族之所以具有某些共同的性格特质，原因完全在于这样一种事实：一个人会通过模仿，或者通过让自己仿效别人行为的过程，从另一个人那里习得这些性格特征。在我们的文明当中，既有某些现实情况，某些独特性，也有物质生活和精神生活的种种表达和形式，它们对所有的青少年都具有一种特殊的重要性。它们的共同特点，就是会刺激青少年去模仿。这样一来，有时会以一种渴望看到什么东西的形式表达出来的那种求知欲，可能就会让视觉器官有问题的那种儿童形成好奇心重的性格特质，但这种性格特征其实却是没有必要形成的。倘若这种儿童的行为模式有需要，那么同一种对知识的渴求，可能就会形成另一种完全不同的性格特质。同一名儿童，可能会通过研究所有的东西，把它们全都拆开或者打碎，来满足自己的这种渴求。而在其他情况下，这种儿童也有可能变成一个书呆子。

对于听力有障碍的人身上的那种猜疑心理，我们也可以用相同的方式来进行判断。在我们的文明当中，这些人面临着一种更大的危险，并且会用一种尤其敏锐的关注，感受到这种危险。他们也很容易受到嘲弄、贬低，并且经常被人看成是残疾人。这些方面，在一种猜忌多疑的性格特质形成的过程当中，都是极端重要的因素。由于聋哑人无法体验到许多的乐趣，因此他们对这些方面怀有敌意，就不足为怪了。但是，想当然地认为他们天性多疑，却是没有根据的。认为喜欢违法犯罪的性格特质是天生的，这种理论同样荒谬。那种说许多罪犯都出自同一家族的观点，可以通过注意到下面这个事实而得到有效的反驳：传统、世界观和不良的榜样，在这些情形当中都是息息相关的。这种家庭当中的孩子，在小时候就从大人那里懂得了偷窃可以让人维持生计的事实。

对于获得认可的这种追求，我们也可以用相同的方式来看待。每一名儿童在人生当中都会面临着诸多的障碍，因此任何一名儿童在成长的过程中，都有过某种形式的价值追求。此种追求采取的形式是可以互换的，因此每个人都会用自己的方式去面对其个人价值的问题。下述事实，可以轻而易举地解释儿童的性格特质与父母相似的观点：儿童在追求个人价值的过程中，会用所处环境当中那些已经很显赫并且需要别人去尊重的人做榜样，把他们当成一种理想的典范。每一代人，都会用这种方式向自己的祖先学习，并且会在这种权力追求可能导致他们陷入的种种最严重、最复杂的情况下，坚守他们学到的那些知识。

优势目标是一种隐秘的目标。社会感的存在，不会让这种目标毫不掩饰地发展下去。它必须在暗中发展，并且隐藏在一种友好的面具之后。然而，我们必须重申，假如人类彼此之间的理解更加深入，那么这种目标就不会如此蓬勃地发展起来。倘若我们更进一步，使得每一个人都更有眼光，能够更加透彻地看出友邻的性格来，那么我们不但能够更好地保护好自己，同时还会让别人难以表达出自己的权力追求，使得别人不值得这样去做了。在此种情况下，这种隐蔽的权力追求就会消失了。因此，我们完全值得去更加仔细地研究这些关系，并且利用好我们已经获得的那种实验性证据。

我们都是生活在一种非常复杂的文化环境之下，以至于很难去进行恰当的人生教育。人们一直没有培养心理敏锐度的那种最重要的手段，而时至今日，学校的唯一作用，始终都是把未经加工处理的知识摆在儿童的面前，任由儿童按照自己的能力或者意愿去吸收，而没有专门去激发他们的学习兴趣。而且其中还有大量的学校，甚至不过是一种虔诚的心愿罢了。迄今为止，理解人性最重要的一个前提，都在很大程度上被人们忽视了。我们也是在原来的那种学校当中，了解到评判人类的这些标准的。在这些学校里，我们学会了区分好与坏，并且辨别好与坏。而我们没有学会的，就是如何修正我们的观念，因此，我们便把这种缺陷带入了人生当中，并且在这种缺陷之下费力地生活至今。

作为成年人，我们仍在利用着儿时习得的种种偏见与谬误，仿佛它们都是神圣的律法似的。我们还没有认识到，自己已经卷入了我们那种复杂文化所导致的混乱状态当中。我们也没有认识到，自己已经形成了种种不可能真正认识事物本质的观点。总而言之，我们常常是从强调个人自尊的角度去理解一切的，而目的则是让我们个人变得更加强大有力。

第二节　社会感对性格发展的重要性

　　除了权力追求，社会感在性格形成的过程中发挥最重要的作用。正如价值追求一样，社会感是在儿童最初形成的心理倾向当中，尤其是在儿童渴望交流与温柔的心态当中表达出来的。在前面一节中，我们已经了解到了培养出社会感的各种条件，因此只需简要回忆一下就可以了。社会感会受到自卑感及其补偿性的权力追求的影响。人类是一种非常敏感的媒介，可以培养出各种自卑综合征来。精神生活的过程，寻求补偿、需要获得安全感与完整感的不安心态，从出现自卑感的那一刻起就开始了，目的就是确保我们的人生过得平和而幸福。我们必须在儿童面前坚持的那些行为准则，源自我们对于儿童自卑感的认同。这些准则，可以归结为一种警告，那就是我们决不能让一个孩子的生活过得太痛苦，而且必须防止儿童太早了解到生存的阴暗面。我们还必须给孩子创造出体验人生快乐的机会。在这里，第二类带有经济性质的条件开始发挥作用了。可惜的是，孩子们却经常成长在毫无必要地令人痛苦的环境当中。误解、贫穷和贫困，其实都是一些原本可以防止出现的现象。生理缺陷也发挥着重要的作用，因为它们能够让儿童不可能形成一种正常的人生态度，并且会教导孩子说，为了维持自身的生存，他需要获得种种特殊的权利和特别的法则。可即便是完全掌握了这些东西，我们也不可能防止出现此种情况：这些儿童仍然会觉得人生就是一个令人不快的难题，而这一点，反过来又会导致一种严重的危险，即他们的社会感将被扭曲。

　　除非把关于社会感的这种观念当成标准，并且按照这一标准去衡量一个人的思想与行为，否则我们就无法去评判一个人。我们必须坚持这一立场，因为人类社会这个整体当中的每一个人，都必须维护这个社会的关联性。这种必要性，会让我们或多或少清晰地认识到自身对同胞所负的责任。我们都身处人生当中，并且受共同生存的逻辑所主宰。这一点，决定了一个事实，那就是我们需要某种已知的标准，才能去评判我们的同胞。任何一个人身上那种社会感的培养程度，就是衡量人类价值的唯一标准，并且普遍适用。我们无法否定自身精神对于这种社会感的依赖性。没有哪一个人，能够真正摆脱自身那种整体的社会感。没有任何一种理由，可以让我们完全逃避自身对同胞应负的那些义务。社会感始终都在用一种警告的声音，提醒着我们。这并不是说我们始终都会意识到这种社会感，但我们的确可以说，要想扭曲或者摒弃这种社会感，都需要我们调动一定程度的力量。而且，社会感的普遍必要性，也不会允许任何一个人在没有先经这种社会感给出正当理由的情况下开始行动。之所以需要证明每一种行为与想法都具有正当理由，是因为我们都有一种无意识的社会统一感。最起码来说，这种需要也决定了一个事实，那就是我们经常必须为自己的行为寻找情有可原的理由。由此便产生出了特殊的生存本领，产生出了特殊的思考与行动技能。它们会让我们希望自己始终都能够与那种社会感保持和谐共存，或者最起码来说，会让我们希望自己始终都能用表面上的社会关联性来欺骗自己。简而言之，这些解释都表明，有一种像是社会感妄想一样的东西在发挥着面纱的作用，掩盖了某些性格倾向。只要发现了这些性格倾向，就会让我们对一种行为或者一个人做出正确的判断。由于可能出现此种欺骗现象，因此我们更难去判断社会感了。也正是这种难度，使得理解人性上升到了一种科学研究的层面。现在，我们应该举出几个例子，来说明人们可能会如何滥用这种社会感。

　　有位年轻人曾经说，他有一次与几位同伴一起游泳，来到了海中的一座小岛上，并在那里度过了一段时间。碰巧，他的一位同伴在把身体探出悬崖边上的时候失去了平衡，掉进了海里。我们所说的这位年轻人也探出身去，极为好奇地看着那位同伴往下掉去。后来想起这件事情的时候，他突然想到，当时他并没有觉得自己那样做是出于好奇。幸好，掉进海里的那个年轻人被人救起来了。但就讲述故事的这位年轻人而言，我们却能肯定地说，他身上的社会感程度一定很低。就算我们后来听到他说，他一生当中从来就没有害过哪个人，并且偶尔还会与某个同伴保持着友好的关系，那我们也不该上当受骗，误以为他身上的社会感并无欠缺。

这种大胆的假设，必须得到更多事实的巩固才行。这名年轻人经常做到的一个白日梦，就是他被关在森林中央一个很小的房子里，什么人都见不到。这幅图景，也是他在画画时最喜欢的一种主题。凡是能够理解幻想，并且也了解这位年轻人以前经历的人，都会轻而易举地认识到，他在梦中得到了再次确认的那种带有缺陷的社会感进入了意识领域，从而让我们能够对其加以验证和判断，以便我们可以避免犯下严重的错误。这种从无意识领域转移到意识领域的意义，就在于它让我们不那么容易接受各种错误的偏见（倘若我们允许自己在无意识领域里形成判断，这些偏见就会发挥作用，因为在潜意识里我们既控制不了自己的行为，也没有机会去做出修正）。

我们不妨重申一下，只有在了解了一个人的经历和所处环境之后，我们才能对一个人的性格做出判断。假如从这个人的人生当中强行抽取某个单一的现象，并且单独地去加以判断，就像一个人只考虑自己的身体状况，或者只考虑自己所处的环境或所受的教育一样，我们必然只能得出错误的结论来。这种观点非常重要，因为它马上就会减轻人类的大量负担。利用我们的生存技巧，更好地了解我们自身，必然会让我们形成一种更加适合于自身需求的行为模式。利用这种方法，我们就有可能对他人施加影响，尤其是对儿童施加影响，使他们向更好的方向发展，并且防止出现其他情况下可能降临到他们身上的那种不幸命运所导致的种种不可挽回的后果。这样一来，一个人就不一定仅仅因为出生在一个不幸的家庭当中，或者仅仅是因为出生于一种具有遗传性的环境当中，就会注定再遭遇一种可悲的命运了。只要做到了这一点，我们的文明就是向前迈出了决定性的一步。新的一代人，将会勇敢地成长起来，并且清楚地认识到，他们是自己命运的主人。

第三节　性格发展的方向

人格当中任何一种显而易见的性格特质，都必须适合于一个人自儿童时期起形成的那种心理成长方向。这种方向，可能呈一条直线，也有可能以分叉和弯路为特点。在第一种情况下，一名儿童会沿着一条直线去努力实现自己的目标，从而会形成一种积极进取、勇敢无畏的性格。性格成长之初，通常都是以此种积极进取的特质为特点的。不过，这条直线却非常容易分岔，或者转向。这名儿童的对手，可能会具有更加强大的抵抗力，会通过直截了当的攻击，来阻止这名儿童实现其优势目标，从而给他带来种种必然的困难。这名儿童则会努力采取某种办法，来绕过这些困难。而他的迂回手段，又会让他形成某些特殊的性格特质。性格成长过程中的其他一些困难，比如生理器官发育不全，由所处环境导致的挫折与失败，都会对儿童产生类似的影响。此外，更广阔的环境、整个世界以及必然要有的老师，这些方面的影响也是至关重要的。在我们的文明当中生存的这个问题，会在一名儿童的老师提出的种种要求、怀疑和情感当中表达出来，并且最终影响到儿童的性格。所有的教育，都会呈现出这种色彩，都会采取那种经过精心设计、旨在让一名学生朝着所处时代的社会生活和流行文化方向发展的态度。

对于一种直线型的性格成长来说，所有的障碍都很危险。凡是存在障碍的地方，一名儿童为了努力实现其权力目标而采取的方法，都会偏离这条直线，只是偏离的程度或大或小罢了。在第一种情况下，儿童的态度不会受到干扰，他会直接面对这些困难。而在第二种情况下，我们则会看到一种全然不同的儿童：这种儿童知道火会灼伤人，知道自己必须小心提防某些对手出现。这种儿童会尽力采取精神上的迂回办法，不是直接地，而是通过手段去实现自己那种获得认可和权力的目标。这种儿童的成长情况，会与此种偏离的程度成正比。他们是否过于谨慎，他们是否发现自己与人生的种种必然要求保持着一致，他们是否避开了这些必然要求，都取决于上述因素。倘若这种儿童不是直接去面对自身的使命与问题，假如他们变得懦弱和胆小，不愿真诚地直面另一个人或者不愿实事求是的话，那么他们不过是另一种类型的儿童罢了：这种儿童的目标，与那种勇敢无畏的孩子是完全相同的。就算两个人的举止表现完全不同，他们的目标却仍有可能一模一样。

这两种类型的性格成长，可以存在于同一个人身上，各自达到一定的程度。尤其是在一名儿童还没有太过明显地形成其性格倾向的时候，在一名儿童的人生准则还具有可塑性的时候，在一名儿童还不会始终采用同一种途径，而会在第一种尝试证明不恰当的情况下保持着充足的主动性去寻找另一条途径的时候，这种情况就会出现。

一种不受干扰的集体性社会生活，就是适应社会要求的第一个前提条件。只要一名儿童对所处环境不是持有一种敌视的态度，那么我们就可以轻而易举地教会他去做出此种适应。只有承担教育责任的人能够将自身的权力追求降到最低程度，使之不会成为孩子的负担，家庭内部的争斗才能得以消除。如果除此之外，父母还明白一个孩子成长所遵循的那些原则，那么，他们就不会让那种直线型的性格成长演变成各种夸张的形式，比如勇敢演变成鲁莽，独立演变成赤裸裸的自私自利。同样，他们也能避免任何来自外部的、通过强制力形成的权威性，使之不会让孩子出现唯唯诺诺、逆来顺受的迹象。否则的话，这种有害无益的培养可能会导致孩子变得自闭、不敢说真话、不敢承担诚实带来的后果。压力，用在教育当中的时候是一把双刃剑，它会导致儿童出现表面上的适应。强制性的听话，只是一种表面上的听话。儿童与所处环境之间的全面关系，会在其心灵当中反映出来。而所有可以猜想、可能存在的障碍，不论它们是直接还是间接地影响到孩子，也会在其人格当中反映出来。一名儿童，通常都是无力对外部的影响进行任何评判的。而他周围的成年人呢，要么是对这些影响一无所知，要么就是根本无法理解这些影响。儿童面临的诸多困难汇集起来，再加上他对这些障碍所做的反应，便构成了儿童的人格。

还有一种方案，我们也可以据此来对人类进行分类。分类的标准，就是人们面对困难时所持的态度。首先是一些乐天派，就是性格成长总体上呈直线的那些人。他们会勇敢应对所有的困难，并且不会太过严肃地去对待这些困难。他们坚持相信自己，并且相对轻松地采取了一种快乐的人生态度。他们不会对生活提出太多的要求，因为他们对自己有着清醒的判断，不会认为自己受到了忽视，也不会觉得自己微不足道。因此，与其他人相比，他们能够更加轻松地承受人生当中的苦难。其他人在困难当中看到的，只是进一步证明他们认为自己脆弱、无能的这种观点有道理的理由。即便是在更加艰难的情况下，态度乐观的人也会保持平和的心态，并且确信自己的错误总能得到纠正。

根据他们的态度，我们马上就可以辨认出这些心态乐观的人。他们不知惧怕，他们说起话来开诚布公、自由自在，既不会太过谦逊，也不会太过拘谨。要用形象的话语来描述这种人的话，我们可以说他们都是张开双臂，乐于接纳同胞的人。他们会轻松自如地与别人交流，在交友方面没有任何问题，因为他们并不多疑。他们说起话来无拘无束，他们的态度，他们的举止，他们的姿态，既自然，又从容。除了在儿时最初的那几年里，我们很少发现这种类型的完美典范。然而，我们还是能够看到程度多样的乐观心态和社交能力，完全让我们觉得满意的。

悲观者则是一种完全不同的类型。我们在教育方面碰到的一些最严重的问题，都出在这种人身上。这种人，都是因为自身的经历或者儿时受到的影响而习得了一种"自卑综合征"，而各种困难，也让他们形成了一种生活并不容易的感觉。由于怀有一种悲观的个人哲学，因此他们总是在寻找人生的阴暗面。这种个人哲学，就是他们在儿时受到错误对待的过程当中培养出来的。与乐观者相比，他们对人生当中各种困难的认识都要清醒得多，因此很容易丧失勇气。在一种不安全感的折磨之下，他们总是在寻求别人的支持。他们要求获得帮助的这种哀求，会不停在他们的外在行为当中反映出来，因为他们根本就无法忍受孤独。如果身为儿童，他们就会不停地呼唤母亲，或者一旦与母亲分开，他们便会哭着喊着要跟她在一起。有的时候，即便是到了老年，我们可能仍然听得到他们要母亲到身边去的这种哀求。

从他们那种胆小而恐惧的外在态度当中，我们就可以看出这种人异常谨慎的心态来。悲观者永远都在想着那些可能出现的危险，因为他们认为，这些危险马上就会出现。很显然，这种类型的人睡眠都不好。事实上，睡眠是衡量一个人成长情况的一种优良标准，因为睡眠障碍是表示人类面对一种不安全感时变得更加谨慎的一种指标。这就好比是，这些人永远都处于警戒状态，以便更好地保护自己应对人生的威胁似的。在这种人身上，我们会看到，他们的人生欢乐何其少有，而他们对人生的理解又是多么的不足。一个连觉都睡不安稳的人，只会培养出一种蹩脚的生存本领。假如这种人的判断确实正确，那他们根本就不敢去睡了。假如人生真的像他们认为的那样痛苦，那么睡觉实际上就是一种非常蹩脚的办法了。在用一种敌视的态度去应对人生当中这些自然现象的性格倾向中，悲观者暴露出的，就是他们并未做好生存的准备。睡眠本身不需要受到干扰，倘若看到一个人总是疑神疑鬼，心里老是想着自家的房门有没有仔细锁好，或者睡觉时总是梦到窃贼和强盗，那么我们就可以推断出，这个人具有相同的悲观倾向。事实上，我们可以通过做梦时的睡姿来辨别出这种人。属于这一类型的人，常常会蜷缩在一个尽可能狭小的空间里，或者用被子蒙着头睡觉。

人类也可以分成主动进攻型和被动防御型两类。主动进攻型这种态度的特点，就是举止暴烈。属于积极进取型的人勇敢起来之后，会让勇敢演变成有勇无谋的匹夫之勇，以便激昂无缘地向全世界证明自己的本领，从而暴露出控制着他们内心的那种深刻的不安全感。若是急不可耐的话，他们还会尽力让自己变得坚强起来，从而不再害怕。他们是把"男子气十足"的这一角色扮演到了一种可笑的程度。其他人则会费尽心思去压制所有的体贴与温柔感，因为在他们看来，这些感受似乎都是软弱无能的标志。积极进取这一类的人，会表现出无情与残酷的特质。并且，要是他们容易变得悲观失望的话，那么他们与所处环境之间的关系就会全被改变，因为他们既没有同感能力，也没有协作本领，而是对整个世界都心怀敌意。他们对于自身价值的意识，可能与此同时达到了一种极高的水平。他们可能会变得狂妄自大、傲慢嚣张，觉得自己很了不起。他们会暴露出自己的虚荣心来，仿佛他们都是真正的胜利者一样。可实际上呢，他们做这一切时的明目张胆，以及做法的多余，非但会导致他们与世界之间的关系产生不和，而且也会暴露出他们的整个性格都属于一种虚假的上层建筑，是建立在一种不稳固且不断转化的基础之上。他们那种积极进取的态度，虽说可能会保持很长一段时间，实际上却正是这样产生出来的。

这种人接下来的成长并不容易。人类社会不会眷顾这样的人。这种人非常显眼。正是这种情况，使得大家都不喜欢他们。在不屈不挠地争取占得上风的过程中，他们很快就会发现自己陷入了冲突当中，尤其会与他们属于同一类型的其他人发生冲突，发现他们陷入了一种由他们自己引发的全面竞争当中。对他们而言，人生变成了一系列的战斗。而待遭遇了那种必然的失败之后，他们成功与胜利的那一整条轨迹，便会突然终止。他们很容易受到惊吓，无法保持力量来应对旷日持久的冲突，并且再也无力从失败中恢复过来。

无力履行自身使命这一点，会对他们产生反向的影响。而他们的成长，也差不多会在另一种类型，即那种觉得自己受到了攻击的人开始出现的地方停止。第二种类型的人，就是那种受到攻击、总是处于守势的人。对于自身的不安全感，他们并非是采取主动进攻的办法，而是通过焦虑、警惕和怯懦等态度来进行补偿的。我们可以肯定地说，倘若没有前一种不成功地保持主动进攻态度的做法（我们刚刚描述过这种做法），那么第二种态度决不会出现。被动防御型的人，很快就会被不幸的经历所吓倒。从这些不幸经历当中，他们会得出自己会被彻底打垮的结论，从而使得他们很容易陷入逃跑之中。偶尔，他们也会成功地掩饰自己的逃跑姿态，表现得仿佛是退缩过程中有件什么有益的事情要他们去做似的。

　　这样一来，在他们一心沉迷于往事并逐渐展开幻想的时候，他们寻求的实际上不过就是逃避那种威胁到了他们的现实罢了。其中的一些人，倘若没有完全丧失主动性，实际上是有可能做出某种成就的，而这种成就可能对整个社会来说，可能也并非没有广义的益处。许多艺术家都属于这种类型。他们已经远离了现实，在幻想和理想的领域里为自己开创了一个没有任何障碍的第二世界。这些艺术家，都属于例外情况。这种类型的人，往往都会在困难面前让步，并且遭受一次又一次失败。他们会害怕每一件事与每一个人，会日益变得猜忌多疑，期待着的也只有敌意。

　　可惜的是，在我们这种文明当中，他们的态度经常会因为其他人所导致的种种糟糕经历而得到强化。于是，他们很快会对人类的各种善良品质和人生当中较光明的一面完全失去信心。这种人最常见和最典型的特质之一，就是他们那种外在的、吹毛求疵的态度。有时，这种态度会变得极其显著，以至于他们能够敏锐地从别人身上看出那些最无关紧要的缺点来。他们会自命为人性的评判者，自己却从不会去做任何有益于与他们共同生活之人的事情。他们会让自己一心去批评指责、去煞别人的风景。他们的猜疑心理，会迫使他们形成一种焦虑不安和犹豫不决的态度。因此，一旦面临着某种任务，他们就会开始猜疑和犹豫，仿佛希望自己逃避每一种决定似的。若想要象征性地描述出这种类型，那么我们可以想象一下这样的一个人：这个人的一只手抬起来进行自卫，而另一只手则遮着双眼，好让自己看不到危险。

　　这种人还有其他一些令人讨厌的性格特质。众所周知，那些连自己都信不过的人，绝不可能信得过他人。这样一种态度，必然会形成猜忌与贪婪的性格。这些怀疑论者所处的孤立状态，通常都意味着他们讨厌为别人带来欢乐，或者不愿与同伴共享快乐。此外，陌生人的快乐对他们来说，几乎就是一种痛苦。其中有一些人，可能会通过一种花招而成功地保持着一种自己优越于其他所有人的感觉，而且这种花招非常有效，很难消除。由于渴望着不惜一切代价去维护自身的优势，所以他们可能会形成一种极其复杂的行为模式，使得我们乍一看去，决不会怀疑他们对人类怀有一种根本性的敌意。

第四节　心理学旧流派

诚然，一个人也可以试着去理解人性，而无须意识到这一研究的发展方向。通常的做法，就是从心理成长的经历当中选取一个点，并且确定一个人可以据此来为自己确定方向的那些"类型"。例如，我们可以从人类当中分出一类人来，就是那些更喜欢冥想与反思、生活在幻想出来的人生当中、对人生当中各种现实都感到陌生的人。这种类型的人与另一类型的人相比，更加难以突如其来地行动起来。后面这种类型的人反思得较少，几乎完全不去冥想，并且会让自己一心去用一种积极主动、实事求是而平淡无奇的态度应对人生当中的问题。当然，这种类型的人并不存在。不过，倘若同意这样一种心理学观点的话，我们的研究很快便会走到尽头，我们就会像其他心理学家一样，不得不满足于断言一种类型的人培养出了更好的想象力，而另一种类型的人更好地培养出了工作能力了。对于一门真正的科学而言，做到这一点还是远远不够的。我们需要去发现一些更好的观点，来说明这些现象是如何出现的、它们是否必须出现，以及它们是否可以避免或者缓和。正是出于这个原因，对一种针对人性的理性研究来说，这些人为而肤浅的归类方法都是无效的。即便如前所述，世间的确存在着种种不同类型的人，也是这样。

　　个体心理学正是抓住了属于各种心理表达形式发源地的那种心理成长时期，即童年早期这一阶段。人们已经确定，这些表达形式无论是从整体来看还是单个来看，要么是因为社会感占优势而受到了影响的表达，要么是其中的权力追求更加明显的表达。带着这种观点，个体心理学便掌握了一把钥匙，并且可以利用这把钥匙，根据一种简单而普遍适用的概念去理解一个人的本质了。任何一个人，都可以按照这个基本概念来进行分类，因为这种基本概念的应用范围极其广阔。不用说，在每一种情形下，我们都必须带有一名心理学家在观察时应当具备的那种谨慎之心与技巧才是。在这种不言自喻的前提下，我们会获得一种标准，并且能够举例证明，一种心理现象当中究竟是含有一种程度更高的社会感，其中只掺杂着一种轻微的个人权力和威望追求呢，还是其中主要是利己主义、野心，只会让表现此种心理现象的人毫无道理地产生出一种凌驾于其所处环境之上的优越感。在这种基础上，我们就不难更加清晰地去理解那些以前一直都被人们误解了的性格特质，也不难根据这些性格特质在人格整体当中的位置去衡量它们了。在理解任何一个人的性格特质或行为模式的同时，我们也获得了一种工具，并且可以利用这种工具去改造这个人的行为了。

第五节　气质与内分泌腺

　　"气质"这种类型，是以前人们对心理现象与性格特质进行的一种分类。可"气质"的准确含义，我们却很难搞清楚。它是不是指一个人思考、说话或者行动时的敏锐性呢？它是不是指一个人完成一项任务时的能力或者节奏呢？据研究，许多心理学家关于"气质"本质的阐释，似乎都是非常不充分的。我们必须承认，科学一直都无法摆脱人类分四种气质的这种观念。而这种观点，还可以追溯到人类首先开始研究精神生活的远古时代。将气质分成多血质、胆汁质、抑郁质和黏液质四种类型的观点，源自于古希腊，是希波克拉底[1]提出来的，此后由古罗马人所采用，如今则依然是当前心理学中一种值得尊重的和神圣的遗俗。

那些表示人生当中具有某种欢乐、不会太过严肃地去对待事物、不会让自己头上轻易地早生白发、试图看到每一件事情当中最快乐与最美好的一面、该难过的时候就难过而不会崩溃、能够在乐事当中体验到欢乐而不失去自我感的人，都属于多血质。对这种人来进行详细的描述，不过就是说明他们都属于大致健康、身上不存在严重缺陷的人罢了。可对于其他三种类型，我们却无法做出这样的论断。

在一部古老的诗作当中，属于胆汁质的人被描绘成了一个会把挡在自己路上的一块石头猛地踢到一边的人，而一个属于多血质的人则会愉快地绕过这块石头。用个体心理学的语言来说就是，属于胆汁质的人追求权力的心态非常迫切，因而行为会更加明显、激烈，会觉得他始终都被迫去证明自己的力量。这种人，只对用一种直线型的主动进攻方式去克服所有的障碍感兴趣。实际上，这些人在儿时早期就会开始表现出种种比较激烈的行为，因为当时他们缺乏一种觉得自己强大有力的感觉，必须不断地去证明，才能确信自己有这样的力量。

属于抑郁质一类的人，则会给我们留下一种完全不同的印象。继续用我们已经提及过的那种比喻来说，属于抑郁质的人一

---

[1]　希波克拉底（Hippocrates，公元前460—公元前370），古希腊医生，被后人尊称为"医学之父"。

看到石头，就会想起自己的所有罪孽，就会开始悲伤地思考自己过去的人生，然后扭头就往回走。在这种人身上，个体心理学看到的是一个毫不遮掩地犹豫不决的神经官能症患者，这种人完全不相信自己能够克服遇到的困难或者获得成功，他们宁愿不去冒新的风险，宁愿停步不前，也不愿为了实现一个目标而前进。即便是这样一个人的确前进了，他也会极其谨慎地踏出自己的每一步。在这种人的一生当中，怀疑发挥着主要的作用。这种人考虑得更多的是自己，而不是别人。这种情况，最终会让他失去获得与生活进行充分交流的更多机会。这种人，会因为自己的烦心事而整日闷闷不乐，因此只能沉迷于过去，或者把时间全都花在毫无意义的内省之上。

　　一般说来，属于黏液质的人都是不适应生活的人。这种人虽然会受到各种影响，却不会从这些影响当中得出正确的结论来。什么东西都不会给这种人留下深刻的印象，他们几乎对任何东西都不感兴趣，也交不到朋友。总而言之就是，这种人与生活几乎没有什么联系：在所有类型的人当中，这种人与生活的距离或许是最远的。

　　因此，我们可以得出结论说，只有属于多血质的人，才是一种优秀的人类。然而，我们却很少看到哪种界定明确的气质类型。在大多数情况下，我们面对的都是两种或者多种气质的混合。也正是这种情况，使得人们关于气质的知识全都没有了价值。这些"类型"和"气质"也并不是固定不变的。我们经常发现，一种气质会逐渐融入另一种气质当中，比如一名儿童起初是胆汁质，后来变成了抑郁质，而到去世时又会呈现出十足的黏液质习性来。多血质的人，似乎都是儿时最不容易受到自卑感的困扰、表现出身体有重要疾病的情况最少，并且始终没有受到过强烈刺激的人。结果就是，这种人会平静地成长起来，对生活培养出一定的热爱，从而使得这种人能够在一种自信的基础上去面对人生。

在这一点上，科学也参与了进来，宣称："气质是由内分泌腺决定的。"医学领域里的最新发展之一，就是认识到了内分泌腺的重要性。内分泌腺包括甲状腺、脑下腺、肾上腺、甲状旁腺、胰脏当中的胰岛腺、睾丸和卵巢的间质腺，以及其他一些组织结构。不过，人们对这些组织结构功能的认识还很模糊。这些腺体没有导管，而是直接将分泌物分泌进血液当中。

人们通常认为，所有器官和组织在成长和活动的过程中，都会受到这些内分泌物的影响，因为血液会携带着这些内分泌物，进入人体的每一个细胞当中。这些分泌物起着催化剂或者解毒剂的作用，是维持生命所必不可少的。不过，如今这些内分泌腺的重要性却依然蒙着一层面纱，我们并没有完全弄清楚。内分泌整体上还只处于发展初期，而关于内分泌物功能的明确事实，我们也不常发现。不过，既然这门年轻的科学要求获得认可，并且试图引导研究性格与气质的心理学思想的发展路线，断言这些分泌物决定了性格和气质，那么我们就必须对这些方面多加论述才行。

首先，我们不妨来澄清一种重要的反对意见。假如看到了一种真实疾病的过程，比如先天性碘缺乏综合征（在这种疾病当中，是甲状腺的功能不全），那么我们的确也会看到各种与黏液质气质发展到极端程度时差不多的心理表现。我们根本不用去看这些人的外表都显得臃肿不堪、他们的头发生长呈病态并且皮肤会特别粗糙等实际情况，因为他们在行动上都会显得异常迟缓和无力。他们的心理敏感度会显著降低，而他们的主动性几乎也会丧失殆尽。

现在，假如我们将这种情况，与尽管甲状腺没有出现明显的病变、却可以归入黏液质的另一种情况比较一下，那么，我们就会看到两种完全不同的典型和两种完全不同的性格特质。因此，有人可能会说，甲状腺的分泌物似乎有助于维持一种适当的心理功能。然而，我们却不能走极端，说黏液质这种气质是因为没有甲状腺分泌才出现的。

病理性的黏液质，是一种与我们常称的黏液质完全不同的类型。心理学上的黏液质性格和气质之所以不同于病理性的黏液质，完全是由一个人以前的心理经历所决定的。我们作为心理学家所关注的那种属于黏液质类型的人，绝不会是静止不变的个人。他们有的时候会做出异常难解与激烈的反应，看到这一点经常会让我们感到惊讶。没有哪一个属于黏液质气质的人，会终生保持这种黏液质性格。我们将会明白，这种人的气质只是一种人为的假象，只是一种心理防御机制（我们可以想见，这种人可能会具有一种天生的性格倾向，来形成这样一种心理防御机制），是一个过度敏感的人为自己创造出来的，是这种人在自身和外部世界之间匆匆建造起来的一座堡垒。黏液质气质就是一种心理防御机制，是对生存挑战做出的一种有目的的反应。而从这种意义上来说，它与一个甲状腺功能彻底失常的克汀病患者[1]那种无意识的行动迟缓、懒散与机能不全是完全不同的。

即便是在那些似乎只有以前患有过甲状腺机能不全的病人才会形成黏液质气质的情况下，这种重要而值得注意的反对观点也并没有被推翻。这一点，并不是整个问题的关键。真正成问题的，是一系列复杂的原因与目的，是一个由器官活动加上外部影响而形成的、导致一个人产生出自卑感来的整体系统。这种自

---

[1]　克汀病患者（cretin），即前文所称的"先天性碘缺乏综合征"，俗称"呆小症"，是由甲状腺机能不全、缺碘造成的，多出现在严重的地方性甲状腺肿流行地区。"克汀病"属于音译。

卑感，会让一个可能形成黏液质气质的人试图用这种方式，去保护自己不受到有损于其自尊的侮辱与伤害。不过，这一点只意味着，我们在此具体讨论的是一种我们已经总体论述过的人。在这里，甲状腺机能不全是一种具体的生理缺陷，而它产生的后果则发挥着主导作用。并且，这种生理缺陷会导致一种更加紧张的人生态度，具有此种缺陷的人会通过种种心理花招，试图来补偿这种缺陷。而黏液质气质，就是此种心理假象一个众所周知的实例。

倘若考虑到内分泌方面的其他异常情况，并且研究一下它们所对应的气质类型，那么我们的观点就会得到证实。有些人的甲状腺分泌过旺，比如患有巴塞多氏病[1]或者甲状腺肿时的情形就是这样。这种疾病的生理表征，就是心跳过速、高脉搏率、突眼或者眼球突出、甲状腺肿大，以及四肢（尤其是双手）会出现程度不同的颤抖。这种患者经常出汗，而由于甲状腺分泌对胰腺分泌具有间接性的影响，所以这种患者的肠胃器官运动起来经常也更加困难。这种患者极其敏感、极其容易被激怒，而他们的特点则是动作急促、不耐烦和颤抖，常常还伴随着各种明显的焦虑状态。一名典型的突眼性甲状腺肿患者的形象，无疑就是一个过度焦虑者的模样。

然而，说这种情形完全等同于心理学上的焦虑状态，我们就会犯下一个严重的错误。我们在突眼性甲状腺肿这种疾病中看到的种种心理现象，即各种焦虑状态、无力去做某些体力或脑力劳动、容易疲劳、极其虚弱等，不但会受到心理因素的制约，也会受到生理原因的制约。将这种患者与一个患有匆忙性和焦虑性神

---

[1]　巴塞多氏病（Basedow'sdisease），即"突眼性甲状腺肿"，是由于甲状腺功能亢进、新陈代谢过度旺盛所致的一种病理状态，其常见症状就是双眼眼球突出。又称"甲状腺毒性突眼症"。

经官能症的人比较一下，就会看出其中的巨大差异来。与那些患有甲状腺功能亢进症而精神过度活跃、其性质仅次于慢性中毒、可以说是喝了甲状腺分泌物致醉的人形成鲜明对比的，就是其他一些容易激动、急躁、焦虑不安的人。后者属于一种完全不同的类型，因为他们的处境几乎完全是由他们以前的心理经历决定的。甲状腺功能亢进症患者当然也会表现出一些类似的行为，但他们的行为当中，却缺乏属于性格与气质重要指标的那种计划性和目的性。在这里，我们还应讨论一下其他的内分泌腺。各种内分泌腺的发育，与睾丸及卵巢的发育之间的联系，尤为重要。我们有一种观点，已经成了生物学研究的一条基本原则，那就是我们一旦发现内分泌腺异常，必定也会发现生殖腺或者性腺异常。不过，人们依然没有充分搞清楚这种特殊的依存关系，以及同时出现这些缺陷的原因。在这些腺体也存在生理缺陷的情况下，我们得出的结论，也会与从其他生理缺陷中可以推断出来的那些结论相同。我们会发现，一个人若是生殖腺机能不全，就会出现生理问题，使得这个人发现自己更加难以适应生活。而其结果，就是使得这个人必须形成许多的心理花招和防御机制，来帮助自己做出这种适应。

一些热衷于内分泌腺的研究人员已经引导我们，让我们以为性格和气质完全取决于性腺的各种内分泌物。然而，人们似乎很少在睾丸与卵巢的腺体分泌物当中发现广泛的异常现象。在出现病理性机能丧失的情况下，我们面对的却是种种异常的病例。其中并没有什么特定的心理习性直接与性腺机能不全相关，而性腺机能不全，也并非总是由特殊的性腺疾病所导致的。对于一些内分泌学家宣称的性格取决于内分泌的观点，我们并没有找到可靠的医学根据。不可否认，某些保持机体活力所必需的刺激因素产生于性腺当中，而这些刺激因素又可以决定一名儿童在所处环境当中的位置。然而，这些刺激因素也可能由其他器官产生，它们也不一定是形成某种特定心理结构的基础。

由于评判一个人的价值是一项困难而微妙的任务，稍有差错就可能决定一个人的生死，因此我们在这里必须提出一种警告才行。对于那些一出世就天生机能不全的儿童，习得某些特定的心理骗术和花招来进行补偿的诱惑力是非常巨大的。不过，这种形成一种特定心理结构的诱惑力，却是可以克服的。无论是在什么条件下，都没有哪种生理器官会必然地、无可挽回地迫使一个人去形成某种特定的人生态度。生理缺陷可能会让一个人感到气馁，可那种情况又是另外一回事了。与我们刚刚提到的这种说法相似的观点之所以能够存在，完全是因为一直都没有人尝试过，去消除那些具有生理缺陷的儿童在心理成长过程当中遇到的种种困难。有人任由这些儿童因为自身缺陷而去犯错；有人研究并观察这些儿童，却既没有尽力去帮助他们，也没有去鼓励他们。以个体心理学的经验为基础而形成的那种新的"地位心理学"或者"背景心理学"，将会因为在这一点上的学说而证明其正确性，并且会迫使目前的性格心理学或者体质心理学打上它的色彩。

第六节 要点重述

在开始研究单一的性格特质之前，我们不妨简要回顾一下前面已经论述过的那些要点。我们已经提出了一个重要的观点：仅仅研究从人们的整个心理背景和关系当中抽取出来的孤立现象，我们永远都不可能学会去理解人性。要想理解人性，至关重要的是，我们起码也应当对两种彼此独立、时间跨度尽可能大的现象进行比较，并且应当把它们放到一种统一的行为模式当中去联系起来才行。这种特殊的方法，已经证明是非常有用的。它让我们能够汇集起大量的印象，并通过系统性的整理，将它们浓缩成一种对性格的正确判断。假如以孤立的现象为依据来进行判断，那么我们就会发现自己陷入了一种困境当中。这种困境与困扰其他心理学家及教育工作者的情况相同，会使得我们必须去利用那些传统的标准，可我们往往会发现，这些传统的标准既无用又枯燥。然而，倘若能够成功获得诸多的证据，能够将我们这种体系中的手段加以应用，并且将它们融入一种单一的模式当中，那么我们面前就有了一种理论体系，其中的力量原则显而易见，而对人类个体得出的那种清晰而一致的判断，也将具有真正的价值。只有在这种情况下，我们才会立于一种坚实的科学基础之上。更密切地熟悉一个人，可能必然会让我们对自己的判断做出一定程度的改变或者修正。在进行任何教育改良的尝试之前，我们必须按照这种体系，对一个即将接受教育的人形成某种清晰的印象才行。

我们已经讨论过可以形成这样一种体系的诸多方法与手段，并且已经用我们亲身经历过，或者可以要求任何一个正常的人都应当经历过的种种现象来做例证。除此之外，我们还坚持认为，在我们创造出来的这种体系当中，决不能缺少一个因素，那就是社会因素。仅仅观察精神生活当中的单个现象是不够的。我们必须始终考虑到这些现象与社会生活之间的关系。对于我们的共同生活来说，最重要、最可贵的根本性主题就是：一个人的性格，绝不是我们进行道德评判的基础，而是表明这个人对其所处环境的态度、表明这个人与其所处社会之间关系的一种指标。

在详细阐述这些观点的过程中，我们发现了人类两种普遍的现象：一是普遍存在一种将人与人联结起来的社会感。这种社会感，正是我们文明当中所有伟大成就的基础。社会感是唯一可以让我们据此来有效衡量精神生活的标准，让我们能够预计出任何一个人身上有多少可用的社会感。倘若明白了一个人对社会持有一种什么样的态度，明白了一个人如何表达自己在人类当中的同胞之谊，明白了一个人如何让自己的生存变得富有意义和充满活力，我们就会对人类的心灵形成一种全面的印象。然后，我们又发现了评判性格的第二种标准：那些最不利于培养社会感的能力，就是获得个人权力与优势的种种性格倾向与追求。有了这两种观点，我们就能理解人与人之间的关系为什么会受到他们所怀社会感的相对程度的制约了。他们所怀的社会感大小，与他们对个人膨胀的追求形成了对比，而这两种性格倾向，往往是相互对立的。这是一种动态的博弈，是一个力量的平行四边形，而其外在的表现形式，就是我们所称的性格。

第二章　攻击型的性格特质

第一节　虚荣心与野心

一旦获得认可的追求占据了上风，这种追求便会在精神生活当中引发一种更加紧张的状态。结果，对于一个用极其激烈和狂热的行为来追求此种目标的人来说，他的权力和优势目标就会变得日益明显起来，而他的人生也会变成对获得一种巨大胜利的期待了。这样的人，会因为与人生失去了联系、时时只想着别人会如何看待他这个问题、关注的主要是自己给别人留下了什么样的印象，从而丧失其现实感。由于持有这样一种人生态度，他的行动自由就会受到异常巨大的阻碍，而他最明显的性格特质，也会变得爱慕虚荣。

很有可能，我们每一个人都在一定程度上存在着爱慕虚荣的心态。不过，人们却认为，将一个人的虚荣心态表现出来，却不是一种好的做法。因此，虚荣心往往都经过了伪装与遮掩，从而使得它的变换形式极其多种多样。例如，有一种谦逊，从本质上来看，其实却是虚荣。一个人可能会极其虚荣，因而从来都不会去考虑别人的评价；而另一个人却会贪婪地去寻求大家的认可，并且利用这一点来为自己谋利。

倘若夸张得超过了一定的限度，虚荣便会变得极其危险了。除了爱慕虚荣事实上会导致一个人去做各种各样无益的事情，付出许多更关注事物表面现象而非本质性的努力，以及导致一个人总是想着自己，或者充其量不过是想着别人对他的看法这一点，最大的危险就是虚荣心迟早会让这个人与现实脱节。这种人会不再理解人际关系，他与生活的各种关系都会受到扭曲。这种人会忘掉人生当中应尽的种种义务，尤其是会看不到大自然要求每一个人做出的那些贡献。没有其他哪一种恶习，会像个人的虚荣心这样经过了精心设计、旨在阻碍一个人的自由成长，因为虚荣心会迫使一个人带着这样一种疑问，去看待每一件事情和每一位同胞："我会从中获得什么呢？"

人们都习惯于用"抱负"这个更好听的词来替代"爱慕虚荣"或者"傲气"，从而帮助自己摆脱这种困境。有多少人会异常骄傲地告诉我们，说他们多么有抱负啊！"精力充沛"或者"积极主动"这样的概念，也经常被人用到。只要这种精力能够自行证明它对社会有益，那么我就可以承认其价值。不过，通常的情况却是，像"勤奋""积极""精力"和"有大志"这样的说法，其实都是用来掩盖某种程度异常的虚荣心的。

虚荣心很快就会阻碍一个人去遵守游戏规则。更常见的情况是，它会导致爱慕虚荣者变成一个干扰别人的人，从而使得我们常常发现，那些无法满足虚荣心态的人，会尽力去阻碍别人充分表达出自己的人生价值来。一些正在养成虚荣心的儿童，则会在非常危险的处境中表现出自己的勇气来，并且喜欢向弱小的孩子炫耀他们有多么强大。虐待动物，就是一个恰当的例子。还有一些已经受到过一定挫折的孩子，则会试图通过各种令人无法理解的卑劣手段来满足自己的虚荣心。他们会逃避主要的劳动，试图通过在生活当中的某个侧面，扮演自己的心境强加的某种英雄角色，来满足自己的出众追求。那些始终都在抱怨人生如何痛苦、命运如何待之不公的人，就属于这一类。他们都是这样的一些人：他们想让我们明白，假如不是因为接受的教育太过糟糕，假如不是因为其他某种不幸降临到了他们身上，他们可能都是如今的佼佼者。他们总是在为自己没有冲在现实生活的前线寻找情有可原的理由。而唯一能够满足其虚荣心的地方，就是他们为自己创造出来的梦境。

普通人会发现很难与这种人打交道，因为普通人并不知道如何去批评或者评判这种人。爱慕虚荣的人，往往都知道如何去把所有差错的责任转嫁到另一个人的身上。自己总是正确，而别人总是有错。然而，在生活中，谁对谁错其实并不重要，因为唯一重要的事情，就是实现一个人的目标，以及为别人的生活做出贡献。爱慕虚荣者不会做这样的贡献，而是会一心放在抱怨别人、寻找借口和情有可原的理由上。在此，我们面对的就是人类心理当中种种千奇百怪的花招，以及许多人不惜任何代价都要维持其优越感、为了保护其虚荣心不受任何损害而进行的种种尝试。

人们经常提出的一种反对观点就是，倘若没有了不起的抱负，人类可能永远都不会获得种种了不起的成就。这是从错误的角度得出的一种错误的观点。既然没有哪一个人完全没有虚荣的心理，所以每一个人都存在一定程度的爱慕虚荣。不过，毫无疑问的是，决定一个人的行为会朝着普遍有益的方向前进，并且给一个人赋予了取得伟大成就的力量的，并不是这种虚荣心。只有在一种社会感的激励之下，我们才能取得这些成就。一部天才作品，只有通过其社会内涵才会变得可贵。在创作时存在的任何虚荣，都只会降低作品的价值，并且干扰到其创作。而在一部真正的天才作品当中，虚荣的影响是不会很大的。

　　然而，在我们这个时代的社会环境下，我们是不可能让自己完全不带有某种程度的虚荣心态的。认同这一事实，本身就是一种了不起的优点。认同了这一点之后，我们就会触及我们这种文明的一个痛点，即一种导致许多人永远不幸的因素。只有在出现不幸与灾难的地方，我们才会看到这种人。这些人，都是一些无法与他人相处、无力调整自己来适应人生的可怜虫，因为他们的整个目标，就是外表上显得比实际的自己强。难怪，他们会很容易陷入冲突当中，因为他们只在意自己在他人当中的声誉。在人类经历过的那些最复杂的情况中，我们会发现，根本性的问题一直都是有人试图去满足自己的虚荣心，却没有成功。就我们而言，在试图理解一种复杂的人格时，能够确定虚荣心的程度、活动方向以及达到目的所使用的手段，是一种重要的技巧。这样一种理解，往往会揭示出虚荣心态对社会感来说是多么的不利。虚荣心和对同胞的情感结合在一起，是无法想象的。这两种性格特质，永远都不可能结合起来，因为虚荣心不会允许自己去服从社会当中的诸多原则。

　　爱慕虚荣的最终结局，在于其本身当中。虚荣心的成长，总会受到那些从集体生活当中发展起来的、合乎逻辑的反对观点所威胁。社会生活和集体生活，是两种不可战胜的绝对原则。因此，虚荣心态不得不在其成长初期便隐藏起来、伪装起来，并且采取迂回的方式去达到目标。爱慕虚荣的人对他们获得似乎是自身虚荣心所要求的各种胜利的能力，往往都会持有严重的怀疑态度。就在这种人幻想和沉思的过程中，时间便不知不觉地溜走了。可等时光飞逝之后，我们这种爱慕虚荣的人又会找出情有可原的理由来，说自己从来都没有获得过展示自己才能的机会。

　　在通常情况下，事态的发展都是这样的：特定的个人寻求某种优势地位，让自己游出了人生这条长河，并且站在一边，带着某种怀疑的心态，观察着其他人的活动。正是因为这种怀疑，使得每个同类似乎都成了他的敌人。爱慕虚荣的人，必须既采取进攻的态势，同时又采取防守之势。我们常常会发现，他们都深陷于怀疑之中，纠缠于那些看似符合逻辑、需要思考的重要事项，从而给他们一种表面上的正确之感。可正是在考虑的过程当中，他们却浪费掉了那些重要的机会，并且与生活、社会全都脱了节，放弃了每一个人都必须履行的那些使命。

　　更加仔细地来观察一下这些人，我们就会看出，他们都有一种爱慕虚荣的背景经历，都有一种征服一切、征服所有人，并且用一千种不同的形式表现出来的渴望。这种虚荣心，明明白白地表现在他们的每一种态度、他们的衣着、他们说话的方式以及他们与人类的交流当中。简而言之，不管我们往哪儿看，都会看到一幅幅爱慕虚荣的图景，看到一个个野心勃勃却在那些会引领他们走向超越的方法中没有做出选择的人。由于这种人的外在表现不是非常讨人喜欢，因此，爱慕虚荣者若是聪明机灵，并且认识到他们虽然不愿承认、却实实在在地横在他们与社会之间的那种距离，他们就会想尽一切办法，去掩饰自己身上虚荣心的种种外在迹象。这样一来，我们就会发现有些人外表谦逊，有些人几乎毫不讲究外表，目的都是说明他们不爱慕虚荣。有个故事，说苏格拉底曾经对一个穿着又破又旧的衣服登上讲坛的人如此说道："雅典的年轻人啊，您的虚荣之心，都从您袍子上的每个破洞里露了出来！"

　　有些人深信自己并不爱慕虚荣。由于明白虚荣心隐藏在内心深处，因此他们都只看外表。比如，一个人虚荣心的表达，可能是始终都要求自己成为社交圈子里的焦点，总是要求获得发言权，或者根据自己能否保持关注焦点来评判一场社交聚会是好是坏。其他同样属于这种类型的一些人却从不步入社交界，并且试图尽可能地逃避社交。这种逃避社交的心态，可能会用各种不同的方式表现出来。拒收请柬、姗姗来迟或者是在东道主不得不耐心劝说和恭维之后才去参加，就是耍这种虚荣花招的一些方式。还有一些人，则只会在某些非常明确的条件之下才会去进行社交，会通过让自己显得非常"独特"来表现出他们的虚荣心。他们甚至骄傲地认为，这是一种值得称颂的性格特点。还有一些人，则希望出席所有的社交聚会，从而表现出他们的虚荣之心来。

我们可不能以为，这些方面都是一些不重要的、微不足道的细节。其实，它们都属于心灵当中根深蒂固的东西。实际上，一个具有这些表现的人的人格当中，并没有太多的空间来容纳社会感。这种人更容易变成社会的破坏者，而不是社会的朋友。要想描绘出这些类型的人所有的变化形式，必须拥有一位伟大作家的那种想象力才行。而我们呢，只是想粗略地说明它们的轮廓罢了。

在所有的虚荣表现中，我们可以发现一种主题，说明贪慕虚荣的人都为自己设定了一种此生不可能实现的目标。这种人的目标，就是要比世界上其他所有的人都强，而这一目标，又是这种人怀有无能感所导致的结果。我们可以推断，任何一个具有明显的虚荣心的人，几乎是感觉不到自己有价值的。可能有一些人也意识到了，他们的虚荣心是在自己的那种无能感变得显而易见的时候开始的。不过，除非他们将自己的知识利用到有益的方面，否则的话，他们仅仅具有这种意识就是毫无用处的。

虚荣心是在很小的时候培养出来的。所有形式的虚荣心当中，通常都存有某种非常幼稚的东西。因此，爱慕虚荣的人往往会给我们一种有点儿幼稚的印象。可以决定虚荣心成长的情况，多种多样。在一种情形下，一名儿童会觉得自己受到了忽视，因为他接受的是一种不恰当的教育，结果让他觉得自己的渺小带来的压力太大，令他难以承受。还有一些儿童，则会因为家庭传统而习得某种程度的傲气。我们可以肯定地说，这种儿童的父母也会带有这样一种"贵族"式的姿态，使得他们与众不同，并且让他们觉得非常自豪。

不过，隐藏在此种态度之下的，其实只是这样一种企图，即竭力想把自己看成是一个极其独特、与其他所有人都不同且出身于一个比其他家庭"更好"的家庭的人。这种人具有"更好"和"更高"的敏感性，并且凭借其血统而觉得自己注定要在生活当中维持着某种特权。要求获得这样一种特权，也为他们的人生赋予了方向，决定了一种行为及其表达形式。由于人生几乎不会让这种类型的人顺利地成长起来，由于这种要求获得特殊优势的人或是会招人怨恨，或是会受人嘲弄，因此其中的许多人都会胆怯地离群索居，隐士一般地，或者说古怪地生存着。由于一直留在不需要对任何人负责的家里，所以他们能够保持那种陶醉状态，并且觉得自己的态度得到了强化，因为他们相信，如果事情不是那样的话，他们本来可以实现自己的目标。

偶尔，我们在这种类型中也会看到一些能干、重要的人，他们都让自身发展到了最高的程度。倘若根据才能去衡量，他们可能具有某种价值。可他们却不正当地利用自己的本领，以便进一步陶醉于自身。他们为积极与社会协作而设定的那些条件，是不容易达到的。例如，他们可能会设置一些做不到的时间条件，说他们以前经常做什么，以前学到了什么，或者知道其他的什么事情。而且，他们又会按照自己的方式，找出情有可原的理由，说别人做了什么或者没做什么。他们设定的条件，可能会因为一些更加缥缈的理由而无法满足。例如，他们会声称，如果男人是真正的男人，或者说女人如果不是女人的话，天下就会太平了。可是，哪怕意图再好，这些条件也是不可能实现的。因此，我们必须断定，它们实际上都只是懒惰的借口罢了。它们的作用与安眠药或者麻醉剂相同，目的是让一个人无须去思考自己浪费掉的光阴。

这些人的心中都怀有极大的敌意，并且往往会对别人的痛苦与悲伤不以为意。这一点，就是他们获得一种伟大感所用的心理机制。对人性洞察入微的拉罗什富科[1]曾经这样评价过绝大多数人："他们都能轻而易举地承受别人的痛苦。"对社会的敌视，常常会从这种人采取的一种尖刻而吹毛求疵的态度当中表现出来。这些社会之敌，永远都在责怪、指摘、嘲弄、评判和谴责这个世界。他们对一切都感到不满。不过，仅仅认识到世界不好的一面，并且加以谴责，是远远不够的。一个人必须这样来问一问自己："为了改善这些方面，我都做了些什么呢？"

爱慕虚荣的性格，会满足于通过一种假象让自己凌驾于其他所有人之上，并且用自己的指摘这种强酸去腐蚀别人的性格。并不奇怪，这种人偶尔也会培养出一种极好的手段，因为他们在这种手段方面经历了千锤百炼。在这种人当中，我们会看到一些最为机智的人，他们反应机敏、妙语连珠，非比寻常。一个人可以用自己的机智和敏锐的洞察力来干坏事，就像利用其他任何手段来干坏事一样。并且，一个人也可以像讽刺作家那样，利用自己的机智与敏锐的洞察力来冷嘲热讽、搞恶作剧。

这种人持有的那种贬抑别人和不以为然的姿态，就是他们那种性格特质的表达。此种性格极其常见，这种人自己也不能指责太多。我们将这种性格，称为"贬抑综合征"。它实际上说明了爱慕虚荣者选取的攻击点是什么：这就是同胞的价值与意义。贬

---

[1]　拉罗什富科（LaRochefoucauld，1613—1680），法国作家，著有《箴言集》（亦译《道德箴言录》）。

抑他人这种性格倾向，就是试图通过贬低自己的同胞，来产生一种优越感。认可另一个人的价值，相当于是在侮辱爱慕虚荣者的人格。仅凭这个事实，我们就能得出一些意义深远的结论，并且了解到一个爱慕虚荣者的人格当中，其软弱感与无能感是多么的根深蒂固。

　　由于没有哪一个人能够摆脱此种腐蚀，因此我们可以充分利用此处的讨论，为我们自己定下一种标准，即便是无法在短时间内，根除数千年传统让我们心中逐渐形成的那些东西。尽管如此，假如我们不允许自己为那些最终将会证明是不利和危险的偏见所蒙蔽和纠缠，那么，这也将是我们向前迈出的一步。我们的愿望，既不是变成与众不同的人，也不是寻找与众不同的人。不过我们认为，有一种自然法则，要求我们伸出双手，与我们的同胞一起，并与之协作。一个像我们所处的、要求高度协作的时代，已经不再有追求个人虚荣心的空间了。正是在像我们的这种时代里，一种爱慕虚荣的人生观的种种矛盾性，才会显得尤其明显与愚钝，因为我们每天都会看到爱慕虚荣的人如何走向失败，并且最终会让具有此种心态的人身处社会严酷的考验之下，或者使得他们得不到这个社会的同情。在如今这个时代，虚荣心比在其他任何时代都要更加招人讨厌。我们起码可以去做的，就是寻找虚荣心那些更好的形式与表达方式。这样的话，就算是不得不爱慕虚荣，我们至少也会利用这种虚荣心去谋取大众福利了。

　　下面这个例子，极好地说明了虚荣心的动机。有位年轻的女性，她是家中几姐妹里最小的一个，她从很小的时候起就一直深受大人的宠爱。母亲日日夜夜都听她使唤，满足她的每一个愿望。结果，这种无微不至的关怀，以及这个体质虚弱的小女儿的种种要求，都上升到了一种无边无际的程度。有一天，她发现只要是自己生了病，母亲便会对身边的家人发号施令。于是，这位年轻的女士没过多久便明白了，生病可能是一种非常有利的优势。

她很快便忍住了正常的健康人对于生病的那种厌恶感。而且，身体时不时地不舒服一下，对她来说一点儿也不讨厌。不久，她在生病方面就"熟能生巧"了。只要想那样做，她就可以随时生病，尤其是在她下定决心要达到某种特殊目标的时候。可惜的是，她总是渴望着达到某种特定的目标。结果，在她身边的人看来，她就是长期有病了。这种"生病综合征"，在那些觉得自己的力量正在增长、能够在家中占据核心位置并且凭借生病来无拘无束地左右家人的儿童与成年人身上，有许多的临床表现。我们不得不面对那些年幼而脆弱的人时会看到，他们用这种方法去获得权力的可能性是多种多样的。而且，自然也正是这些人，才找得出这种获得权力的方法来，因为他们已经尝到了亲人关注他们身体健康的甜头。

在此种情况下，一个人可能还会要上一些其他的花招，来达到自己的目的。例如，开始的时候，一个人只吃一点点饭。结果，这个人的脸色就会不好，而家人则必须不遗余力地为这个生病的家人做可口的饭菜。很快，在这一过程中，一个人就会形成渴望有人始终在自己面前献殷勤的心态。这些人，都是一些无法忍受独处的人。他们仅仅通过觉得危险或者让自己陷入危险而获得亲人的关注。而让自己陷入一种危险处境，或者生上某种疾病，是很容易做到这一点的。

让自己认同某种事物或者情况的那种能力，我们称之为同感。我们的梦境，充分显示出了这种能力。在梦里，我们会觉得，好像某种特定情形的确正在发生似的。一旦那些陷入"生病综合征"的人采取了这样一种获得权力的模式，他们就会轻而易举、成功地产生和想出一种不适感，并且干得非常聪明，使得别人可能认为，他们的这种情况既不属于说谎、不属于歪曲事实，也不是妄想出来的。我们都非常清楚，认同某种情况的效果，可能与此种情况真正出现时的效果相同。我们知道，这种人可能会真的呕吐，或者产生出一种真实的焦虑感，就像他们真的有恶心感或者真的处于危险当中似的。通常来说，在产生这些症状的方式当中，他们都会原形毕露；比如说，我们正在讨论的这位年轻女士声称，她有的时候会有一种害怕感，"好像我随时都有可能中风"。有些人能够清清楚楚地想象出某种东西来，从而让他们真的失去平衡，而我们也不能说他们是在想象或者是假装出来的。一旦一个这样的疾病提倡者曾经利用生病的迹象，或者起码也是利用那种所谓的"神经质"症状，成功地给自己身边的人留下过一次印象，这就足够了。自此以后，凡是曾经留下过此种印象的人便会站在"病人"这一边，去照料他并呵护他的身心健康了。一名同胞生病，会对每一个正常人心中的社会感形成挑战。上面我们所描述的这种人，则会滥用这一事实，使之构成了他们获得一种权力感的基础。

在这些情形下，他们对要求自己的同胞去进行深远考虑的各种社会与集体生活准则的敌视态度，就会变得非常明显。一般说来，我们会看到前面一直在描述的这些人都无法理解同胞的痛苦或者幸福。他们很难做到不去损害友邻的权利。对于去帮助自己的同胞，他们更是全无兴趣。偶尔，他们也会因为做出了极大的努力，通过充分调动自己接受的教育与文化修养等所有的本领，从而在人生当中取得成功。可更加常见的情况是，他们的努力都只是为了在外表上显得关注同胞的幸福。从本质上来说，他们行为的基础，不过都是自私自利和虚荣之心罢了。

当然，我们刚才描述的那位年轻女士的情形，也正是如此。她对家人的关心，似乎是程度无限的。倘若母亲把早餐端到她床边的时间晚了半个小时，她就会忧虑和担心起来。在这种情况下，她就会唤醒自己的丈夫，强迫丈夫去看一看母亲是不是没事，才会罢手。时间一久，她的母亲便养成了准时给这位年轻女性送早餐的习惯。她的丈夫差不多也是如此，作为一名商人，他多少必须考虑到自己的顾客与生意伙伴，可每次他要是晚了几分钟才到家的话，他都会发现妻子几乎到了精神崩溃的边缘，焦急得浑身发抖、全身大汗淋漓，并且恨恨不已地发牢骚，说自己被最可怕的恐惧与不祥的预感折磨得不成样子了。这位可怜的丈夫，便只好学丈母娘，强迫自己准时回家。

许多人都会提出异议，说这名年轻女性实际上并没有从自己的做法当中获得任何好处，而这些方面，在现实当中也算不上什么了不起的成功。大家必须记住，我们还只是描述了整体当中很小的一部分。她的病，就是一种危险的迹象，表明："小心！"这也是她人生当中其他所有人际关系的标志。利用这种简单的办法，她让身边的所有人都投入了训练当中。满足她的虚荣心这一点，在实现她控制身边所有人的那种无边欲望的过程中，发挥着根本性的作用。想象一下，这样一个人为了实现自己的目标，必须多么的不遗余力啊！倘若认识到她付出了多么巨大的代价，那么我们必定能够推断出，在她看来，这种态度与行为都已经变成必不可少的了！除非别人都无条件地听从她的话并且按时执行，否则她就过不安稳。不过，婚姻可不仅仅在于让丈夫守时。这位女性的专横做法，还决定了成百上千种其他的关系，因为她已经学会了如何去用自己的焦虑状态强化她的命令。她似乎非常关注别人的幸福，可实际上却是大家都必须无条件地服从她的意志。因此，我们只能得出一个结论，那就是她的关心是满足自身虚荣心的一种工具罢了。

此种性质的心理态度会极其严重，从而使得实现一个人的意志变得比这个人想要获得的东西本身更加重要，这种情况并不罕见。有个6岁小姑娘的例子，便证明了这一点。这个小姑娘完全以自我为中心，因此关心的全都是实现任何时间随机闯入自己脑海里的任何怪念头。她的一举一动，全都表达出了她在征服所有伙伴的过程中展示自己力量的这种欲望。这种征服，通常都是她积极主动的结果。她的母亲非常希望与自己的女儿保持良好的关系，曾经想用女儿最喜欢吃的点心给女儿一个惊喜，便把点心拿到女儿面前，对她说道："因为我知道你非常喜欢，所以我给你拿来了这些点心。"可小姑娘却把盘子打碎在地，一边在糕点上踩踏，一边哭着说："我才不会因为是您给的就想吃，我只在自己想要的时候才想吃。"还有一次，这位母亲问小姑娘，午餐时是想喝咖啡还是想喝牛奶。小姑娘站在门口，非常清楚地嘟囔着说："要是她说咖啡，我就要喝牛奶，要是她说牛奶，我就要喝咖啡！"

　　这是一名对自己的想法直言不讳的儿童。可是，同一种类型的儿童当中，却还有许多的人不会如此直白地表露出自己的心声。或许，每名儿童都在一定程度上具有此种性格特质，都会不遗余力地要实现自己的意志，尽管这样做不会获得任何好处，甚至有可能还会因为我行我素而遭遇痛苦与不幸的结局。在绝大多数情况下，他们都是因为大人放任才形成了那种为所欲为的特权的儿童。所以，在成年人当中，我们也会发现，与那些希望去帮助同胞的人相比，一些人为所欲为的渴望表现得更加频繁。有些人的虚荣心太过严重，因此无法去做其他人提出的任何事情，即便别人提出的是世间最不言而喻的做法，并且的确对这些人自身的幸福非常重要。这种人，就是那种迫不及待，等不到另一个人说完就要提出自己的反对意见与抗议的人。而且，还有一些人的意愿是他们的虚荣心所刺激出来的，并且极其严重，以至于在他们想要答应的时候，实际上说出的却是拒绝。

　　只有在家庭圈子之内，一个人才有可能总是为所欲为。当然，在此种情况下，一个人也并非始终都会我行我素。我们经常可以看到，有些人与陌生人交流时会和蔼可亲、彬彬有礼。然而，这种交流并不会持续很久，很快就会中断；虽说他们肯定会去寻求再度交流，可这种情况却很少见。因为人生就是如此，而人们又不断地聚集到一起，因此看到有这样一个人得到大家的喜欢，却在赢得大家喜欢之后又让大家陷入困境，也不是什么罕见的事情。许多人都在不断地努力，想把他们的活动限制在自己的家庭生活圈子之内。我们这位病人的情况当中，也存在着这一过程。由于性格迷人，因此除了家人，大家都认为她是个可爱的人，都很喜欢她。可不管什么时候，每次出门之后，她都会很快回家。她那种回到家里的渴望，是用许多的假象呈现出来的。假如去参加聚会，她就会头疼（这是因为在任何一场社交聚会上，她都没法像在家里一样保持着那种绝对的权力感），因此只能回去。由于除了在家庭生活当中处于核心地位的情况下，这名女性在其他方面都无法解决自己人生当中的主要问题，即满足其虚荣心的问题，因此只要有必要，她就不得不想出某种办法，来强迫自己回到家里去。她的情况达到了极其严重的程度，因此每次走到陌生人当中，她都会陷入焦虑与兴奋状态当中。不久，她没法去看戏，最终连街上也去不了，因为在这些场合下，她都丧失了那种全世界服从于自己意志的感觉。她想要的，是不让大家在家庭圈子之外看到她，尤其是不能被人看到她在大街上。结果，她便宣称自己不喜欢走出家门到外面去抛头露面，除非是有她"喜欢"的人陪着。她喜欢的那种理想状态，就是始终都被那些关怀备至、只想着她的幸福的人包围着。研究表明，她从很小的时候起，就已经形成这种行为模式了。

　　她既是家里年纪最小、体质最弱的孩子，也是最容易生病的孩子，因此与其他人相比，她必须获得更多的宠爱与照料。她充分利用了受到溺爱的儿童的那种处境，并且，倘若不是干扰到了人生当中那些与这种行为模式形成尖锐对立、不容更改的条件，那么她是终生都会不惜一切代价地去维护这种模式的。她的不安和焦虑状态都非常明显，没人能够否认，从而暴露出她在解决自身虚荣心的问题上偏离了正道这一事实。她采取的解决办法并不正确，因为她没有让自己服从社会生活条件的要求，所以不能解决这一问题的种种表现就会变得非常令人讨厌，使得她必须去寻求医生的帮助了。

　　现在，我们必须除去蒙在她人生当中整个上层建筑之上的那层面纱了。此种上层建筑，是她多年来精心构筑而成的。她必须克服极大的阻力，因为尽管表面上去看医生、要求医生帮她，可从本质上来说，她并没有做好改变自身的准备。她真正想要的，就是继续像以前那样左右自己的家人而不需要付出代价，不需要去忍受那种在大街上纠缠着她的、令人痛苦的焦虑状态。不过，这两种状态却是相互依存的。医生向她表明，她已经成了自身那些无意识行为的囚徒：她希望享受此种无意识行为所带来的好处，同时又希望逃避由此带来的弊端。

　　这个例子极其清楚地说明，每一种程度较为厉害的虚荣心，都会成为一个人终生的负担，会阻碍到一个人的全面成长，并且最终会导致这个人精神崩溃。患者如果关注的只是虚荣所带来的好处，就无法清楚地理解这些方面。正是由于这个原因，许多人才确信，他们那种其实称之为虚荣心更加恰当的"抱负"是一种可贵的性格特点。他们都不明白，这种性格特质始终会让一个人觉得不满足，从而使得他坐立不安。

　　我们不妨再举一个例子，来证明我们的观点。一个25岁的小伙子必须去参加期末考试。然而，他却没有去参加考试，因为他突然之间对那门课程完全失去了兴趣。由于深受那种最令人不舒服的情绪困扰着，所以他开始瞧不上自己，觉得自己一无是处，并且不停地这样想着，最后完全无法去参加考试了。他对童年的记忆当中，充斥着对父母的强烈谴责，因为父母完全不理解他，而他的成长过程也确实拖了他的后腿。处于此种心境当中的时候，他还认为所有的人都毫无价值，都不关心他。这样，他就开始自闭起来了。

显然，虚荣心就是一种动力，不断地让他找得到情有可原的理由和借口，去逃避所有针对其能力进行的检验。此时，就在期末考试之前，他便陷入了这些强迫性的想法当中，深受失去希望与怯场的折磨，使得他完全无法去参加考试了。这一切对他来说极其重要，因为即便此时他没有做出什么令人瞩目的成就，他的那种"人格感"和自我价值感也仍然可以保留下来。他是一直都带着救生圈呢！有了这个救生圈，他就安全了，可以想着是生病与不公命运造就了他的无能，以此来安慰自己。在这种阻碍一个人去接受检验的态度当中，我们只是看到了另一种形式的虚荣心。这种虚荣心，会使得一个人在必须做出某种涉及自身能力的决定之时，能够绕道而行。他会想到自己失败之后将会失去的那种荣耀，开始怀疑自己的能力。他已经了解所有永远都无法相信自己可以做出决定的人所用的那种秘诀。

我们的这位患者，就属于这一类人。他对自己情况的描述表明，他的确始终都是这类人当中的一员。每当必须做出某种决断的时刻来临时，他都会犹豫不决、畏缩不前。由于我们的注意力只放在动作和行动模式的研究上，因此这种姿态在我们看来就意味着，他希望停下来，希望不再前进。

他是家里的长子，并且是家里唯一的儿子，其余四个都是姑娘。除此之外，他也是家里唯一送去上大学的孩子。可以说，他就是家里的大明星，家人都对他抱有极大的期望。父亲总是不失时机地鼓励他的雄心壮志，并且不厌其烦地对他说起那些他可以成就的大事。这个男孩子渴望着变得比世界上其他所有的人都强，并且把这当成是始终摆在自己面前的一个目标。而如今，由于陷入了没有把握和焦虑不安的心态当中，所以他就开始怀疑，自己究竟会不会真的实现在前面等着的这个目标。而虚荣心则向他伸出了援手，给他指出了逃避的方法。

这一点向我们表明，在一种野心很大的虚荣心形成的过程中，一个人是如何使得自己不可能进步的。虚荣心会与社会感展开搏斗，而在这种苦苦的搏斗当中，一个人是找不到出路的。尽管这是事实，但我们还是可以看到，种种虚荣的本性总是会在一个人很小的时候起就开始突破其社会感，并且试图沿着自己那条孤立的道路走下去。这让我们想起了一些人，他们会按照自己的幻觉想象出一座陌生城市的平面图，然后再带着这张想象出来的平面图，在那座城市里到处走动，到他们自己在想象中确定的位置，去寻找想象中的那些建筑物。自然，他们是永远都找不到自己正在寻找的那些建筑物的！可受到指责的，却又是可怜的现实。那种以自我为中心、爱慕虚荣之人的命运，大抵如此。这种人，会在自己与同胞的所有关系当中，不管是通过权力，还是通过阴谋诡计和背信弃义，都尽力遵守自己的原则。他们会等待机会，去指出别人不对，去指出别人正在犯下的错误。只有成功地表明他们比同胞都要聪明，或者都要优秀之后，他们才会觉得快乐。最起码来说，他们也得向自己这样表明才行。可同胞却都不会去关注这种人，他们接受这种人的开战挑衅，这种争斗会从失败走向胜利，而待争斗结束之后，这种爱慕虚荣的人却会坚信他们是正确的，坚信自己要比别人强。

　　这些做法都是一些卑劣的伎俩，任何人都可以利用这些伎俩，想象出自己希望相信的任何东西来。这种情况，可能会像我们所举例子当中的情形一样：一个本来应当去学习、应当去接受书本知识或者应当去参加考试来体现出其真正价值的人，会因为持有错误的观点，并且用这种错误观点去看待所有事物，从而认识到自身的缺陷。因此，他会过高地估计形势，并且认为自己一生的全部幸福和全部成功都岌岌可危了。于是，这种人必然就会陷入一种没有人能够承受的紧张状态当中。

　　对这种人而言，每一种社会关系都具有重大事件般的作用。每一次演说、每一句话语的价值，都是站在他自己究竟是成功还是失败了的角度来进行评判的。这是一场无休无止的斗争，最终会将一个在人生当中把虚荣、野心、虚假希望当成其行为模式的人逼入种种新的困境当中，并且让这种人丧失人生当中所有真正的幸福。只有在矢志维护人生的各种条件的情况下，我们才能获得幸福。可一旦把这些真正的、不可逃避的条件撒在一边不予理会，这种人就堵住了让自己通往幸福与快乐的所有道路，并且会在其他人看来意味着满足与幸福的所有事情上遭遇失败。这种人能做的，充其量就是幻想着自己强过和主宰着别人，尽管实际上他们也会发现，这种情况是决不可能实现的。

　　即便这种人曾经拥有过此种优势，他也会毫不费力地发现，有许多的人都会非常乐意来与他争夺这种优势。我们不可能迫使任何一个人去承认别人比自己强。留下来的，就只有这种可怜之人那种难以理解、渺茫飘忽的自我评价了。倘若一个人陷入了这样一种生活模式当中，他就很难与自己的同胞进行任何交流，也很难取得任何真正的成就了。在这种游戏当中，是没有赢家的。所有的参与者，永远都会受到攻击和杀戮。因为他们承担的，就是永远显得了不起、永远显得比别人强的这样一种痛苦的义务！

　　倘若一个人的声望完全是由于他为别人做出了贡献而获得的，就是完全不同的一回事儿了。那样的话，他自然就会获得荣耀。就算别人反对的话，别人的反对也是没有什么分量的。这种人可以泰然自若地拥有荣耀，因为他没有把一切全都押在虚荣之上。其中的关键，就在于那种以自我为中心的态度，以及始终提升自身人格的追求。爱慕虚荣的人，始终都在期待，始终都在获得。对比一下爱慕虚荣的人，与其他那些表现出了一种健全发展的社会感、带着"我能给予什么？"这个问题去度过人生的人，大家马上就会看出两种人在性格和价值方面的巨大差异来了。

　　这样，我们就得出了人们已经明白了数千年的一个观点。这种观点，在《圣经》的一句名言中表达出来了："施比受更为有福。" [1]假如细思一下表达出了古人在人性方面具有伟大经验的这句话的意思，我们就会认识到，此处指的就是"给予"这种态度与心境。正是一种"给予"或者"服务"的心态，正是一种帮助他人的心态，本身就带有一种心理补偿机制、含有一种精神上的和谐状态，就像神灵赐予的一种礼物，深深地根植在那些给予者的心里。

　　而另一方面，贪婪索取的人通常都会永不满足，会一心只想着他们还应获得些什么、还需拥有些什么，才能过得幸福。贪婪者的目光，绝不会去看别人需要什么，别人的不幸就是他们的幸福。在这种人的身上，根本就没有适应人生、与生活和平相处的空间。这种人，会要求别人不折不扣地去服从他们的利己主义规定的那些法则。这种人，会要求拥有一个与现存世界不同的世界，会要求一种不同的思维和感受方式。简而言之就是，这种人的永不满足与厚颜无耻，就像表露出他们特点的其他方面一样

---

[1]　引自《新约圣经·使徒行传》20：35。

可憎。

还有一种更加原始的虚荣形式，我们在那些穿着引人注目或者带着某种自以为是的神色的人身上，在那些打扮得像只猴子、华丽丽地出现在众人面前的人身上，就可以看出来。这种情况，几乎与原始人在到达某种程度的自豪与荣耀时，想要在头上插一根特别长的羽毛来显得出众的做法没什么两样。许多人都在始终穿得花枝招展、打扮跟得上最新款式的过程中，获得了最大的满足感。这种人身上那些形形色色的饰品表明，他们的虚荣心达到了一种极端的程度，就像是定下了许多的标准、显示出了许多咄咄逼人的标志或者武器一样。而若是正确理解的话，这些标准、标志或者武器的目的，都是为了吓退敌人。有的时候，这种虚荣心还会通过带有色情意味的标志，或者通过一些在我们看来非常轻浮的文身表现出来。在这些例子当中，我们会觉得这种人是在努力哗众取宠，尽管这样做只能让他们显得无耻而付出惨痛的代价。不知羞耻的行为，会给某些人带来一种自己了不起和高人一等的感觉。而其他一些显得冷酷无情、蛮不讲理、顽固不化或者孤僻的人，也会产生出相同的感觉来。实际上，这些人可能都是一些更接近亲切而不是无礼的人，而他们原来的那种粗暴，也只是装腔作势罢了。尤其是在男孩子的身上，我们会看到一种表面上的冷漠感。这种冷漠感，实际上就是一种敌视社会的态度。受到此种虚荣心的驱使、希望扮演某个让他人受苦的角色的人，任何一种要求他们具有某些更美好的感情的做法，都会让他们受到冒犯。这种要求，只会使得他们的态度更加强硬起来。我们已经看到过许多的例子，其中的父母去接近并向孩子诉说自己的痛苦，而他们接近的那个孩子呢，实际上却会从父母的伤心当中获得一种优越感。

我们已经注意到，虚荣心往往会对自己进行伪装。爱慕虚荣者想要控制别人时，必须先获得别人的好感，才能让这些人与自己绑在一起。因此，我们决不能任由自己完全被一个人可能表现出来的那种和蔼可亲、友好以及愿意交往的态度所欺骗。而且，我们也不能受到蒙骗，以为尽管如此，对方仍有可能不会是一个逞强好斗、咄咄逼人、正在寻找征服机会且想以此来维持其个人优势的人。此种斗争的第一阶段，必定是稳住自己的对手，并且用甜言蜜语进行哄骗，从而使得对手放松警惕。在这个友好接近的第一阶段中，我们很容易受到诱惑，以为进攻者是一个具有高度社会感的人；而到了第二阶段，这种人的伪装就会去除，从而显示出我们所犯的错误来。这就是那些会让我们感到失望的人。我们本以为这种人具有两种灵魂，可实际上他们却只有一个，先是和蔼可亲地接近我们，最后却会导致令人痛苦的结局。

他们接近别人的手段可能会极其高明，以至于达到了"灵魂捕捉"这种游戏的程度。他们身上最专注的那些特质可能会非常明显，它们本身就是一种胜利。这些人会侈谈人性，并且会在行为中表面上显得热爱自己的同胞。不过，这种姿态通常都是用一种太过明显的方式表现出来的，因此真正懂得人类心灵的人会变得警惕起来。一位意大利犯罪心理学家曾经如此说道："倘若一个人的理想态度超过了某种程度，倘若一个人的博爱与仁慈之心表现得太过惹眼，那么我们完全可以心存怀疑。"当然，我们必须有所保留地来理解这句话，但我们可以十分肯定地说，这种观点还是有根有据的。通常来说，我们都能轻而易举地辨认出这种人。拍马屁并不是一件任何人都觉得好受的事情。这种做法很快就会让人觉得不舒服起来，而我们对那些利用这种方式来阿谀奉承的人，也会产生警惕之心。我们更应当有意地去约束那些野心勃勃的人，不让他们利用此种方法。选择一种不同的方法和一种更加圆滑的手段，效果会更好。

在本书的上编当中，我们已经熟悉了那些最为经常地导致人们偏离正常心理成长道路的情形。从教育的角度来看，问题就在于这样一个事实：在这种情形下，我们面对的都是一些已经对所处环境形成了一种逞强好斗态度的儿童。就算老师明白自己的责任所在，明白这种责任深深扎根于生存的逻辑当中，他也无法把这种逻辑强加到儿童的身上。唯一可能做到这一点的办法，似乎就在于尽量避免出现任何可以让人变得逞强好斗的处境，并且不把儿童当成教育的对象，而是当成教育的主体。就好像一名儿童已经是一个完全长大的成年人，所处地位与老师完全相同似的。这样，一名儿童就会不那么容易犯错，不会以为他承受着压力或者受到了忽视，并且因此而必须挑起自己与老师的斗争了。处在这样一种斗争位置上，我们的文化在极大程度上塑造了我们的思维、行动以及性格特质的那种错误抱负就会自动形成，并且首先会因为各种关系日益复杂而有可能导致人格受挫，而最终又有可能让一个人完全崩溃。

我们都从童话故事当中了解到了许多关于人性的知识，而这些童话故事也举出了许多的例子，说明了爱慕虚荣的危险性，这一点是非常独特的。在这里，我们必须回顾一个童话故事。它说明虚荣心不加约束地发展起来之后，会如何导致人格的自动毁灭。这个故事说的是，从前一个渔夫放生了自己捕到的一条鱼，而鱼出于感激，便承诺说，可以帮渔夫实现自己的一个愿望。渔夫的愿望实现了，然而，渔夫的妻子却很不满。她贪婪得很，要求渔夫改掉原先那个卑微的心愿，先是把她变成一位女公爵，接着变成女王，最后竟然要把她变成上帝！她一次又一次地打发丈夫回到鱼儿那里去，直到那条鱼对她的最后一个要求十分生气，便永远不理渔夫了。

虚荣心与野心的发展，是没有止境的。在童话故事当中，在那些爱慕虚荣之人狂热的精神追求当中，权力追求竟然采取了渴望变得像上帝一样这种表达形式，看到这一点是很有意思的。我们不用费力地去寻找，便会看到一个爱慕虚荣之人的举动完全显得好像他就是上帝一样（这种情况，在虚荣程度最严重时才会出现），或者一举一动都好像是上帝的代表似的，或者还会表达出一些只有上帝才能实现的希望与愿望来。此种表现，即想要变得像上帝一样的追求，就是这种人所有行为当中都存在着的一种性格倾向的极点，相当于一种让自己突破人格界限的渴望。

在我们这个时代，表明了这种性格倾向的证据有很多。许多对灵性、精神研究、心灵感应以及类似的心理活动极感兴趣的人，全都是这些渴望着突破人性的界限、获得人类并不拥有的种种力量、希望自己在与鬼魂与死者灵魂交流的过程中摆脱时间与空间约束的人。

假如进一步去研究，我们就会发现，大部分人都有一种确保自己在上帝身边获得一个小小位置的倾向。还有许多的学校，它们的教育理想就是让学生变得像上帝一样。的确，这是以前所有宗教教育的一种自觉理想。我们只有带着惊恐之心，才能去验证这种教育的结果。如今，我们自然应当去寻找一种更加合理的理想了。不过，此种倾向在人类当中极其根深蒂固，却是可想而知的。除了心理方面的原因，还有一个事实，那就是：许多人都是从《圣经》中那些耳熟能详的语句中获得关于人性的最初概念的，而这些语句都宣称，人类是按照上帝的形象创造出来的。我们可以猜想，这样一种观念会在一名儿童的心中留下什么样的重要影响与危险后果。诚然，《圣经》是一部奇妙的作品，一个人可以时时阅读，并且会在判断力成熟之后再去阅读时，惊叹于这部作品的洞察力。不过，我们不能教孩子去读《圣经》，起码不能不加评论地教他们去读，目的则是让儿童可以学会知足于此生，而不会想当然地认为世间有着各种各样的神奇力量，不会仅仅因为他是按照上帝的形象创造出来的，就要求所有的人都做他的奴隶。

与此种渴望变得像上帝的心态紧密相关的，就是童话故事《乌托邦》中的那种理想。"乌托邦"就是一个所有梦想都会成真的地方。儿童很少期待着这种虚构出来的情况会实现。不过，假如注意到儿童对魔法都极感兴趣的情况，那么我们就决不能不相信，他们很容易受到这个方面的引诱，很容易让自己陷入这样的幻想中去。我们在一些人身上会看到，他们都有一种获得魔法、获得影响别人的魔力的强烈想法，并且这种想法可能要到他们年纪很大了才会消失。

或许，有一个方面，是没有人能够完全不去考虑的，那就是在女人对男人具有神奇的影响力这个问题上，很多人都深信不疑。我们可以看到，许多男性的举动，都表现得仿佛他们觉得自己很容易受到性伴侣的神奇影响似的。这种迷信，让我们想起了以前的一个时期。当时，人们持有的这种观念可要比如今坚定得多。那就是女性有可能因为纯粹的借口而被称为巫婆或者术士的时代。这种偏见，曾经像是一个噩梦一样，压在整个欧洲之上，并且在某种程度上决定了欧洲数十年的历史。假如还记得这种妄想曾经让100万名女性都成为牺牲品的事实，那么我们就决不能再说它们只是一些没有害处的错误，而是必须把这种迷信的影响与宗教裁判所或者世界大战所带来的恐怖相提并论了。

在探究变得像上帝一样这种追求的过程中，我们也会看到通过滥用自己在宗教方面获得满足的渴望来满足一个人虚荣心的做法。我们只需说，对于一个深受心理问题困扰的人来说，不得不摆脱其他的人去与上帝进行个人交流，可能会极其重要就行了。这样一个人，会认为自己离上帝相当近，而上帝则责无旁贷，应当因为崇拜者的虔诚祈祷与传统仪式而亲自去关注崇拜者的身心幸福。这种宗教骗局，通常都不是真正的宗教，只会给我们留下崇拜者纯属精神方面处于病态的印象。我们曾经听一个人说过，除非做了某种明确的祈祷，否则他就无法入睡，因为若是没有向上天进行此种祈祷，某个地方的某个人就会遭遇不幸。要想整体理解这种吹泡泡式的不可靠做法，我们只需对某句这样的话做反向推论，然后去理解就行了。在这个例子当中，命题就是："要是我做了祈祷，那人就不可能受到伤害了。"这些就是一个人能够轻而易举地获得一种神奇的伟大感所用的方法。通过这种小小的花招，一个人可能真的会成功地扭转另一个人在人生中某个确定时刻的不幸。在这种虔诚之人的白日梦当中，我们能够看到类似的、突破了人性界限的心理活动。这些白日梦当中会呈现出一些空洞的姿态和勇敢的行为来，它们完全不可能真正地去改变事物的性质，但在做白日梦的人的想象当中，却会非常成功地阻止他们去与现实产生联系。

在我们的文明当中，有一种东西似乎具有魔力，那就是金钱。许多人都认为，用钱可以做到自己希望去做的任何事情。因此，这些人的野心与虚荣心之中只有金钱与财产这个问题，就不足为奇了。此时，他们那种无休无止地渴望获得财物的追求，就是可以理解的了。在我们看来，这种追求是病态的。此外，这种追求当中，除了一种虚荣心在作祟，试图通过积聚财物来产生一种类似于巫师的力量之外，就别无他物了。这种极其有钱的人当中，有个人尽管财产已经多得花不完，可仍在继续追逐金钱。他在刚得上妄想型精神错乱症的时候，曾经承认说："是的，您知道吗，那（金钱）就是始终都在诱惑着我的力量！"这个人明白了这一点，可还有许多人却不敢去明白这一点。如今，有权与有钱、有财产紧密结合在一起，而在我们的文明当中，追逐金钱与财产似乎也是顺理成章的事情，因此没有人再去注意这样一个事实：许多的人都是在自身虚荣心的驱动下，才会什么也不干，一心去追逐金钱的。

最后，我们还要举出另一个例子，它会说明我们在前面已经讨论过的每一个方面，同时还会让我们理解虚荣心在其中发挥着极大作用的另一种现象，那就是青少年犯罪。这个例子，说的是一对姐弟。弟弟年纪小，大家都认为他不聪明，而姐姐却能力非凡，受到了大家的称誉。待弟弟无法再与姐姐进行竞争之后，他便放弃了这种竞争。他被推到了不引人注意的角落，但大家还是在尽力替他扫除前进道路上的障碍。与此同时，他背上了一种沉重的思想包袱，它相当于表面上承认了自己不聪明的这个事实。从很小的时候起就有人教导他说，姐姐总是能够轻而易举地克服人生当中的各种困难，而他却只适合于去干一些平庸的事情。这样，由于姐姐更能干，人们便认为他无能，可实际上却并不是这样的。

后来，他背着这个沉重的包袱去上学了。他就是一种极端的典型，代表了那些不惜任何代价都要逃避让人发现和认出其能力低下、有着悲观厌世倾向的孩子。随着他的慢慢长大，他还产生出了不要被迫去扮演一个愚蠢学生的角色，而要被别人当成大人来对待的渴望。在14岁那年，他就经常参加成年人的社交聚会了。不过，他那种深刻的自卑感却如芒刺在背，迫使他考虑自己如何去扮演一个已经成年的谦谦君子的角色。

于是，有一天他便误入了歧途，走进了妓院，此后常待在那里。由于他在金钱方面的花费与他对嫖娼的兴趣紧密相关，而与此同时，他渴望扮演成年角色的心态却使得他不愿再伸手向父亲要钱，所以他便开始偷父亲的钱。只要自己觉得有必要，他就会把父亲所有的钱都偷走。他根本就没有为自己的这种偷窃行为感到痛苦，因为他觉得自己的做法有点儿像个成年人，像是掌握着父亲钱财的一名出纳。这种情况一直持续着，直到有一天，他的学习成绩有可能及不了格了。留级会是一种说明他无能的证据，他可不敢把这种无能公之于众。

此时，就发生了下面的事情：他突然之间陷入了深深的痛苦和自责当中，而这种自责又令人遗憾地妨碍到了他的学习。这种把戏让他的处境有所改善，因为此时倘若考试不及格的话，他将对整个世界都有借口。他被悔恨之心折磨得如此痛苦，因此，与他处于相似境况的其他任何一个人都有可能在学业上失败。与此同时，一种严重的注意力不集中也妨碍到了他的学习，因为这迫使他去想其他的一些东西。这样度过了白天之后，黑夜降临，他又会带着完全明白自己的确必须努力学习的心态去睡觉，尽管实际上他是那种最不关心自己学习的人之一。此后的情况，也使得他扮演这样一种角色更加容易了。

每天他都不得不很早起床。结果，一整天他都昏昏欲睡、疲惫不堪，根本就无法集中精力去学习。这样，我们当然不能要求他去与自己的姐姐展开竞争了。此时，负有责任的就不再是他没有天赋，而是那种致命的伴随现象，即让他不得安宁的懊悔与良心不安了。最终，他便全副武装，什么也伤不到他了。即便失败，也总有情有可原的地方，因此没有人能够说他不聪明。而若是成功了呢，就会是他有本事的一种明确证据。

看到上面的这种把戏时，我们就可以肯定，虚荣心正是导致他们耍这种把戏的原因。在这个例子当中，我们可以看出，一个人为了不被别人发现自己身上有一种所谓的其实却并不存在的无能，可以让自己陷入危险当中，甚至是陷入违法犯罪的危险当中去。野心和虚荣心，必会给人生带来此种复杂的情况和岔道。它们会让一个人完全不再坦率，完全不再有真正的欢乐，会剥夺一个人在人生当中所有真正的快乐与幸福。而更加敏锐地研究一番的话，我们就会发现，导致这一切的原因，不过就是一种愚蠢的错误罢了。

第二节　嫉恨

嫉恨是一种极其常见、因而令人觉得很有意思的性格特质。我们所称的嫉恨，并非仅仅是指爱情关系当中的嫉恨，还是指其他所有人际关系当中存在的嫉恨之心。因此，在儿时，我们会看到儿童为了强过彼此而形成的嫉恨之心。这些儿童，可能还会培养出野心，并且利用这两种性格特质，表现出他们持有的那种逞强好斗的世界观来。嫉恨是野心的孪生姊妹，这种可能会终生保持的性格特质，源自于一个人认为自己受到了忽视和排斥的那种感受。

随着一个小弟弟或者小妹妹出生，儿童当中几乎普遍会产生出嫉恨之心，因为这个弟弟或者妹妹需要父母把更多的注意力放在他们身上，从而可能让一个年纪较大的孩子觉得自己就像是一个被人废黜了的国王似的。在弟弟或者妹妹出生之前享受过父母那种有如太阳般温暖的爱的儿童，还会变得尤其嫉恨。一个小姑娘曾经在8岁之前犯下过三桩谋杀案，这个例子就说明了此种感觉的厉害程度。

这个小姑娘，是一个发育有点儿迟缓的孩子，由于病弱娇气，所以父母什么事情都不让她去做。因此，她发现自己的处境相对舒适、安逸。可在6岁那一年，家里却又多了一个妹妹，所以她的这种舒适处境，便突然发生了变化。她的思想发生了彻底的转变，并且带着一种无情的恨意，虐待自己的妹妹。父母由于不理解她的做法，便开始变得严厉起来，尽量让这个孩子对自己的每一种错误行为承担起责任来。有一天，流经这家人所在村庄的那条小河里，发现了一个小姑娘的尸体。过了一段时间之后，人们又发现一个姑娘溺死在这条小河里。最终，就在我们的这位患者将第三个小孩扔进水里的那一刻，她被人们逮住了。她承认了自己的谋杀行为，然后被送进了一家精神病院去进行观察，最后又被安排到了一家疗养院，去接受进一步的教育。

在这个例子当中，这位小姑娘对自己妹妹的嫉恨之心，转移到了其他小孩子的身上。我们注意到，她对男孩子没有敌意，她仿佛是从这些受害的孩子身上看到了妹妹的样子，并且试图通过谋杀行为来满足自己因为受到了忽视而产生的报复心理似的。

倘若一个小姑娘既有弟弟又有妹妹的话，那么她就更加容易表现出嫉恨之心来。当她看到，弟弟一出世就受到了父母更加兴奋的欢迎，受到父母更加细心、更加关切的对待，并且获得了一个女孩无法享有的各种优势时，她就很容易感到沮丧失望。

像这样的一种关系，自然会导致这种小姑娘产生出敌意来。一个年纪较大的姐姐，可能会表达出自己对弟弟的爱意，可能会像母亲一样去对待弟弟。可从心理学的角度来看，这种情况可不一定与第一种情况不同。假如姐姐对弟弟妹妹采取母亲的姿态，那么她就已经重新获得了一种权力，而有了这种权力，她的做法就能够让她从一种危险的位置创造出一种有利的条件来。

兄弟和姐妹之间那种夸张的竞争，是导致家人之间产生嫉恨心理的一种最常见的原因。一个女孩子觉得自己受到了忽视，便会不屈不挠地去压倒自己的兄弟。由于勤奋不懈与精力付出，她会成功地超过弟弟，而弟弟本质上就是在这个问题上帮了她一把，这种情况并不罕见。在青春期里，女孩子无论是心理上还是生理上都要比男孩子发育得更快，尽管在接下来的那几年里，这种差异会慢慢地调整过来。

嫉恨心的表现形式多种多样。在猜疑以及随时准备攻击别人的心态当中，在一个人吹毛求疵地批判同伴的做法当中，在一个人始终担心自己会受到别人忽视的心理当中，我们都可以看出这种嫉恨之心来。而这些表现形式究竟会呈现出哪一种来，则完全取决于一个人以前培养出来的那种社会感。有一种嫉恨形式，会在自杀中表达出来；另一种嫉恨形式，则会在精力充沛的固执己见中体现出来。破坏他人的兴致、毫无意义的反对、限制他人的自由以及因此而让别人服从自己，就是这种性格特质诸多变化形式当中的几种。

给别人定下一套行为规矩，就是嫉恨者最喜欢耍的花招之一。倘若一个人试图把某种爱情法则强加给自己的伴侣，在自己所爱的人周围建起一道壁垒，或者规定自己的伴侣应当看什么、做什么、如何去思考，那么他遵循的就是这样一种典型的心理模式。一个人也可以利用嫉恨一个人。而这些做法，不过都是为了达到剥夺另一个人的意志自由、让另一个人循规蹈矩或者束缚住另一个人这一目的而采取的手段罢了。我们在陀思妥耶夫斯基所著的小说《涅陀契卡·涅兹凡诺娃》当中，就可以看到对此种行为的精彩描述。在这部小说当中，一个男人成功地利用我们已经讨论过的那种花招，压迫了自己妻子的一生，从而表达出了他对妻子的掌控权。因此我们看得出，嫉恨其实是权力追求一种尤其明显的表现形式。

第三节　忌妒

在任何一个怀有权力追求与优势追求的人身上，除了前述两个方面，我们肯定也能看到忌妒这种性格特质。一个人与自身异常高远的目标之间的那道鸿沟，会以一种自卑综合征的形式表现

出来。这道鸿沟，会让一个人觉得压抑，并且会对一个人的一般
行为和人生观带来极大的影响，从而让我们觉得，这个人离实现
自己的目标还远得很。这种人对自己的评价很低，并且总是对人
生感到不满，它们都是忌妒这种性格特质的可靠指标。于是，这
种人会把时间都花在衡量别人的成功之上，都花在一门心思想着
其他人会怎么看他或者会怎么看待别人获得的成就等方面。他总
是自己那种受到了忽视的感觉的受害者，并且会觉得自己受到了
不公平的对待。这样一个人，拥有的东西实际上可能会比别人更
多。这种受到了忽视的感受，有多种不同的表现形式，它们都是
一种虚荣心没有得到满足、渴望着比自己的邻居获得更多的那种
心态的指标，或者说是甚至要获得一切的那种心态的指标。这种
心怀忌妒的人，并不会说自己希望获得一切，因为他们身上真实
存在的一种社会感会阻止他们这样去想。不过，他们的一举一
动，却会显得仿佛是希望获得一切似的。

　　在如此不断衡量别人成就的过程中产生出来的那种忌妒感，
并不会增加一个人获得幸福的可能性。社会感的普适性，使得忌
妒心也普遍为人们所讨厌。不过，是没有几个人能够做到不怀有
某种程度的忌妒之心的。我们当中，没有哪个人完全没有忌妒之
心。在平静的生活当中，这种忌妒之心可能会表现得并不明显。
可当一个人陷入困境，或者觉得自己受到了压迫，或者没钱、没
食物、没衣服、得不到温暖，当一个人觉得希望渺茫、前景暗
淡，并且看不到摆脱此种不幸处境的出路时，忌妒之心便会显露
出来。

　　如今，我们人类仍然处在文明的初始阶段。尽管我们的道德
伦理与宗教信仰禁止人们产生忌妒心，可我们在心理上却仍然不
够成熟，无法做到消除这些忌妒感。一个人完全可以理解穷光蛋
的那种忌妒之心。只有当有人能够证明，假如处在同样的地位，

他不会感到忌妒的情况下，这种忌妒感才是难以理解的。关于这一点，我们要说的就是，在人类心灵目前所处的状况下，我们必须考虑到忌妒这个因素才行。事实上，一旦有人过度限制他们的行为，一个人或者一群人的内心就会产生出忌妒感来。不过，倘若忌妒是用一种我们永远都不可能认可的、最令人讨厌的形式表现出来的话，我们就的确不知道要用哪种方法才能消除这种忌妒心，才能消除经常随之而来的那种恨意了。对于每一个生活在我们这个社会当中的人来说，有一点非常清楚，那就是一个人不应该去考验这样的性格倾向，也不要去激发出这些性格倾向来。一个人应当足够老练，不让任何可以预料到的忌妒表达变得更加严重才是。事实上，那种做法是不会改善任何东西的。不过，我们能够对一个人提出的最低要求，就是他不应当在同胞面前炫耀自己任何一种暂时性的优越感。那样做的话，他就很可能会伤害到别人。

个人与社会之间那种不可分割的联系，会在这种性格特质产生时表现出来。没有哪一个人能够让自己凌驾于社会之上，能够在对自己的同胞显示出力量的同时而不激发起那些想要阻止他成功的人的敌视。忌妒心迫使我们创立出了所有的措施与规则，而这些措施与规则的目的，也都是为了在全人类当中确立起平等的关系。最终，我们就会理性地得出一个原本凭直觉已经感受到的观点，那就是全人类平等的法则。一旦打破这一法则，就会马上引发敌视与纷争。这是人类社会的根本法则之一。

的确，有的时候，我们非常容易从一个人的外表当中看出忌妒心的种种表现来。人们长久以来都用在比喻当中的那些忌妒特质，在生理上是具有一种伴生现象的。我们说一个人忌妒得脸色发"绿"或者脸色"苍白"，指的就是忌妒心会影响到人的血液循环。忌妒的生理表达，可以从毛细血管末端收缩这一点看出来。

　　就忌妒对于教育学的意义来说，我们只有一种办法。既然无法彻底消除妒忌心，那么我们就必须让妒忌变得有益才行。我们可以通过给忌妒提供一条使之变得有益而不会给精神生活带来太过严重的冲击的宣泄渠道，来做到这一点。这种方法，对个人和群体来说都同样有效。对于个人，我们可以给他提供一种提升其自尊心的工作。对于各个民族来说，我们能够做到的，就是向那些觉得自己受到了忽视的民族表明，我们有一些新的办法，可以把他们天生具有却没有得到开发的那些力量开发出来。

　　任何一个终生都怀有忌妒之心的人，对集体生活都是毫无益处的。这种人关心的，只会是向别人索取某种东西，只会是用某种方式去剥夺别人的一切，并且对别人构成干扰。与此同时，这种人还会喜欢替自己那些没有实现的目标准备好情有可原的借口，并且将责任转嫁到别人的头上。这种人会成为一个好斗的人和捣乱分子，会成为一个不是很喜欢良好关系、不愿参与到让自己变得对他人有益的事情中去的人。由于这种人几乎不会费心去体谅他人的处境，因此他们几乎都不怎么理解人性。这种人不会因为自己的行为实际上导致了别人受苦而心存感动。忌妒心甚至可以发展到极其严重的程度，使得一个人会以友邻的痛苦为乐。

第四节　贪婪

　　贪婪非但与忌妒紧密相关，而且我们常常还会发现，贪婪与忌妒臭味相投、相伴相生。我们所谓的贪婪，并非只是指用积聚钱财的形式表现出来的那种贪婪，还包括那种更为普遍的形式，其主要表现就是一个人不能给别人带来快乐，对社会和其他所有人都持有一种贪得无厌的态度。贪婪的人会在自己周围筑起一道墙壁，来确保自己拥有那些可悲的财宝。一方面，我们认识到了贪婪与野心、虚荣心之间的联系；而另一方面，我们也可以看出贪婪与忌妒之间的联系来。说所有这些性格特质通常都会同时存在，一点儿也不夸张。因此，倘若发现了这些特质当中的一种，我们可以说其他几种也同时存在，这种情况就不是一种什么令人震惊的读心术把戏了。

　　在如今的文明当中，几乎每一个人至少都会表现出贪婪的迹象来。普通人做到的，充其量都是将这种贪婪心掩饰起来，或者将自己的贪欲隐藏在一种夸张的慷慨背后。这种做法，不过就是一种施舍，就是一种试图通过慷慨的姿态，用牺牲别人的利益为代价来提升自己的人格感的行为罢了。

　　在有些情况下，贪婪还会显得是一种非常可贵的品质，比如在贪婪指向的是某些生活方式的时候。一个人可能会对自己的时间或者劳动贪得无厌，并且事实上还在这一过程中完成了一件了不起的作品。在我们目前的这个时代，存在着一种科学的和道德的倾向，将这种"贪求时间"的现象推到了前台，甚至要求每一个人都去节约自己的时间与劳动。从理论上来看，这种倾向听起来是很合理的，可看到人们将这种观点加以实际应用后，我们却总是能够看出，这种观点其实是在为某种个人的优势和权力目标服务。这种根据理论而获得的观点，经常会被人们误用。对于时间与劳动的贪求，目的只是将工作的重担转移到别人的肩膀之上。与对待所有行为时一样，我们也只能根据普遍有益性的标准，来评判此种行为。我们这个技术时代的发展特点，就是人类被当作机器看待，并且给生活规定了许多的原则，就像我们给技术活动规定了许多的原则一样。对于技术活动来说，这些规则常常都是合理的。可对于人类而言，种种规矩和原则最终却会导致自闭、孤独，并且破坏人际关系。因此，我们最好是调整自己的生活，使得我们更加愿意给予，而不是节省。这是一条我们决不能断章取义的原则，我们也绝对不允许任何人利用这一原则来捣乱。实际上，假如我们心中牢记着大众福祉的话，就不可能利用这一原则去干坏事了。

第五节　仇恨

我们发现，仇恨是一些逞强好斗之人的一种性格特点，这种情况并不罕见。喜欢恨人（这种情况经常出现在儿童早期）的性格倾向，既可以达到一种非常强烈的程度，比如乱发脾气，同时也可能以一种比较温和的形式表现出来，比如唠叨和阴毒。一个人能够仇视和唠叨到什么样的程度，是表明一个人人格的良好指标。倘若了解了这一事实，那么我们就会充分理解这个人的心灵，因为仇恨与恶意都会给人格打上个性化的色彩。

仇恨有各种各样的针对方式。它可能会对一个人必须去履行的不同使命，会针对一些个人、一个民族或者一个阶层，会针对一个种族，或者针对异性。仇恨不会公开表露出来，而是会像虚荣心一样，知道如何去掩盖自己并加以表达，比如伪装成一种普通的批评态度。仇恨可能会发展到一种极端的程度，让一个人可能拥有的所有交往机会全都化为泡影。有的时候，一个人可能达到的极度仇恨心态，会在突然之间像一道闪电似的暴露出来。有一名患者的情况正是如此：他自己不用去服兵役，却说非常喜欢看那些关于别人被可怕地屠杀和消灭的报道。

在犯罪活动中，我们会看到许多的这种情况。仇恨的性格倾向，可以用种种比较温和的形式，在我们的社会生活当中发挥出重要的作用，以一些根本无须去冒犯别人或者让他人害怕的方式呈现出来。愤世嫉俗这种仇恨形式，暴露出的是一种高度仇视人类的心态，它正是这些伪装形式当中的一种。许多的哲学流派当中都充斥着仇恨与愤世嫉俗的态度，因此我们可以把它们与残忍、野蛮这种更加粗俗和未加伪装的敌视行为相提并论。这种伪装，有的时候会在一些名人的传记当中被揭露出来。去思考这种说法当中含有的那种必然真理，并没有记住仇恨与残暴有的时候可能存在于一位艺术家身上那么重要。这种艺术家要是希望创作出优秀的艺术作品，原本应当接近仁慈才是。

到处都可以看到仇恨的诸多衍生形式。就算我们不会在此一一进行研究，也是因为说明某种单一性格特质与普通的愤世嫉俗之间的所有联系会让我们离题太远的缘故。比如说，人们是不可能在没有某种愤世嫉俗的心态下选择某些工作与职业的。格里尔帕策[1]曾经说过："一个人的残忍本能，会在其诗文中得到令人满意的表达。"当然，这绝对不是说，要是没有仇恨心态的话，我们就不能从事这些职业。恰恰相反。就在一个仇视人类的人决定从事某种职业的那一刻，他所有的仇恨脾性所针对的方向，便会使得它们全都适合于整个社会体制，至少在表面上会是如此。之所以这样，是因为这个人必须做出调整，去适应自己的组织，因为他必须与同样从事此种职业的其他人产生联系。

有一种形式，尤其可以让敌意得到完美的伪装，就是那些属于"过失犯罪"的行为。针对人类或者财产的"过失犯罪"，其特点就是过失犯罪者实际上完全忽视了社会感所要求的那些方面。这个问题在法律上的意义，虽说已经引发了人们无休无止的讨论，却从来都没有彻底得到令人满意的澄清。一种可以称之为"过失犯罪"的行为并不等同于犯罪，这一点是不言自明的。假如我们把一个花瓶放在窗台边上，使得最轻微的震动也有可能让

---

[1] 格里尔帕策（Grillparzer，1791—1872），奥地利诗人和剧作家。

花瓶掉下去，砸到某个过路者的头上，那么，这种做法与我们拿起这个花瓶并且真的把它砸向某个人是不同的。不过，有些人的"过失犯罪"行为，却是明明白白地与犯罪有关，并且是理解人类的另一个关键。在法律上，"过失犯罪"行为并非主观故意的这一事实，被认为是一种情有可原的理由。毫无疑问的是，一种无意识的敌视行为，却与一种具有主观恶意的行为一样，是建立在同等程度的敌意之上的。在观察儿童玩耍的过程中，我们往往都会注意到，有些孩子不太顾及其他孩子的利益。我们可以肯定地说，这种儿童对自己的同伴并不友好。虽说我们应当等待更多证据来证明这个事实，但如果我们看到，只要孩子们在玩耍的时候，某种不幸总是在发生的话，那么我们就必须承认，这种儿童是不习惯于把玩伴的利益牢记在心的。

在这一点上，大家不妨特别关注一下我们的商业生活。商业其实并不是特别适合于让我们去确信疏忽与敌视之间具有相似之处的。商人几乎都不会去关心竞争对手的利益，对我们认为不可或缺的那种社会感也没有太大的兴趣。许多的经营做法与企业，明显都是以一个商人只能在另一个商人遭受损失的情况下才能获利这种理论为基础确立起来的。通常来说，此种做法即便是含有主观恶意，也不会受到惩处。这些欠缺社会感的日常经营行为，就像欠缺社会感的"过失犯罪"一样，破坏了我们的整个社会生活。

即便是那些怀有最善良愿望的人，在商业所带来的压力之下，也会尽可能地去保护自己。我们忽视了这样一个事实，那就是此种自我保护通常都会损害到别人。我们之所以要求大家注意这些问题，是因为它们解释了人们在商业竞争的压力之下难以发挥出社会感的原因。我们必须找出某种解决办法，以便让每一个人都更加容易地协作起来去维护人类的共同利益，而不是像如今常见的情形那样变得更加困难。事实上，人类的心灵一直都在自发活动，试图达到一种更好的秩序，以便可以最好地保护自身。心理学必须配合并着手理解这些变化，目的则是为了让它不但可以理解各种商业关系，还能理解与此同时发挥着作用的那种心理机制。只有这样，我们才能明白，可以对一个人和社会抱有一种什么样的期望。

在家庭、学校和生活当中，疏忽是很普遍的一种现象。我们可以在绝大部分制度习俗里看到这一点。偶尔，那种毫不考虑同胞利益的人也会出人头地。自然，这种人并不是最终不会受到惩罚。一个不体谅别人的人，其做法的最终结局，通常都会令这个人自己感到不快。有的时候，这种惩罚仅仅过了几年就会出现。"天网恢恢，疏而不漏。"然而，此种情形可能要过后很久才会出现，从而使得那种从来都没有尝试过有所约束地检点自身的行为、并不理解其中因果关系的人，没有理解二者之间的联系。于是，他们便会抱怨说，自己不该遭遇此种不幸。这种不幸的命运，本身可以归因于这样一个事实：别人不会再去忍受同伴的粗心，会放弃自己那种善意的努力，并且弃这种同伴而去。

尽管过失犯罪行为有着表面上的正当理由，但只要我们深入研究，就会发现它们全都是一种本质上属于愤世嫉俗的心态的表现。例如，一名正在超速驾驶时撞倒了某个人的司机会给自己找理由，辩称自己当时有个重要的约会。从这种人身上，我们会看到一个将自己小小的个人事务看得比同胞利益更加重要，从而忽视了他可能给同胞带来危险的人。一个人的私事与社会利益之间的不均等，就会让我们看出这个人对人类怀有敌意的迹象。

第三章　非进攻型的性格特质

那些并非公开敌视人类，而是给人以一种含有敌意的孤僻印象的性格特质，都可以归结入非进攻型的性格特质这一类。这就好比是敌意这条河流分出了岔道似的。我们会形成一种心理绕道的印象。在这里，我们说的是那种从来都不会伤害任何人，却会远离人生与人类、逃避所有的交流，并且因为孤僻而无法与同胞进行协作的人。然而，人生当中的各种使命，多半都只能在集体努力当中加以解决。一个孤僻离群的人，也有可能怀有与那些公开、直接与社会对抗的人相同的敌视态度。一个广袤的研究领域在我们面前呈现开来，供我们去研究，因此我们会更加细致地来说明其中几种突出的表现形式。我们必须考虑的第一种性格特质，就是胆小和孤僻。

第一节　孤僻

孤僻和社会隔离的表达形式多种多样。那些脱离了社会的人会不苟言笑，或者根本就不会说话，不会正面直视自己的同胞，而当有人跟他们说话的时候，也不会去听，或者会集中不起注意力。在所有的社会关系当中，即便是在那些最简单的社会关系当中，他们都会表现出某种漠然之态，使得他们显得与同伴格格不入。从他们的态度与行为当中，从他们握手的方式当中，从他们说话的语气当中，从他们打招呼或者不愿跟别人打招呼的样子当中，我们都会感受到这种冷漠。他们似乎是在用每一种姿态，将自己与同胞隔离开来。

在所有这些隔离机制当中，我们都会发现一种隐藏着的野心与虚荣心。这些人都试图通过突显出他们与社会之间的差异而凌驾于他人之上。可他们能够获得的，充其量不过是一种想象出来的荣耀罢了。在这些放逐之人那种表面上无关痛痒的态度当中，我们明显能够看出一种咄咄逼人的敌意来。社会孤立，可以是一些较大群体的一种共同特质。大家都知道有这样一些家庭，全家的生活完全都与世隔绝，外人根本无法触及。他们的敌意、他们的自负，以及他们自以为比其他任何人都要强、要高贵的想法，都是昭然若揭的。孤立也有可能是某些阶层、某些宗教、某些种族或者某些民族的共同特质。因此，有的时候在一座陌生的城镇里走上一圈，看到每家每户、每一栋建筑里的不同社会阶层彼此隔离的现象，会是一种异常发人深思的经历。

我们的文化当中，有一种根深蒂固的倾向，使得人类可以自我孤立，形成各种民族、信念和阶层。在种种悠久而无效的传统当中表现出来的那种冲突，就是这种倾向的唯一结果。这种倾向，还会进一步使得某些人能够利用一些潜在的矛盾来组成一个群体，去与另一个群体做斗争，目的则是满足这些人的个人虚荣心。这样一种阶层，或者这样的一个人，会觉得自己特别优秀，会极其重视自己的精神，并且一心扑在主要是说明别人如何邪恶的事情上。那些努力强调阶层或民族之间存在种种问题的人之所以如此，主要是为了突出自己个人的虚荣心。而要是出现了不幸的事件，比如爆发世界大战，带来了种种恶果，他们又会是最不可能去承担发动这种战争的责任的人。在自身不安全感的困扰之下，这些制造麻烦的人会千方百计地以牺牲别人为代价，来获得一种优越感。社会隔离就是他们的可悲命运，就是他们那种狭小的宇宙。这样一来，在我们这种文明当中，他们没有能力去获得进步与文化熏陶，就是一件不言而喻的事情了。

第二节　焦虑

厌世这种性格，会经常带有焦虑不安的色彩。焦虑是一种异常普遍的性格特质。这种特质会伴随一个人终生，从儿童时期直到老年。它会让一个人的生活痛苦不堪，达到一种显著的程度，使得一个人不去进行任何的人际交往，并且让一个人确立起一种平和人生或者为世界做出卓有成效之贡献的希望化为泡影。害怕感可以触及人类的每一种活动当中。一个人可能会害怕面对外部世界，或者害怕面对自己的内心世界。

一个人之所以避世，是因为他害怕这个世界。另一个人可能会害怕独处。在焦虑不安的人当中，我们经常会看到那种众所周知、必须多替自己考虑而不是多替同胞着想的人。一旦任由一个人持有一种必须逃避所有人生问题的观点，那么只要有此需要，产生的焦虑感就会强化他的这种观点。有一些人，在打算去做某件事情的时候，第一反应总是焦虑不安，而不管这件事情仅仅是离家外出、离开一个朋友、找到一份工作还是坠入了爱河。他们与生活以及自己的同胞之间罕有联系，以至于一旦所处的环境稍有改变，他们就会感到害怕。

这种人的人格成长，以及他们为整个世界的福祉做贡献的能力，都受到了此种特质的显著制约。其实，完全没有必要去颤抖和逃跑。一个人只需把脚步放缓一些，只需寻找各种各样的理由与借口就行了。在绝大多数情况下，胆怯的人都没有意识到，只要出现一种新的情况，他们的焦虑态度便会浮现出来。

看到有些人总是想着过去或者想着死亡，是很有意思的一件事情（这也证实了我们的观点）。沉迷于过去，是一个人压抑自己的一种不引人注意的方法，因此也是一种很招人喜欢的方法。害怕死亡或者害怕生病，是那些喜欢寻找借口来逃避所有义务与责任的人的特点。这种人会公开强调，说万事皆空、人生苦短或者未来无人能知都是事实。天堂和来世所带来的安慰，效果也差不多。对于那些把自己的真正目标定在来世的人而言，在此世生活的问题就变成了一种极其肤浅的追求，变成了一个毫无意义的发展阶段。第一种人会逃避所有的考验，因为他们的自负会阻止他们去接受一种将会暴露出其真正价值的检验。而在第二种人身上，我们却会深受启发地发现，正是因为他们追求的是同一个上帝、同一种超越他人的目标，而且怀有同样不切实际的野心，才使得他们不适于生存。

在那些一旦独处就浑身颤抖的儿童身上，我们会发现焦虑感那种最初和比较原始的表现形式。有人陪同的时候，这种儿童的欲望就会永远都得不到满足。他们会利用这种随之而来的焦虑感，去实现别的目的。如果母亲把这样一个孩子扔在一边的话，孩子就会带着明显的焦虑不安，把母亲叫回到自己的身边。这种态度，证明一切都没有改变。母亲在不在身边，其实并不要紧。孩子更关心的是逼迫母亲去为他跑前跑后，并且控制住母亲。这是一种标志，说明母亲非但没有让孩子培养出任何独立精神，而且通过错误的对待，给了孩子一种强行要求同伴为他做贡献、为他服务的机会。

儿童焦虑感的表达形式，大家全都清楚得很。在黑暗或者夜晚让儿童更加难以接触到周围的人或者所爱的人时，这些表现形式就会变得尤其明显。焦急地尖叫，可以说会修复那座已经被黑夜破坏了的桥梁。假如有人赶到孩子身边去，那么往往就会出现我们前面已经描述过的那一幕。孩子会要求大人开灯，坐到他的身边，与他玩耍，等等。只要有人服从，孩子的焦虑感就会消除。可一旦他的优越感受到了威胁，孩子就会再次焦虑不安起来，并且会通过自身的焦虑感，来巩固他那种发号施令的地位。

　　在成年人的生活当中，也存在着种种类似的现象。有些人不喜欢独自外出。我们可以在大街上把这种人辨认出来，因为他们的一举一动都带着焦虑姿态，因为他们的神色都带着由此而来的不安感。有些人不愿从一个地方搬到另一个地方去，而其他人则会像是在沿着大街飞跑，仿佛有敌人追着他们似的。有的时候，我们会碰到一个属于这种类型的女性，她会要求我们扶她过街。可这些人并不是身体虚弱、生病和行动不便的人。他们走起路来会身轻如燕，通常身体都相当健康，可一旦面对一种无关紧要的困难，他们便会陷入紧张不安与害怕当中。偶尔，他们一离开家门，就会产生出这种焦虑感与不安全感。广场恐惧症或者说旷野恐惧症之所以有意思，正是由于这个原因。在患有此种病症的人心中，他们觉得自己是某种不怀好意的迫害的受害者，这种感觉从来都不会彻底消除。他们认为，有种东西让自己与其他人完全不同。害怕他们可能跌倒的心理（在我们看来，这种心理不过是意味着他们觉得自己的地位很高罢了），就是他们所持态度的一种表达。在害怕那些心理病态的表现形式当中，我们可以看出同样的权力与优势追求目标来。对于许多人而言，焦虑不安是一种显而易见的手段，可以迫使某人靠近自己，并且让他一心只想着深受焦虑之苦的这个人。在这种情况下，我们就会明白，没有哪个人能够离开房间，以免患者再次变得焦虑不安。大家都必须让自己服从患者的焦虑不安。这样一来，一个人的焦虑不安，就把一条法则强加到了身边所有的人身上。每个人都必须来到病人身边，而病人却无须去接近任何人。于是，病人就变成了统治其他所有人的国王。

人类的害怕感，只能通过将一个人与整个人类联结起来的那种纽带来加以消除。只有认识到自己属于人类当中的一员，一个人才能毫不焦虑地度过人生。

我们不妨再举一个有趣的例子，它发生在奥地利的1918年革命[1]那个时代。在那段时间里，许多患者都突然声称，他们无法再来继续咨询医生了。问到原因的时候，他们的回答多半都是这样一种意思：这是一个时局非常不稳的时代，谁也没法说出一个人会在大街上碰到哪一种人。如果一个人穿着打扮比别人好，那就说不好会遭遇什么样的结局。

当时，此种令人泄气的情绪自然十分严重，但引人注意的是，只有某些人得出了这样的结论。为什么只有这些人想到了这一点呢？他们之所以如此，并非偶然。他们的害怕心理，是他们从未与任何人有过交流这一事实所导致的结果。因此，他们才会觉得自己在革命这种异常情况之下不够安全。其他人呢，却会因为觉得自己属于社会一员而不会产生焦虑感，并且照常从事着自己的工作。

胆小，就算不是一种不那么值得注意的焦虑形式，也是一种比较温和的焦虑表达形式。我们在前文所述的内容，同样适用于胆小这种特质。假如让孩子所处的种种关系都尽可能地简单，那么胆小往往会任由儿童去逃避与别人交往，或者即便是形成了此种人际关系，胆小也会破坏这种关系。自卑感以及那种与众不

---

[1] 1918年革命（theRevolutionof1918），指1918年10月31日奥地利人民爆发革命，将皇帝赶下台去，宣布奥地利为共和国这一事件。

同的感觉，都会让这些儿童在结交新朋友过程中得不到任何的
快乐。

第三节　懦弱

　　懦弱，是那些觉得自己面临的每一项任务都特别困难的人、
那种不相信自己的能力可以有所成就的人的一种性格特质。通常
来说，这种特质会用行动迟缓的形式表达出来。因此，一个人与
即将到来的考验或者使命之间的距离非但不会迅速变小，而且可
能会永远保持原状。我们经常会看到，一些本来应当全力以赴地
去解决某个特定人生问题，却干其他事情去了的人，就属于这一
类。这种人会突然发现，他们根本就不适合于从事自己选定的那
种职业，或者会看到各种各样的反对意见（它们的作用，也是消
除他们的逻辑感），从而使得他们实际上不可能再去从事此种职
业。除了行动迟缓，我们还可以在一种沉迷于过度安全与过度准
备的心态中，发现懦弱的表达形式。这些做法的唯一目的，就是
逃避所有应尽的义务。

　　个体心理学把适用于此种异常普遍之现象的诸多复杂问题，
都归结为"距离问题"。这样做，形成了一种观点，使得我们可
以根据此种观点客观地去评判一个人，去衡量这个人与解决人生
三大问题之间的距离。这些问题就是：他对自己负有种种社会责
任这个问题的解决办法，"我"与"你"之间的关系，他是用一
种差不多正确的方式来鼓励自己与同胞进行交流呢，还是妨碍到
了这种交流的问题。其他的问题，还有职业与工作的问题，以及
爱情与婚姻的问题。根据失败的程度，根据一个人距解决这些问
题还有多远，我们就可以得出关于其人格的一些具有深远意义的
结论来。与此同时，我们还能利用由此收集起来的信息，去帮助

我们理解人性。

在懦弱的情形当中，就像前面已经说明过的那些情形当中一样，从一个人希望让自己与其使命之间的距离保持或远或近的渴望当中，我们也可以看出此种态度的基础来。然而，紧挨着我们已经描述过的那种阴郁的悲观情绪，还存在着乐观的一面。我们可以假定，患者完全是因为这种比较光明的一面，才选定了自己所处的位置。倘若他是毫无准备地去应对一项任务，那么，如果没有完成，他就有情有可原的理由，而其人格感与虚荣心也不会受到影响。这样一来，他的处境就会变得安全得多，而他也会像是一个走钢丝的人，明白自己身下有一张保护网一样。即便掉下去，他也会摔得很轻。就算毫无准备地去从事一项工作并且没有成功，他的个人价值感也不会陷入危险当中，因为他可以说，是多种多样的原因妨碍了他，使得他无法全面完成这项任务。倘若不是太迟才开始，倘若准备得更加充分，他是肯定能够成功的。这样的话，应负责任的就不再是人格方面的缺陷，而是某种卑劣的情况了，因此人们可不能指望他去为这种情况承担责任。如果成功了，那么他的成功就会显得更加辉煌。这是因为，假如一个人勤奋努力地履行自己的义务，那么他成功实现自己的目标之后，就没有人会感到惊讶，就像他的成功是一件不言自喻的事情一样。而另一方面，假如他太晚才开始动手，干得不多，或者准备得很不充分，却仍然解决了问题，那么人们对他的看法就会截然不同。可以说，他会变成一个双倍的英雄，只用一只手便取得了成功，而其他人却只能用两只手来干！

这些方面，就是采取种种心理迂回办法的好处。不过，这种迂回的态度暴露出的不只是野心，还有虚荣心，并且指出了这样一个事实：一个人喜欢扮演英雄的角色，起码是为了自己，从而使得他可以获得一种拥有特殊力量的表象。

现在，我们不妨来研究一下其他一些人。他们都希望逃避我们在前文中已经描述过的那些问题，因而为自己带来了种种困难，目的则是让自己根本不去面对这些问题，或者充其量只是用一种非常犹豫不决的态度去面对这些问题。在他们采取的迂回办法当中，我们会发现，这些办法涉及人生当中所有的怪癖，比如懒惰、好逸恶劳、经常换工作、违法犯罪，等等。有些人会在自己的外表举止中表达出这种人生态度来。他们如此灵活，看上去就像是一条条蛇似的。这种现象，肯定不是偶然的。有所保留地来看，我们可以认为，他们都是一些想要通过采取迂回办法来逃避问题的人。

一个取自现实生活当中的例子，将会清楚地说明这一点。这个例子说的是一名男性，他明确地表达出了自己对人生的失望，因为他已经厌倦了生活，一心只想着自杀。没有什么东西给他带来了任何快乐，而他的整个态度则表明了一个事实，那就是他不想再活着。经过咨询，我们得知他是家里三兄弟当中的老大，父亲则是个极其有抱负、精力充沛地度过了一生且获得了不少成就的人。这位患者是家中最受宠爱的孩子，并且大家都期待着他有朝一日会子承父业。这个男孩子的母亲，在他很小的时候就去世了。不过，有可能是因为他很享受父亲的保护，并且达到了很深的程度，因此他与自己的后妈相处得很融洽。

作为家里的长子，他是个十足的权力与力量崇拜者。他的一举一动和每一种性格特质，都带有一种帝国主义式的专横色彩。他在学校里是班上的班长，毕业后接管了父亲的生意，举手投足都显得好像是对他身边的人进行施舍似的。他说着友好的话语，对工人都很好，付给工人最高的工资，并且凡是合理的要求，他都会接受。

1918年革命后，他整个人都变了。他开始发牢骚，说员工们不守规矩的行为让他深受其苦。他说工人们以前是经过请求才获得一些东西，可如今他们却强行要求获得这些东西了。他非常愤恨，因此开始一心想着要把企业关掉。

这样，我们就会看出，他是在这个方面绕了一个大圈子。通常来说他都是一个好心的主管人员，但一旦他的权力关系受到影响，他便无力遵守规则了。他的人生观非但干扰到了工厂的运作，还干扰到了他自己的生活。假如他没有如此野心勃勃地要证明自己是家里的主人，那么人们或许还可以从这个方面去接近他。可对于他来说，唯一要紧的事情，却是利用个人权力去获得优越感。社会关系与商业关系的发展，却使得他几乎不可能拥有这样一种个人优势。结果，他的工作完全没有给他带来任何快乐。他想要逃避的性格倾向，同时也是对他手下那些难以管束的员工的一种进攻与抱怨。

此时，他的虚荣心只能欺骗他到一定的程度了。他随即卷入了那种突然出现的、整个形势所带来的矛盾当中。由于成长不全面，因此他已经失去了改变想法、形成一种新的行事原则的能力。他已经无力进一步发展，因为他的唯一目标就是权力和优势。为了实现这一目标，他便任由虚荣心变成了自己性格当中最主要的一种特质。

倘若仔细审视一下他在生活当中的种种关系，我们就会发现，他的社交关系是极其欠缺的。正如我们可以预料到的情况那样，他只会结交那些承认其优势、服从其意志的人。与此同时，他还极其挑剔。而由于他很聪明，因此偶尔还会说出一些非常有力、非常损人的话语来。他的冷嘲热讽，很快便让朋友们都离他而去。事实上，他始终都没有一个朋友。在人际交往中缺少的东西，他会用各种各样的放荡行为来进行补偿。

但是，只有在面对爱情与婚姻的问题时，他的人格才出现了一种真正的崩溃。此时，我们可以轻而易举地预料到的那种命运，便降临到了他的身上。由于要求双方之间结成一种最深厚、最亲密的纽带，因此爱情并不允许其中一个人怀有种种专横的愿望。注意，由于他一向都是发号施令的人，所以他对婚姻对象的选择，也必须合他的意才行。一个专横傲慢、一心追求优势的人，绝不会选择一个性格软弱的人做自己的爱人，而是会寻找一个他必须去征服、再征服的人，从而使得每次征服都像是一场新的胜利似的。这样一来，两个想法相似、各自的婚姻都是一系列连续不断的争斗的人，便走到了一起。这个男人选择作为自己妻子的那个女人，在许多方面甚至比他还要专横无理。两人都坚守着自己的原则，因此不得不利用每一种想得出的武器，来维护自己的优势地位。于是，他们的关系越来越疏远，却又不敢离婚，因为每一方都希望自己获得最终的胜利，而决不会受到诱惑，退出他们的婚姻战场。

在此期间，我们这位患者做过的一个梦，暗示出了他的心境。他梦见自己在跟一位年轻的女性说话，后者的样子像是一名女仆，让他想起了自己的会计员。在梦里，他对这位女性说："您是知道的，我是贵族血统。"

我们不难理解，这个梦里出现的是一种什么样的思维过程。一方面，是他瞧不起别人的那种态度。在他面前，每一个人都像仆人似的，既没教养，又低人一等，而倘若对方还是女性的话，则会尤其如此。在这个方面，我们必须牢记，当时他正与自己的妻子交战，因此我们可以推断，梦中的这个女人就是象征着他的妻子。

没有人理解我们的这位患者，而他本人则是最不了解自己的一位，因为他总是到处乱走，目中无人地寻找着自己那种没有任何真正意义的目标。他与世界脱节的做法，与他要求别人认可他的高贵这种傲慢态度是相伴而生的，尽管采取这种傲慢态度毫无理由。与此同时，他还否认了其他所有人的价值。这种人生观当中，是既无爱情也无友谊的容身之地的。

用于证明此种心理迂回行为正当有理的理由，往往都是很独特的。在大多数情况下，它们都是一些本身相当合理、人们也能理解的理由，只是它们适用的是其他情况，因而不适合于我们面前的这个人。比如，我们这位患者发现，他必须结交朋友，并且做出尝试。他加入了一个互助会。可在互助会里，他却把时间都浪费在喝酒、玩牌以及其他类似的无益消遣之上。他认为，只有这样才能让朋友们围在自己的身边。最终，他常常是夜深了才回家，第二天早上则睡眼蒙眬、疲惫不堪，并且还会指出说，如果一个人必须交朋友，那么事实上起码也不能总是去俱乐部，等等。倘若他同时把精力更多地花在工作上，那么此种理由的合理性还说得过去。可恰恰相反，正如我们可以预料到的那样，他广交朋友的结果，却是使得他远离了斗争的最前线。很显然，即便用的是正确的理由，他的做法也是不对的。

这个例子清楚地证明，并不是客观经历让我们偏离了发展的正道，而是个人态度、对事件的判断，以及判断和衡量事物的方式，让我们偏离了发展的正道。在此，我们必须应对的，就是人为错误这一整个领域。这个例子以及其他相似的例子，都呈现出了一系列的失误，以及出现更多失误的可能性。我们必须结合一个人的整个行为模式，来努力审视这些理由，理解这个人所犯的错误，并且通过恰当的指导，让一个人克服这些错误。这一过程，与教育十分类似。所谓的教育，不过就是消除错误罢了。要做到这一点，我们必须明白，一种基于错误的理解、朝着错误方向前进的错误成长，最终会导致悲剧性的后果。我们不得不佩服古人的智慧，他们在说到复仇女神涅墨西斯时，就已经认识到

或者说预见到了这个事实。错误成长导致一个人遭受的不幸，极
其清晰地表明了一个人崇尚个人权力而不是关注人类的共同利益
所导致的直接后果。这种对个人权力的膜拜，会迫使一个人通过
迂回的办法去实现自己的目标，而不顾及同胞的利益，并且会付
出一想到失败就情不自禁地害怕的代价。在其发展过程中的这个
时候，我们通常都会看到一个人患上神经疾病和其他种种表现形
式。这些表现形式都带有特定的目的和意义，那就是阻止一个人
去履行某种使命。这些症状的作用，就是向一个人表明，根据他
自己的经验，前进的每一步中，都必然存在着异常巨大的危险。

　　社会容不下逃兵。要想规规矩矩地博弈，要想有益于社会，
而非仅仅是为了掌控他人这一目的来获得领导地位，就必须具有
某种适应能力与隶属关系。这一法则的实质，我们当中的许多
人，都已经在自己身上、在身边其他人的身上看到了。我们都认
识这样一些人，虽说他们可能会拜亲访友，会举止得体，不会去
打扰他人，却还是无法成为我们的亲密朋友。这是因为，他们的
权力追求使得他们无法成为别人的密友。别人无法对他们非常热
情，这一点就不足为怪了。这种人会安安静静地坐在桌子旁，不
会表露出一个身心幸福之人的外在模样来。这种人会宁愿进行两
人之间的对话，而不喜欢公开辩论，并且会在一些无关紧要的问
题上表现出自己的本性来。例如，即便是在别人几乎不关心他是
不是正确的时候，这种人也会费尽心思去证明自己是对的。人们
很快就会看出，他给出的理由本身对他而言几乎毫无价值，只要
能够证明是他正确而其他人错了就行。而且，在采取回避态度这
个方面，这种人会有许多莫名其妙的表现，会无缘无故地厌烦，
匆匆忙忙却又从不前进，会睡不着觉，会全身无力，会有各种各
样的牢骚。简而言之就是，我们从这种人那里听不到，只能是一
些说不出充分理由来的牢骚。他似乎变成了一个病人，变成了

"神经质"。

事实上，所有这些都是一些狡猾的手段，目的是转移他的注意力，不去关注那些指出了他所害怕的真实情况的种种迹象。这种人选择了这些武器，并非偶然。想一想那些害怕黑夜这种普遍现象的人，想一想他们表现出来的那种顽固不化的抗拒心理。看到这样一个人，我们完全可以确信，这种人从来都没有适应过在世间生存这个问题。除了消灭黑夜，其他什么东西也不会满足他的自我意识。他会把这当成是调整自身去适应一种正常人生的前提条件。不过，他设置这种不可能达到的条件，却会暴露出自己的不良意图来。他会是一个对生活说"不"的人。

这种类型的所有神经症状，都在一个人开始害怕面对他必须去解决的人生问题那一刻就产生了，而除了日常生活当中必要的义务与责任之外，这些问题又会是些什么呢？这些问题一出现，他们就会去寻找借口，要么是为了放缓应对它们的速度，要么是在找出了情有可原的理由之后再去应对，或者会找出借口，完全逃避这些问题。这样，他同时也逃避了维持人类社会所必需的那些义务，非但伤害了身边最亲近的人，而且从更广泛的关系来看，伤害到了其他的每一个人。倘若我们对人性有了更加充分的理解，并且能够牢记那些会在将来某个时候导致这种悲剧性后果的可怕因果关系，那么我们可能早已让这样的症状不可能出现了。抨击人类社会那些符合逻辑的与内在的法则，是不会带来任何好处的。由于时间长久这个因素，以及可能出现数不胜数的并发症，因此我们很少能够完全正确地确定犯罪与报应之间的这些联系，很少从中得出具有启发意义的结论来。只有让一个人终生所持的行为模式展现在我们眼前，并且对一个人的经历进行仔细的研究之后，我们才能带着极其谨慎之心，去深入洞察这些联系，并且指出最初的错误起源于哪里。

第四节　粗野本能：适应性降低的表现形式

有一些人，会表现出一种我们可以称之为没有教养或者显著不文明的性格特质。那些经常啃指甲或者总是抠鼻子的人，以及其他一些看到吃的就扑上去，使得其举动给人留下他们按捺不住地想吃东西的印象的人，就属于这一类。看到这种人像饿狼一样扑向食物，并且毫无底线、毫无羞耻地表现出自己的贪婪之心，这些表现值得我们去加以注意，就是显而易见的一件事情了。他们吃东西时发出的声音多大啊！最大份的食物，塞进这种人有如深渊一样的大嘴里，也一下子无影无踪了。他们吃东西吃得多快啊！他们吃了多少东西啊！他们吃东西的频率多高啊！如果不是时刻都在吃东西的话，他们就会觉得不快乐，难道大家没有看到过这种人吗？

没有教养的另一种表现，就是肮脏和不修边幅。那些因为工作忙碌而欠缺礼节，或者我们偶尔会从一个正在努力工作的人身上看到的那种自然的不整洁，并不属于此处所指的肮脏和不修边幅。我们说的那种人，通常都不会工作，通常都对任何有益的工作敬而远之。可尽管这样，他们的外表却从来都没有整洁与不邋遢过。这些人，似乎都是有意穿得破破烂烂、有意让人讨厌一样。要是没有了解他们的性格特质，我们是无法去想象这种人的。

这些方面，不过是一个没有教养的人外在特征当中的一部分罢了。它们都清楚地向我们表明，这种人并不是在光明正大地博弈，而是实际上想要摆脱其他的人。做出此种和其他没有教养行为的人会让我们相信，他们对同胞来说几乎没有什么用处。绝大多数没有教养的习惯都始于儿童时期，因为几乎没有哪个儿童会一帆风顺地成长起来。不过，还有许多的成年人，也始终都没有克服掉这些幼稚的性格特质。

这些没有教养的人，都有一种或多或少很明显的性格倾向，即不喜欢遇见同胞，是他们出现这些表现的基础。每一个没有教养的人都希望让自己远离生活，并且不喜欢协作。他们不肯接受道德说教来改掉其粗俗的那种心态，是很容易理解的。这是因为，倘若一个人不愿遵守规则来正大光明地进行人生这场竞赛，那么，这种人去啃指甲或表现出一些类似的习惯，实际上就是完全正常的了。的确，与经常戴着脏领结或者穿着污渍斑斑的西装露面相比，几乎没有什么更好的做法来避开他人，几乎也没有什么更加有效的方式可以让他们达到这一目的。与经常用这种模样见人的做法相比，还有什么能够更加绝对地阻止他去处于一个容易招致他人的批评与竞争、容易招来他人注意的位置，而在其逃避爱情或婚姻的过程当中，还有什么会比这种做法更加有利的呢？他会理所当然地在这场竞争中失败，而与此同时，他也有了一个现实的借口，因为他总会把责任归咎到自己的没有教养之上。"要是没有这种坏习惯，我还有什么做不到的呢！"这种人会大声说，但同时还会补上一句，悄悄地说出自己的理由来。"不过可惜啊，我有这种坏习惯！"

我们不妨来看一个例子，在这个例子当中，野蛮粗暴变成了一种自我保护的工具，并且被用于达到欺压周围之人这一目的。这个例子，说的是一个年纪到了22岁，却仍然尿床的姑娘。她是家里倒数第二大的孩子，由于身体羸弱、老是生病而深受母亲的关心，也极其依恋母亲。她想方设法地把母亲日夜都拴在自己身边，所用的手段则是白天焦虑不安，晚上夜惊和尿床。一开始的时候，她一定觉得这是一种胜利，是一种满足其虚荣心的安慰。通过这种不正当的行为，以牺牲其他兄弟姐妹为代价，她成功地独占了母亲的关注。

　　这位姑娘还有一点也很特别，因为无论怎么说她也不为所动，不去交朋友，也不去上学。倘若一定要离家外出，她就会变得特别的焦虑不安。即便是长到很大了，必须在傍晚去跑跑腿之后，独自走夜路也仍然让她觉得极其苦恼。回到家里后，她会筋疲力尽、坐立不安，向大家诉说自己不得不碰到的各种可怕的危险经历。我们可以看出，所有这些特质都只是说明，这位年轻姑娘希望时刻都留在母亲的身边。可是，由于经济条件不允许，因此家人必须给她找个工作去干才行。最后，她差不多被家人逼着找了一份工作，可仅仅过了两天，她尿床的老毛病便复发了，并且因为老板对她很生气而不得不辞掉了这份工作。母亲并不明白她这种毛病的真正含义，便狠狠地责备了她。接下来，这个年轻姑娘便试图自杀，并且被送到了医院里。此时，母亲便向她发誓，说她永远都不会再离开女儿了。

　　所有这些方面，即尿床、害怕黑夜、害怕独处以及自杀未遂，指向的都是同一个目标。对于我们来说，它们的意思就是：我必须留在妈妈身边，或者说，妈妈必须时刻关注我才行！这样，一种不雅的行为，即尿床的习惯，便获得了一种正当的理由。现在我们就看得出，人们是有可能根据这些坏习惯去评判一个人的。与此同时，我们也明白，只有彻底理解了患者，并且以患者的经历为根据，才能去消除这些错误。

　　总的来说，我们通常都会发现，儿童之所以养成粗鲁的行为和坏习惯，目的都是获得身边成年人的关注。那些想要扮演重要角色或者向大人表明他们多么脆弱与无力的儿童，都会利用这些粗鲁行为与坏习惯。在拜访陌生人时表现很差，是儿童的一种共同特点，它也具有类似的意义。有的时候，一有客人来到家里，一些特别规矩的孩子就会变得像是恶魔附体似的。孩子想要扮演某个角色，因此在用某种似乎令他满意的方式实现了目的之前，他是不会停止这种做法的。这样的儿童长大之后，就会想方设法，企图通过这样的一些粗鲁行为来逃避社会的种种要求，或者会通过让别人很难与之相处而尽力破坏人类的共同利益。这些表现之下，全都隐藏着一种专横无理、野心勃勃的虚荣心。只是这些表现事实上千奇百怪，伪装得很好，才让我们无法看清它们产生的原因，以及它们旨在实现一种什么样的目标。

第四章　性格的其他表现

第一节　快乐

　　我们已经开始注意到一个事实，那就是我们可以通过了解一个人在为他人服务、帮助他人和给别人带来快乐等方面做好心理准备的程度，轻而易举地衡量出任何一个人的社会感来。给别人带来快乐的本领，会使得一个人变得更有意思。快乐的人会更容易接近我们，而我们也会在情感上认为这些人更令人愉快。我们似乎是把这些性格特质当成了一种高度发达的社会感的指标，并且在很大程度上是出于本能地这样认为的。有些人显得非常快活，无论走到哪里，永远都不会觉得压抑，不会怀有热切的期望，不会把自己的忧虑转嫁到每一个陌生人身上。与别人在一起的时候，他们都神通广大，会把这种快乐传染给他人，会使人生变得更加美好和更有意义。我们不但可以从他们的行为当中，而且可以从他们接近我们的方式当中，从他们说话的态度当中，从他们关注我们利益的方式当中，以及他们的整个外貌、衣着、姿态、快乐的情绪和笑声当中，感觉出他们都是好人。目光远大的心理学家陀思妥耶夫斯基曾经说过："与一场无聊的心理测验相比，我们通过一个人的笑声，可以更加充分地看出一个人的性格来。"笑声既可以建立起人际关系，也可以破坏人际关系。我们都听到过那些嘲笑他人不幸的人带有的那种挑衅口气。有些人根本就笑不出来，因为他们离联结人类的那种内在纽带都太远，使得他们丧失了给别人带来快乐或者是让自己表现出快乐的能力。还有一小部分人，也根本无法给其他任何人带来欢乐，因为他们考虑的只是自己可能陷入的每一种处境中的痛苦生活。无论走到哪里，他们都像是希望去熄灭每一盏灯似的。他们根本就不会笑，或者只会被人逼着笑，或者只是在他们希望挤出笑容、装出一种能给别人带来欢乐的表象时才会笑。这样一来，我们就可以理解同情与反感等情感的神秘之处了。

与令人愉快的人相对的，就是那些长期扫人兴致的人和捣蛋的人。他们宣称，世界就是一条悲伤与痛苦的溪谷。有些人，仿佛是背负着重担、被压弯了腰似的度过了一生。他们会利用每一种小小的困难，未来在他们看来阴暗沉闷得很。并且，他们还不会错过任何一个机会，在别人感到快乐的时候说出些忧郁的、卡珊德拉[1]式的预言来。他们的整个人都悲观得很，非但对自己感到悲观，也对所有的人感到悲观。假如附近有人很快乐，他们就会变得坐立不安起来，试图从这种场合中找出某个令人沮丧的方面。他们不但会用言语，还会用干扰性的行动去这样做，从而阻止他人快乐地生活下去，阻止他人享受人类的友谊。

---

[1]　卡珊德拉（Cassandra），古希腊神话中特洛伊国王和王后赫卡柏之女，阿波罗给了她预言的能力，当她抛弃了阿波罗之后，阿波罗便诅咒她，让她的预言永远不为人所相信。

第二节　思维过程与表达方式

有些人的思维过程与表达方式，有时会给人留下一种非常具有立体感的生动印象，使得我们不由自主地意识到。有些人在思考和说话时，就像他们的精神视野受到了某些格言和谚语的约束似的。我们可以预先料到他们要说的是什么话。他们的话听上去就像是廉价小说似的，并且说话时会带着从那些最糟糕的报纸上学到的流行语。他们的话语当中，充斥着粗俗或者专门性的表达。这种表达方式，完全有可能让我们去深入理解一个人。有些想法和话语，一个人不会去用，或者可能不会去用。他们那种庸俗而粗鲁的态度，在他们所说的每一句话中反复体现出来，有时甚至还会吓到说话者自己。倘若用口头禅或者粗俗的表达来回答每一个问题，并且根据小报和电影当中的陈词滥调来想问题和行事，那么这一点就是说话者在评判和批评他人时缺乏同感的写照。不用说，世间确有许多的人无法用其他的方式来思考，从而用这种方式证明了他们的心理障碍。

第三节　小学生式的不成熟

我们经常会碰到一些人，他们给人留下的印象就是，好像在学生时代的某个时候他们就停止了发育，并且从来都没能成长到超过"预科"阶段似的。在家里、在工作中、在社会上，他们的举止都像是小学生，会热切地聆听，并且等待着机会来发表点什么意见。在社交活动中，对于别人提出的任何问题，他们总是急于回答，仿佛他们想要确定，大家都明白他们对这一主题也有所了解并且在等待着好的学习成绩来证明这一点似的。对于这种人而言，关键在于这样一种事实，那就是他们只有在某种明确、固定的生活形式当中，才会觉得安全。只要发现自己处于一种并不适合于做出小学生式行为的处境当中，他们就会觉得焦虑不安，就会觉得不安全。这种性格特质，会出现在属于各种智力水平的人身上。在同感程度较低的情况下，这种人会显得冷淡、严肃而不易接近，或者试图扮演一个对每门学科都了如指掌的角色，表现得像是一个或是马上能明白每一件事情，或是试图将每一件事情都按照预定的规则和方法来进行归类的人。

第四节　迂腐之人与有原则者

在那些试图不加区分地将每一种活动与每一件事情都按照某种原则来进行分类的人当中，我们可以看到这种学究式的人一种很有意思的典型。他们都认为，这种原则适用于每一种情况。他们信任这一原则，并且不会被迫放弃这种原则。若是一切都无法按照这种原则来理解的话，他们就会觉得不舒服。他们就是那种枯燥无味的迂腐之人。我们会有一种印象，好像他们觉得自己非常不安全，因此必须把人生和生活当中的一切全都挤进少数几条规则与规律当中，以免自己被这些东西吓坏似的。倘若面对的是一种既无规则又无规律可用的情况，他们就只能逃跑了。假如有人跟他们玩一种他们并不精通的游戏，他们就会觉得受到了冒犯，就会不高兴。不用说，一个人是可以利用这种方法去行使很大的权力的。比如，我们可以想一想关于那些孤僻的"良心反对者"[1]的众多例子。我们都明白，这些过度有良心的人，其实都是受到了一种不受约束的虚荣心以及一种支配他人的无穷欲望所

---

[1]　良心反对者（conscientiousobjector），即基于道德或者宗教信仰原因而不肯服兵役的人，多见于美国英语。

驱策。

即便属于优秀的劳动者，他们那种索然无趣的迂腐态度也会非常明显。他们不会表现出主动性，会严格局限于自己的兴趣里面，并且心中充满了自己的奇思异想。他们可能会形成一些古怪的习惯，比如说总是走楼梯的外侧，或者只走人行道的裂隙上面。其他一些人则会不惜一切代价，怎么说也没法让他们放弃一条走惯了的路。所有这些类型的人，对于人生当中的真实事物都是不会怀有多少同感的。在形成他们的原则的过程当中，他们浪费了大量的时间，并且迟早会变得与自己不协调，变得与周围的人格格不入。当一种他们并不习惯的情况出现后，他们就会彻底失败，因为他们并没有准备好去解决它，因为他们都认为，要是没有规则和神奇规律的话，什么也做不了。他们会认认真真地去逃避所有的变化。比如说，他们会难以适应春季，因为他们已经长久适应了冬季。随着季节变暖而出现在他们面前的那条通往户外的道路，会激起他们心中的恐惧，因为他们担心不得不与他人进行更多的接触，结果就会觉得很不舒服。这些人，就是那种抱怨说他们在春天感觉更不舒服的人。由于他们难以适应新的情况，因此我们会发现，他们全都处于那些很少需要创造精神的岗位上。只要他们没有改变自己，就没有哪位雇主会把他们安排到其他任何一种岗位上去。这些方面，既不是遗传得来的性格特质，也不是不可改变的表现形式，而是一种错误的人生观。这种人生观掌控着他们的心灵，并且力量强大，以至于完全主宰了他们的人格。最终，这种人就无力摆脱掉这些根深蒂固的成见了。

第五节　　唯唯诺诺

那些充满了奴性精神的人，同样也不适合于各种要求具有创造力的岗位。他们在服从别人指挥的时候，会觉得很舒服。唯命是从的人，是按照别人制定的规矩与法则活着的，因此，这种人几乎是情不自禁地想要获得一种唯命是从的职位。这种唯命是从的态度，存在于人生当中最多种多样的那些关系当中。我们可以从一个人的外在姿态当中猜测出这个人抱有的态度，因为它通常都是一种有点儿古怪的和谄媚的态度。我们会看到，有别人在场的时候，他们都是点头哈腰的，会仔细倾听每一个人所说的话。但他们这样做，并不是为了认真地去衡量和考虑别人所说的话，而是为了执行别人的命令，并且重复和再次肯定别人的想法。这种人认为显得唯唯诺诺是一件光荣的事情，有时甚至达到了全然令人难以置信的程度。他们都是一些在自甘顺从当中发现了真正快乐的人。虽然我们绝对不会说，那些每时每刻都在希望占据主导地位的人是一种理想的类型，但对于那些在唯唯诺诺当中找到了真正解决其人生问题的办法的人，我们还是希望指出其人生当中较为隐秘的一面来。

可以说，世间有许多把唯唯诺诺奉为一条人生法则的人。当然，我们说的并不是仆役阶层。我们正在谈及的，是女性。女性必须顺从，这是一条不成文却又根深蒂固的法则，许多人都把这条法则奉为一种不变的教条。他们认为，女性之所以存在于世，唯一的目的就是顺从。虽说这些观念已经毒害和破坏了所有的人际关系，但这种迷信思想却无法根除。即便是在女性当中，也有许多人坚定不移地相信这一点，认为女性必须顺从是一条永恒不变的法则。不过，任何一个人通过持有此种态度而获得了什么好处的例子，却从来没有人看到过。迟早有人会发牢骚说，要是一名女性不那么顺从的话，所有的结局可能会更好。

除了人类灵魂不会甘受屈从之苦而不心存反感，还有一个事实，那就是一个唯唯诺诺的女性，迟早会变得具有依赖性和不擅社交，就像下面这个例子中所说明的那样。有一名女性，因为爱情而嫁给了一个有名的男人。她与丈夫都坚信上面已经提及的那种教条。最后，她完全变成了一台机器，除了义务、提供服务和更多服务，什么用处也没有了。她的人生当中，任何一种独立自主的姿态都已消失。她身边的人都习惯了她的唯唯诺诺，并且虽说没有人不同寻常地拒绝她的顺从，却没有哪一个人在这种沉默当中获得了好处。

这种情形之所以没有恶化到导致出现更严重问题的程度，是因为它出现在相对较有修养的人之间。但是，我们不妨想一下，在大部分人当中，女性的顺从都是一种不言自明的天命。这样，我们就可以认识到，这种观点当中包含了多少引发冲突的原因。倘若丈夫认为这种顺从是理所当然的事情，那么他就可以在任何时候生气动怒，因为妻子事实上是不可能彻底做到这种顺从的。

我们可以看到，有些女性满脑子都充斥着这种顺从的精神，以至于想要嫁给那种外表专横傲慢或者蛮不讲理的男人。这种不自然的婚姻关系迟早都会恶化，演变成一场公开的战争。我们有时甚至会有这样一种印象，那就是这些女性都想让女性的顺从显得荒谬可笑，并且证明那样做是非常愚蠢的！

我们已经学会了摆脱这些问题的一种办法。夫妻共同生活的时候，一定不会按照那种同志式的劳动分工所规定的条件，即其中任何一方都不服从另一方地来生活。就算在目前这还只是一种理想的话，起码它也给了我们一种标准，来衡量一个人在教养上的成长情况。顺从这个问题，非但在两性关系当中发挥着作用，使得男性承担着诸多永远都无法解决的困难，而且在各个民族的生活当中也发挥着一种重要的作用。古代文明国家的整个经济状况，都建立在奴隶制度的基础之上。或许，如今活着的绝大多数人都是奴隶家族的后裔。数百年过去了，其间两个阶级的人绝对相互陌生、彼此对抗地生活着。的确，如今在某个民族当中，仍然保留着种姓制度，而一个阶级服从另一个阶级、受另一个阶级奴役的原则也依然存在，并且随时有可能造就明确的一类人出来。在古代，人们通常都认为工作就是奴隶从事的那种相对下贱的职业，而奴隶主则不会去从事普通的劳动。人们认为，奴隶主不但是发号施令的人，而且奴隶主的性格当中还结合了所有真正有价值的特质。统治阶级是由那些"最优秀"的人所组成的。在希腊语里，"贵族"一词指的正是这个意思。贵族制度就是由这些"最优秀"的人来进行统治的制度，可这种"最优秀"却完全由权力所决定，而不是在对美德与品格进行检验之后决定下来的。检验与等级只存在于奴隶阶级当中。贵族就是掌握权力的阶级。

在现代，我们的观点仍然受到了以前存在的奴隶制与贵族制的影响。而让人们彼此靠得更近的必要性，却使得这些制度丧失了所有的意义与重要性。伟大的思想家尼采，曾经提倡过由精英来统治、其他人全都服从的思想。如今，我们很难把人类分成主仆两类的这种思想从我们的思维过程中排除出去，很难相信每一个人都是完全平等的。不过，只要具有了每一个人绝对平等的这种新观点，我们就是前进了一步。这种观点必定会帮助我们，防止我们的行为犯下大量的错误。有一些人极其奴颜婢膝，以至于只有在能够去感激另一个人的情况下，他们才会觉得幸福。这种人，似乎永远都在因为他们生存于世这一点而请求别人去原谅自己。我们可不能受到蒙骗，以为他们很乐意这样做。在绝大多数情况下，他们其实都觉得自己很不快乐。

第六节　专横

　　与我们刚刚描述过的那种唯唯诺诺之人形成对比的，就是那种专横无理的人。这种人必须扮演主导角色，并且总是急不可耐地要扮演主角。在整个人生当中，这种人关注的都只有一个问题，那就是："我怎样才能比大家都强？"这种角色，其实伴随着各种各样的沮丧感。从某种程度来看，专横这种性格可能有用，只要其中没有伴随着太多含有敌意的挑衅行为就行。不管什么时候，只要是必须有人来发号施令，我们就会看到这种怀有妄自尊大思想的人。他们想要的，是获得向他人发号施令和进行组织活动使得他们有利可图的那种地位。在动荡不安的时代，倘若一个国家正在革命，这些本性就会浮现出来。此时挺身而出的也正是这种专横之人，这一点就是完全可以理解的了，因为他们都具有恰当的姿态、恰当的态度和愿望，并且通常还具有承担领导角色所必要的准备。他们已经习惯了在自己的家里发号施令，除非他们能够扮演国王、统治者或者将军，否则就没有哪种游戏能够满足他们。其中有一些人，倘若是别人在发号施令，那么他们会几乎无力去执行任何指令。一旦必须服从另一个人的指挥，他们就会变得激动不安和焦虑起来。而在和平时期我们则会看到，这种人都是一些小群体的领头者，而不管它们是商业群体还是社交群体。他们始终都会站在前台，因为那是他们推着自己那样去做，并且有很多话要说。只要他们不扰乱人生这场比赛的规则，我们就可以不去反对他们。而实际情况则是，如今这个社会对这种人的过高评价，我们是无法认同的。他们不过都是一些站在深渊边上的人罢了，因为他们既无法在普通百姓当中过得很好，也不会充分重视自己的队友。终其一生，他们都会竭尽全力，因而在利用某种方式证明了自己的优势之前，他们是决不会安心的。

第七节 情绪与气质

倘若认为那些人生观在很大程度上取决于自身情绪与气质的人会把这种品性归因于他们的遗传，那么我们就会误解心理学。情绪与气质并不具有遗传性。它们存在于那种过度野心勃勃，并且因此而极其敏感，会把自己对人生的不满用千奇百怪的逃避方式表达出来的人身上。他们的高度敏感心态，就像是一只向外伸出的触角。他们可以用这只触角去探测每一种新的情况，最后才会去接触这些新的情况。

然而，似乎有一些人总是心情愉快。他们会费尽心思地创造出一种快乐的氛围，并且把这种氛围当成是自己人生不可或缺的基础，强调人生当中较为乐观的一面。在这种人当中，我们能够看出各种程度的乐观心态来。其中有些人像孩子般快乐，而他们的那种天真当中，具有一种非常令人感动的东西。在应对自己承担的任务时，他们不会逃避，而是会用一种开玩笑般的、幼稚的方式去面对，并且解决掉这些问题，就像玩游戏或玩拼图似的。或许，没有哪一种态度会比这一种更加具有同感、更加美好的了。

不过，其中也有一些人快乐得有点儿过分，因为他们会用同样的孩子气态度，来面对一些相对较为严肃的情况。有的时候，这种做法非常不适合于人生的庄重性，从而会给我们留下不好的印象。看到他们工作时，我们会觉得没有把握，会形成他们事实上很不负责任的想法，因为他们都想太过轻而易举地克服困难。结果，人们就不会让他们去完成真正困难的任务，而他们通常也会自觉地逃避这样的任务。不过，我们不能放弃这种类型的人，

而不向他们表达出一定的敬意。与这种人共事，往往会让人觉得
很舒服。他们与那种到哪里都沉着脸的人形成了一种令人愉快的
对比。与悲观者相比，我们更容易把乐观的人争取过来，因为前
者会用一种令人遗憾而不知满足的方式前进，而对于碰到的每一
种情况，悲观者也只会看到阴暗的一面。

第八节　倒霉

不管是谁，与集体生活的绝对真理与逻辑产生冲突之后，迟
早都会在自己人生过程当中的某个地方，感受到这种做法带来的
不利后果，这是心理学上一条不言自明的真理。通常来说，犯下
这些影响深远之错误的人，都不会从经历中吸取教训，而是会认
为，自己遭遇的不幸是一种没有正当理由地降临到自己身上的晦
气。他们终生都在说明自己多么倒霉，证明他们任何事情都成功
不了，因为凡是他们染指的任何事情，最终都是以失败而告终。
我们甚至还会在这些不幸的人身上发现一种倾向，那就是对自己
的厄运感到自豪，仿佛这种厄运是由某种超自然的力量所导致
的。更加细致地审视一下这种观点，大家就会发现，虚荣心又在
这个方面发挥出了邪恶的作用。这些人的一举一动，都好像是某
位邪恶神灵始终都在迫害他们似的。遇到暴风雨的时候，他们会
觉得闪电一定会单单劈中他们。他们都害怕，窃贼会单单光顾他
们的家中。假如某种不幸必定要出现的话，那么他们就会相当肯
定地说，自己就是会遭遇这种不幸的人。

只有一个觉得自己处于所有事件中心的人，才会夸张到这种
程度。说自己总是逃不开厄运，看似非常谦虚。不过，倘若这样
一个人觉得所有的敌对力量都一心想要对他进行报复，那么实际
上就是一种顽固的虚荣心在作祟。他们正是那种在儿童时期就痛

苦不堪，认为自己会变成强盗、杀人犯以及其他像鬼魂和幽灵等令人讨厌的家伙的牺牲品的人，仿佛这些人和鬼神除了迫害他们，全都无事可干似的。

我们可以料想到，这种人的态度会在他们的外在举止当中表达出来。他们走路的时候，会像受到了重压似的俯身驼背，从而使得任何人都不可能搞错，不可能看不出他们行动时所承受的重负来。他们会让人想起那些支撑着希腊神庙、终其一生都托举着门廊的女像柱[1]来。他们对待任何东西都太过认真，并且会悲观地去判断每件事物。我们不难理解，为什么事情到了他们那里总会出错。他们之所以总会遭遇厄运，是因为他们不但让自己生活得很痛苦，也会让他人生活得很痛苦。虚荣心就是他们倒霉的根源。不幸，就是他们变得重要的一种手段！

第九节　宗教狂热

这些长期受到人们误解的人当中，有一些遁进了宗教信仰当中。可到了宗教领域里，他们的做法却与以前没有什么两样。他们会发牢骚，同情自己，然后把自己的痛苦转移到上帝身上。他们的所有行为，关注的全都是他们自己。在这一过程中，他们认为上帝这种异常受到尊敬和崇拜的神灵所关心的，完全都是替他们服务，并且会对他们的所有行为负责。在他们看来，可以用人为的方式让上帝与他们保持更加密切的联系，比如通过某种特别狂热的祈祷，或者其他的宗教仪式。简而言之就是，亲爱的上帝别的什么都不知道，别的什么事情也没有，只是一心为他们解决

---

[1]　女像柱（Karyatid），建筑中以披衣女性形象来支撑屋顶的柱子。女像柱起源于公元前6世纪的古埃及和希腊，在文艺复兴时期和19世纪，女像柱被广泛应用在建筑和家具中。

麻烦，并且把大量注意力都放到他们的身上。这种狂热的崇拜当中，有许多的异端邪说，倘若古时的宗教裁判所复活的话，那么这些宗教狂热分子很可能会是第一个被烧死的。他们面对自己的上帝时，就像是对待他们的同胞一样，牢骚不断、抱怨不停，却从来都不会动手去帮助自己或者改善自己的处境。他们觉得，协作完全都是别人的义务。

有位18岁的姑娘，她的经历便说明了这种无益的自我主义可能会达到一种什么样的程度。她是一个非常善良、勤奋却非常有野心的孩子。她的野心，在其宗教信仰中表现了出来，因为她会带着极其虔诚的态度去做每一次礼拜。有一天，她开始谴责自己，说自己的信仰一直太不正统，打破了戒律，并且心中时时怀有罪恶的想法。结果，她一整天都在激烈地谴责自己。由于做得太过暴烈，因此大家都觉得她疯了。那一整天，她都跪在一个角落里，痛苦地谴责自己。然而，别人却不能因为任何一件事情去指责她。有一天，一位牧师试图消除她那种罪孽深重的感觉，便向她解释说，她实际上从来没有犯下过罪孽，说她肯定能够获得救赎。第二天，这个小姑娘在大街上径直挡在牧师面前，冲牧师尖叫，说牧师没有资格进入教堂，因为他已经把那种深重的罪孽扛到了自己的肩上。虽说我们不应进一步去讨论这个例子，但它表明，人类的野心会如何闯入宗教问题当中，而虚荣心又是怎样在美德与恶行、纯洁与堕落、善良与邪恶等问题上，替怀有此种心态的人做出判断的。

第五章　情感与情绪

　　情感与情绪，就是我们在前文中指定为性格特质的那些方面的强化形式。情绪的表达，是在某种意识或者潜意识的必要性所带来的压力之下突然之间爆发出来的，并且像性格特质一样，它们也有一种明确的目标与方向。我们可以称之为一种具有明确时间界限的心理活动。情感并不是一种无法理解的神秘现象。只要适合于某种给定的人生态度和一个人业已确定的行为模式，它们就会出现。情感的目的，是为了一个人的利益去改造它们在这个人身上表达出来时的那种处境。它们都是出现在一个人身上、经过强化的、更加激烈的心理活动。这个人为了实现自己的目标，业已经历过了其他的心理机制，或者已经对达到其目的的其他可能性失去了信心。

　　我们面对的，又是那种因为背负着一种自卑感和无能感，迫使自己集中全身的力量、做出更大的努力，从而出现比原本所需的更加激烈的心理活动的人。这种人相信，凭借此种更加艰难的努力，自己可以变成大家关注的焦点，并且证明自己获得了胜利。正如没有敌人我们就不会愤怒一样，我们在想到愤怒这种情绪时也必须想到，产生这种情绪的目的，就是为了胜过这个敌人。在我们的文化当中，一个人仍然有可能通过这些强化的心理活动来达到自己的目的。倘若完全不可能通过这种方式来获得认可，那么我们就不会发那么多的脾气了。

那些对自己实现目标的本领信心不足的人，并不会因为他们的不安全感而放弃自己的目标，而是会试图通过做出更大的努力，并且借助必要的情感与情绪来实现这种目标。这种方法，会让一个人在自卑感的刺激之下集中起全部力量，试图用一种有点儿不理性的、野蛮的态度，去争取自己想要的东西。

由于情感、情绪与人格的本质密切相关，因此它们并不是某一个人的两种单一特征，而是通常或多或少都会在所有人身上看到的两种特征。倘若处于某种恰当的情境之中，那么每个人都能表现出某种特定的情绪来。这种本领，我们可以称之为情绪官能[1]。情绪是人类生活当中一个根本性的组成部分，因此我们每一个人都可以体验到情绪。一旦相当深入地了解了一个人，我们就完全能够想象出这个人通常会出现的种种情感与情绪来，甚至不需要实实在在地与这个人去进行交流。像情感或情绪这样根深蒂固的心理现象会对生理产生影响，是非常自然的一件事情，因为肉体与灵魂是紧密结合在一起的。伴随着情感与情绪而出现的生理现象，会通过血管和呼吸系统的各种变化，比如出现脸红、脸色苍白、心跳加快，以及各种不同的呼吸频率显示出来。

第一节　分裂性情感

一、愤怒

愤怒这种情感，是权力与优势追求一种名副其实的象征。这

---

[1] 英译者注：原文中用的是 "Affektbereitschaft" 一词。这个词在英语中并没有恰当的译法，它指的是一种心理倾向。也就是说，人的心理具有产生出适合任何一种新情绪的可能性。

种情感非常清楚地表明，它的目的就是迅速而强有力地消灭愤怒者在前进道路上碰到的每一种障碍。以前的研究已经告诉我们，一个愤怒的人，就是一个激烈地利用所有的力量来追求优势的人。渴望获得认可的追求，偶尔会堕落成一种真正的权力陶醉。一旦出现这种情况，我们就有望看到这样的人：对于可能损害其权力的最微小的刺激，他们的反应都会是突如其来地大发脾气。他们以为（或许这是以前经历所导致的结果），通过这种心理机制，他们就能最轻而易举地我行我素，并且打败自己的对手。这种方法并不是以一种非常高的智力水平为基础，却在绝大多数情况下都是适用的。对于许多人来说，他们都不难记起以前自己是如何通过偶尔的勃然大怒，来重新赢得声望的。

在有些情形中，生气在很大程度上来说是有正当理由的，但我们在此考虑的并不是这些情形。我们在说到愤怒时，指的是那些心中始终存在此种情感，并且愤怒是他们一种非常明显的习惯性反应的人。有些人实际上还用自己的愤怒形成了一种方法，并且非常值得我们去注意，因为他们没有别的手段来面对一个问题。他们通常都是一些非常高傲、非常敏感的人，忍受不了上级或者平等的人，并且必须高人一等才会觉得快乐。因此，他们的目光都很敏锐，并且始终戒心重重，以免有人靠得他们太近，或者以免有人不去高度重视他们。与他们的敏感最经常地结合在一起的，就是疑虑这种性格特质。他们发现，自己不可能去信任一个同胞。

我们还可以看到一些与这种人的愤怒、敏感及疑心密切相关的其他性格特质。在困难重重的情况下，我们完全可以认为，此种异常具有野心的人会吓得不敢去完成每一项严肃的任务，从而永远都无法让自己适应社会。倘若得不到什么东西，这种人知道的就只有一种应对办法。他会用一种往往会使得身边的人非常烦恼的态度，公开表达出自己的抗议来。比如说，他会摔碎一面镜子，或者摔坏一只价格高昂的花瓶。若是过后这种人说他不知道自己当时是在干什么，并且试图以此来原谅自己的话，我们是完全不会相信的。这种人伤害身边的人的意愿非常明显，因为他总是会弄坏某种昂贵的东西，并且从来都不会只把自己的怒气发到一些没有价值的东西上。这种人的做法，必定是有所计划的。

尽管在一些较小的圈子里，这种方法会获得某种程度的成功，可一旦这种人所处的圈子变大，这种办法就会失效。因此，我们很快就会看出，此种习惯性地发火的人处处都会与世界产生矛盾。

伴随着愤怒这种情感而来的外在态度极其常见，我们只需提到怒气冲冲，就能想象出一个暴躁易怒之人的样子。这种人对整个世界的不友好态度，是非常明显的。愤怒这种情感，意味着一个人几乎完全否定了社会感。他们的权力追求表达得如此强烈，因此他们很容易想到置对手于死地。我们可以通过解决观察到的各种情绪与情感问题，来应用我们在人性方面的知识，因为情感与情绪是性格最明显的表现方式。我们必须把所有暴躁、愤怒和刻薄的人都看成是社会公敌，都看成是人生公敌。我们必须再一次要求大家注意到这样一个事实：这种人的权力追求，建立在其自卑感的基础之上。没有哪一个意识到了自身力量的人，会必须表现出此种咄咄逼人而又暴烈的心理活动与姿态来。我们决不能忽视这样一种事实。在勃然大怒的时候，自卑与超越的整个范围，全都清清楚楚地呈现出来了。倘若以此来把个人评价上升到让另一个人遭遇不幸为代价的程度，那它就是一种卑劣的伎俩。

饮酒是助长一个人出现愤怒与生气感的最重要因素之一。一点点儿酒精，常常就足以达到这种效果。众所周知，酒精的作用会抑制或者消除文明的约束。一个喝醉了的人，一举一动都会显得好像从来都没有变文明似的。这样一来，他就会控制不住自己，也不会去顾及别人了。在没有喝醉的时候，这种人没准可以把自己对人类的敌意隐藏起来，并且付出巨大的努力，去约束自己那些有害的倾向。可一旦喝醉，他就会原形毕露，表现出自己的本性来。那些无法与生活和谐相处的人，也正是那些率先酗酒的人，这绝不是一种偶然的现象。他们是在酒中找到了某种安慰与遗忘，同时还会为没有获得自己想要的东西这一事实找出借口。

在儿童当中，乱发脾气的现象要比在成年人当中常见得多。有的时候，一件微不足道的小事，也足以让一个孩子大发脾气。之所以如此，在于这样一种事实，那就是由于自卑感更加严重，儿童会用一种更加明显的方式表现出自己的权力追求来。一个孩子发脾气，就是在努力获得别人的认可。这种儿童碰到的每一种障碍，即便是并非不可逾越，也都显得异常艰难。

倘若发怒所带来的后果超过了常见的咒骂和情绪激动的限度，可能就会给发怒之人带来实实在在的伤害了。在这个方面，我们大可以给自杀的性质做一个注解。在自杀行为当中，我们会看到自杀者伤害亲人或者朋友，并且因自己遭受了某种失败而进行报复的企图。

二、悲伤

悲伤这种情感，是在一个人承受损失或者失去某种东西之后无法获得慰藉时出现的。悲伤，连同其他的情感，都是对一种不悦感或脆弱感的补偿，相当于是尽力确保自己获得一种更好的处境。在这个方面，悲伤的意义等同于大发脾气。区别在于，悲伤是由其他情感导致的，特点是态度不同，并且利用了一种不同的方法。就像其他所有的情感一样，悲伤当中也存在着优势追求，而一个发怒的人寻求的则是提升他的自我评价、贬低对手，并且其怒火针对的也是自己的对手。悲伤相当于实实在在地收缩自己的心理战线，而这种收缩，则是随后进行扩张、使得悲伤之人实现其个人价值提升与满足感的先决条件。不过，这种满足感是以一种发泄的形式存在的，是一种针对所处环境的心理活动，尽管其表现方式与愤怒的情况有所不同。悲伤者会发牢骚，并且会因为这种牢骚而与自己的同胞形成对立。尽管悲伤自然存在于人类的本性当中，但其夸张表达却是一种对社会怀有敌意的姿态。

悲伤者的自我提升，是由其所处环境当中的人所持的态度而实现的。我们都知道，一些悲伤之人会发现，他们的处境会因为别人都来为他们服务、同情他们、支持他们、鼓励他们或者实实在在地为他们的幸福做出奉献而变得更加舒适。假如流眼泪和大声恸哭会成功地导致心理宣泄，那么很显然，悲伤者是通过把自己当成现存社会秩序的裁判员和批评者，或者说原告，从而成功地凌驾于所处环境之上的。这位原告因为自己的悲伤而对所处环境的要求越高，其诉求就会变得越明显。悲伤会变成一种无可辩驳的理由，会把一种具有约束力的义务强加到悲伤者身边的人身上。

这种情感，清楚地说明了那种从弱势变成优势的追求，以及努力维护自己的地位、逃避一种无力感与自卑感的尝试。

三、情感的滥用

在发现情感与情绪是两种可以克服自卑感、提升人格、获得认可的宝贵工具之前，并没有人理解情感与情绪的意义与价值。表达情绪这种官能，在精神生活当中的应用很广泛。一旦一名儿童了解到，自己可以利用因为觉得受到了忽视而导致的愤怒、悲伤或哭鼻子等做法来左右身边的人，他就会一次又一次地去检验这种可以掌控身边人的方法。这样一来，他就会很容易陷入一种行为模式，使得他可以用自己典型的情绪反应，来对一些无关紧要的刺激做出反应了。不管什么时候，只要符合自己的需要，他就会利用这些情绪。痴迷于情绪是一种坏习惯，偶尔还会变成一种病态。倘若儿童时期出现这种情况，我们就会看到，这种儿童长大成人之后，仍会不停地滥用自己的情绪。我们想象得出，一个人开玩笑般地利用愤怒、悲伤，以及其他所有情感时的样子，仿佛这些情感都是木偶似的。这种毫无益处并且通常很令人讨厌的性格特点，只会使得情绪失去其真正的价值。利用情绪来逢场作戏，变成了这种人的一种习惯性反应。不管在什么时候，只要得不到什么东西，或者其人格优势受到了威胁，就会表现出来。悲伤可能会通过大哭大闹的方式表达出来，从而变得令人生厌，因为这种表达，太像是一种吵闹的个人广告。我们都看到过这样的人，他们给人留下的印象就是，他们都在与自己竞争，看自己究竟能够表现出多大程度的悲伤来。

同样的滥用，也有可能是由情绪的生理伴随现象组成的。众所周知，有些人任由强烈的愤怒反应对自己的消化系统造成影响，因此在感到愤怒的时候，他们就会呕吐。这种心理机制，更加清晰地表达出了他们的敌意。同样，悲伤这种情绪会与拒绝吃饭相关联，因此悲伤不已的人确实会瘦下去，从而名副其实地表明他们的"悲伤之态"。

这些类型的滥用，是我们无法漠视的一个问题，因为它们会影响到另一个人的社会感。一旦某位邻居向悲伤者表达出了友好的感情，我们在前面描述的那些激烈情感便会消失。然而，有些人却希望自己永远都不要停止悲伤，因为只有在这种状态当中，他们才会感受到自己人格感获得了某种切切实实的提升。而这种提升，正是他们身边之人表达出的友情与同情所导致的结果。

即便我们与此相关的同情有各种各样的程度，愤怒和悲伤仍属两种分裂性的情绪。它们并不会真正把人们的关系拉得更近。实际上，它们还会因为伤害到了社会感而分裂开来。的确，悲伤最终会让双方形成一种联合，可这种联合却不是正常产生的，因为双方都没有做出贡献。它会导致社会感受到扭曲，而在这种扭曲的社会感当中，另一个人迟早是不得不做出较大贡献的。

四、恶心

恶心这种情感的特点，就是其中带有一种分裂性的因素。尽管与其他情感相比，这一点并不是那么显著。从生理上来看，倘若胃壁受到某种形式的刺激，就会出现恶心。然而，人们也具有一种试图将某种东西从精神生活当中"呕吐"出去的性格倾向。正是在这一点上，此种情感当中的分裂性因素才变得清晰可见。随后发生的事情，会强化我们的这种观点。恶心是一种厌恶、反感的表现。伴随着恶心而来的那种怪相，意味着一个人是在用一种抛弃的姿态，对身边的人和某一问题的解决办法表示蔑视。这种情感很容易被人滥用，当成让一个人摆脱令人不快的处境的借口。人们很容易刺激出恶心的反应，而一旦出现这种情感，一个人就必然会逃离自己所处的那种特定的社交聚会。没有其他哪一种情感，会比恶心这种情感能够更加轻而易举地人为刺激出来。经过一种特别的训练，任何人都能够培养出轻易出现恶心这种情感的能力来。这样，一种原本无害的情感，便变成了一种对付社会的强大武器，或者逃避社会的一种屡试不爽的借口。

五、害怕与焦虑

焦虑是人类生活当中最重要的一种现象。这种情感，会因为它不但是一种分裂性的情感，而且还会像难过一样，能够让一个人与同伴之间形成一种不均等的关系这一事实，而变得非常复杂。一名儿童，既会因为害怕而逃离某种处境，又会跑着去保护其他一个人。焦虑这种心理机制，并不会直接表现出任何优势来。实际上，这种心理机制显示的似乎还是一种失败呢。在焦虑状态下，一个人会试图让自己变得尽可能地渺小，但也正是在这一点上，这种情感的结合性才会变得明显起来。这种结合性当中，同时含有一种对于优势的渴望。感到焦虑的人会逃往另一种处境中去获得保护，并且试图用这种方式让自己坚强起来，直到他们认为自己能够面对并战胜可能遇到的危险才会罢手。

在这种情感当中，我们面对的是一种非常根深蒂固地存在于生理系统中的现象。它是所有生物都有的那种原始恐惧心理的反映。人类尤其容易受到这种害怕心理的影响，因为人类本性软弱，有不安全感。我们对人生困难的了解如此不足，以至于一名儿童永远都不可能适应这种情况。不管儿童欠缺什么，都必须由其他人来做出贡献。儿童在出生的那一刻起，就会感受到这些困难，而生存条件也会从这一刻起开始影响到他。在努力补偿自己那种不安全感的过程中，他始终都有失败的危险，并且会由此而形成一种悲观的人生态度。于是，儿童身上占主导地位的性格特质，便变成了一种要求获得身边之人的帮助与关照的渴望。越是无力解决自己的人生问题，他的谨慎之心就会越发达。即便这种儿童被迫前进，他们也会带着退避的姿态与心思去进步。由于始终都准备着退缩，因此他们最常见、最明显的性格特质，自然就是焦虑这种情感了。

在表达这种情感的方式，比如模仿当中，我们会看到敌视心态的起源。不过，这种敌视心态却不会咄咄逼人地表现出来，也不会毫无波折地径直表达出来。有的时候，倘若出现这种情感的种种病态形式，那么我们就能特别清晰地深入洞察到人类心灵的运作方式了。在这些情形当中，我们会清楚地感受到，焦虑之人会向我们伸出求援之手，会试图把另一个人拉向他们，并且将这个人拴在他们的身边。

　　对这个现象进行进一步的研究，会让我们看到前文关于焦虑这种性格特质一节中已经讨论过了的那些方面。在这种情形下，我们讨论的是那些需要获得别人支持、需要别人时时刻刻去关心的人。事实上，这种情况不过相当于确立了一种主人与奴隶的关系罢了，就像别人必须时时刻刻地去帮助和支持焦虑者一样。进一步研究之后，我们就会看到，许多人一生都在要求获得某些特定的认可。他们已经完全丧失了自己的独立性（这是他们与人生接触不够、所用方式也不正确而导致的结果），从而使得他们会通过异常激烈的方式，要求获得种种特殊的权利。不论如何想要别人去陪伴他们，这种人身上都是不会怀有多少社会感的。不过，要是任由他们表现出焦虑与害怕心理的话，他们就能再次为自己创造出那种特权地位来。焦虑会帮助他们逃避人生的种种要求，并且去奴役周围的所有人。最后，焦虑感就会逐渐侵入他们日常生活当中的每一种关系当中，变成他们获得统治优势最重要的工具。

第二节　结合性情感

一、快乐

　　快乐是一种最清晰地沟通人与人之间距离的情感。快乐容忍不了孤僻的存在。在寻找同伴、拥抱等当中激发出来的快乐感，是在那些想要一起玩耍、团结起来或者共同分享某种东西的人心里产生的。这种态度，就是一种结合性的态度。可以说，这种态度就好比是一个人向同胞伸出手去。它就像是一个人向另一个人散发出的体温。结合力当中的所有要素，都存在于这种情感当中。的确，我们在此面对的，又是那些试图沿着我们经常说明的那种原则，从下到上地去克服一种不满感或孤独感，从而使得自己可以获得某种优势的人。事实上，快乐很可能是克服困难的最佳表达方式。笑声，连同它那种有益的能量和给予自由的力量，与快乐密切相关，并且可以说是代表了这种情感的基本原则。它触及了人格以外的范围，与别人的种种同情心交织在一起。

即便是这种笑声和这种快乐，也有可能被人为了实现个人目标而加以滥用。因此，一个不敢让自己心中产生出渺小感的病人，才会在报告一场致命的地震时表现出快乐的样子。若是感到悲伤，这种人就会产生出一种无力感来。于是，他便逃离了悲伤，试图用一种相反的情感，即快乐来面对。滥用快乐的另一种方式，便是把自己的快乐建立在别人的痛苦之上。在错误的时间或者错误的场合出现的快乐，非但否定了社会感，还彻底毁掉了社会感。因此，它不过是一种分裂性的情感，一种征服他人的工具罢了。

二、同情

同情是社会感最纯粹的表达形式。不管什么时候，只要在一个人身上看到同情之心，我们通常都能肯定地说这个人的社会感是成熟的，因为这种情感可以让我们去判断一个人能够与同胞产生共鸣的程度。

或许，比怀有此种情感更加普遍的，就是人们习惯于滥用这种情感的现象。这种滥用，主要存在于一个假装自己具有高度社会感的人的做法当中。此种夸张的做法当中，天生就存在着这种滥用。因此，有些人会挤到灾难现场，以便自己被报纸提及，获得一种毫不费力的名声，而实际上却没有做帮助受害者的任何事情。还有一些人，则热衷于查出别人的不幸来。职业慈善家与施舍者都离不开他们的施舍活动，因为他们这样做，实际是在获得一种高于他们声称正在帮助的那些贫困的可怜人的优越感。伟大而深入洞察了人类的拉罗什富科曾经说过："我们总是准备着在朋友们的不幸当中找到某种程度的满足感。"

人们曾经错误地尝试过，想要把我们对悲剧的欣赏与这种现象联系起来。据说，观众都会觉得自己比舞台上演绎的人物更加圣洁。但绝大多数人并非这样，因为我们对于悲剧的兴趣，很大程度上源自于我们渴望自我认知与自我教育的心态。我们非但不会对它只是一部戏剧这个事实视而不见，而且还会利用其中的情节，来给我们在为人生做好准备的过程中提供额外的动力。

三、谦逊

谦逊是一种既属于结合性、同时又属于分裂性的情感。这种情感，也是社会感结构当中的组成部分，因此与我们的精神生活密不可分。要是没有这种情感，人类社会就不可能存在。只要一个人的人格价值似乎即将降低，或者一个人可能会丧失意识当中的那种自我评价，就会出现这种情感。这种情感会强烈地传送给我们的身体，而这种转移，又体现在末端毛细血管扩张的现象上。皮肤的毛细血管会出现充血，我们称这种现象为发红。这种情况通常都出现在脸部，但也有一些人会出现全身发红的情况。

谦逊的外在态度，则是一种退缩的姿态。这是与一种轻微的沮丧感紧密结合在一起的孤僻姿态，相当于准备逃离一种危险的状况。目光低垂和腼腆，都是表示逃跑的动作，从而肯定地说明谦逊是一种分裂性的情感。

与其他情感一样，谦逊也有可能被人滥用。有些人极其容易脸红，因此他们与同胞之间的所有关系，都会受到这种分裂性情感的破坏。这样加以滥用之后，谦逊作为一种孤僻性心理机制的作用，便会变得非常明显了。

附　录

教育概述

在这里，我们不妨对前文所述中偶尔说明过的那个主题补充几句。这个问题，就是教育在家里、在学校以及在人生当中对人类心灵成长的影响。

毫无疑问，目前的家庭教育助长了儿童形成权力追求与虚荣心，并且达到了一种异常的程度。在这个方面，每个人都可以从自己的亲身经历当中得到教训。的确，家庭具有巨大的优势。而我们也很难想象出，还有哪种机构会比一个能够恰当地教育好孩子的家庭更适合于去照料儿童。尤其是在生病的问题上，家庭更是已经证明，它是维持人类存续的最佳单位。假如父母同时又是优秀的教育工作者，具有必要的洞察力，能够在一开始的时候就看出孩子身上那种错误的成长趋势，并且除此之外，假如父母还能够通过正确的教育来与这些错误进行斗争，那么我们就会欣然承认，世间没有哪种机构，会比家庭更适合于去保护人类的身心健康了。

然而，可惜的是，父母既不是优秀的心理学家，也不是优秀的老师。各种程度不同的、病态的家庭利己主义，似乎都在如今的家庭教育当中发挥着主导作用。这种利己主义，要求自家的孩子获得特殊的培养，应当得到别人的敬仰，应当让人觉得极具才干，即便是以牺牲其他儿童的利益为代价，也在所不惜。因此，家庭教育犯下了诸多最为严重的心理错误，向儿童灌输了他们必须比其他任何人都强、认为自己比其他所有人都要优秀的错误观念。任何一种建立在父亲占有主导地位这一观念基础之上的家庭结构，都与这种错误观念密不可分。

于是，不幸便开始产生了。此种父权观念，只是建立在一种非常微小的人类共同体与社会感基础之上。它会迅速诱使一个人公开地或者秘密地去抵制这种社会感。当然，人们决不会公开进行反抗。权威教育最严重的不利之处，在于这样一个事实，那就是它给儿童确立了一种权力理想，并且向儿童表明了种种与拥有权力相关联的享乐之事。每一名儿童，都会培养出想要获得优势的贪婪之心，都会变得渴望获取权力，并且会变得过度地爱慕虚荣。如今，每一个孩子都渴望达到巅峰，每一个孩子都希望得到别人的钦佩，并且或迟或早都会要求别人去服从和顺从他们；因为他们已经看到，别人都曾拜倒在他们周围那些最强大有力之人的脚下。形成一种在父母及世间其他人面前逞强好斗的态度，就是儿童种种错误臆断所导致的必然结果。

在那种普遍流行的家庭教育方式的影响下，一名儿童实际上是不可能看不到那种优势目标的。在一些喜欢扮演"大人物"的儿童身上，我们就能看出这一点来，就像我们在一些人日后的人生当中也可以看出这种情况似的。这些人的思想，或者他们对于童年生活那些无意识的记忆，全都非常清晰地表明，他们在对待整个世界时，似乎整个世界仍然是他们家似的。倘若这种态度受到了挫折，他们往往就会逃离这个已经令他们觉得可恨的世界。

的确，家庭也很适合于培养儿童的社会感。不过，倘若还记得权力追求所带来的影响，记得家庭当中存在着权威，那么我们就会明白，这种社会感只能培养到一定的程度。第一类指向爱与亲情的性格倾向，涉及的是儿童与母亲之间的关系。或许，这是一名儿童能够获得的最重要的一种体验，因为在这种体验当中，儿童会意识到世间还有另一个完全值得他去信赖的人。孩子会了解到"我"和"你"之间的区别。尼采曾经说过："每个人都是根据他与母亲之间的关系，来塑造所爱之人的形象的。"裴斯泰洛齐[1]也曾说明，母亲是儿童心中的典范，决定了一名儿童在日后与整个世界之间的各种关系。的确，儿童与母亲之间的关系，决定了儿童日后的所有行为。

在儿童心中培养出社会感来，正是母亲的职责。我们在儿童当中看到的种种古怪人格，都是他们与母亲的关系所导致的。而这种成长的方向，也是母亲与孩子之间关系的一个指标。只要是母子关系异常，我们通常都会在孩子身上看出某种社交缺陷来。其中最常见的，是两种类型的错误。第一类错误源自母亲事实上没有对孩子履行自己的责任，从而使得孩子没有培养出社会感来。这种缺陷非常严重，许多令人不快的后果都是由此导致的。这种儿童，长大后会像身处敌对国家当中的一个陌生人似的。如果想要帮助这种儿童，我们唯有重新扮演其母亲的角色。因为不知何故，这种儿童在成长的过程中，正是缺失了由母亲去培养其社会感的这种作用。可以说，这是能够让此种儿童成长为人类同胞的唯一办法。第二类错误很可能出现得更经常一些，这就是：母亲承担起了自己的职责，但采取的是一种极其夸张而显著的方式，使得孩子不可能将社会感转移和投射到母亲以外的人身上。这种母亲，会任由孩子把培养出来的社会感全都释放到她一个人身上。也就是说，这种儿童只对自己的母亲感兴趣，而把世间其他人全都排除在外。不用说，这种儿童欠缺成为一名合格的社会

---

[1]　裴斯泰洛齐（Pestalozzi，1746—1827），瑞士著名的民主主义教育家，提出了"教育心理学化"的思想。

性动物所必须具备的那种基础。

除了与母亲的关系，还有其他许多重大关头，在教育当中发挥着重要的作用。一所快乐的幼儿园，可以让一名儿童带着一定程度的轻松融入世界。如果牢记绝大多数儿童必须克服的都是些什么样的困难，牢记很少有儿童能够在刚出生之后的那几年里适应这个世界或者为自己找到一种舒适的处境，那么我们就能理解，儿童时期形成的种种最初印象对一个孩子来说有多么重要了。这些印象，就是指出一名儿童在世间必须朝着哪个方向前进的指路牌。如果除了这一事实，我们还指出说，许多儿童一出生就体弱多病，体验到的只是痛苦与悲伤，而且绝大多数孩子上过的都不是那种他们本以为会让自己觉得快乐的幼儿园，那么我们无疑就能够理解，为什么绝大多数孩子长大以后不会成为对人生和社会态度友好的人，为什么不会受到社会感的激励了。这种社会感，在一个真正的人类社会当中，原本是有可能蓬勃发展起来的。此外，我们还必须考虑到教育过程中存在的诸多失误所带来的那种异常重要的影响。一种严厉的权威式教育，完全能够摧毁一名儿童在人生当中可能感受到的快乐。这种情形，与消除一名儿童成长道路上的每一种障碍、让儿童处在一种温室氛围里并且可以说是把孩子"固定"起来的教育，是没有什么两样的：这种教育，会让孩子长大之后，除了家里这个温室里那种有如热带般的温暖，无法生活在其他任何一种风大雨大的气候当中。

因此，我们看得出，家庭教育、我们这个社会与文明当中的教育，都不是很适合于培养人类希望见到的那种有价值、志同道合的社会成员。我们把太多的精力，都放在培养种种无益的野心、培养个人显达的欲望上。许多儿童上学时，都带着这样一种感受：老师只是国家雇用的一名工作人员罢了。把一种权威强加到儿童身上，同时又不会对儿童的心理成长带来不利的后果，这种情况是不可能出现的。权威绝对不能依赖于武力，只能建立在社会感的基础之上。学校正是每一名儿童在心理成长过程当中都会经历的一种处境。因此，学校教育必须符合一种健康的心理成长的需要才行。只有与一种健康的心理成长所必需的条件保持一致，我们才能说这是一种好的学校教育。也只有这样的学校教育，我们才能认为它是一种适合于培养社会生活的学校教育。

结　论

在本书中，我们试图说明精神产生于一种既有生理作用又有心理作用的遗传性物质。心理的成长，完全取决于社会的影响。一方面，机体的需求必须得到满足；另一方面，人类社会的需求也必须得到满足。心理正是在这种情况下成长起来，而其成长也是由这些条件表现出来的。

我们已经深入研究过这种成长，已经讨论过感知、回忆、情绪及思维等能力与官能，并且最后还研究了人类的性格特质和情感。我们已经说明，所有这些现象都由种种不可分割的纽带紧密地联系在一起。一方面，它们服从于集体生活的准则；另一方面，它们也会受到个人权力追求与优势追求的影响，从而使得它们会用一种明确的、个人化的、独一无二的模式表达出来。我们已经说明，根据一个人的社会感在任何一种具体情况中的培养程度进行改造之后，一个人的优势目标如何会导致他形成一些明确的性格特质。这些性格特质决不具有遗传性，而是培养出来的。这种培养方式，会使得它们适合于由心理成长的出发点与起源所导致的那种镶嵌模式，并且会多少有意识地引导着每一种性格特质，朝着每一个人身上那种始终存在的目标前进。

其中许多的性格特质，都是理解一个人的重要指标。我们详细地讨论过它们，而忽略了其他的一些性格特质。我们已经说明，每一个人的身上，都会出现与其个人权力追求相适应的、一定程度的野心与虚荣心。在这种表达当中，我们能够清晰地发现一个人的权力追求，以及这种权力追求的活动方式。我们也已说明，野心与虚荣心的过度发展，为何会妨碍到一个人的有序成长。因为那样的话，一个人社会感的培养或是会受到阻碍，或是会完全不可能出现。由于受到了这两种特质的干扰性影响，社会感的发展非但会受到抑制，而且会使得一个渴望获得权力的人最终走上自我毁灭的道路。

　　心理成长的这条法则，在我们看来是无可辩驳的。对于任何一个希望有意识地、公开地改善自己的命运，而不是任由自己变成种种阴暗而神秘的性格倾向的牺牲品的人来说，这条法则就是最重要的一种标志。这些研究工作，都属于人性这门科学当中的实验，因为人性原本就是一门既无法教授、也无法传授的科学。对每一个人来说，理解人性似乎都是绝对必要的，而研究其中的科学原理，则是人类最重要的一种精神活动。